民国趣读

老·城·记

老北京

中国文史出版社

本书编辑组

主　　编：韩淑芳

本书执行主编：张春霞

本书编辑：牛梦岳　高　贝　李军政　孙　裕

目录

第二辑　名寺古刹，晕染了民国印记的礼佛圣地

第三辑　老北京的人，老北京的事儿

第四辑　北京老礼儿，民国既有的节庆习俗

第五辑　馋嘴美食，汤汤水水都有宫廷味

第八辑　五行八作，老北京人的老行当

第九辑　把玩养宠，消遣娱乐中再现民国风貌

第十辑　皇城根下，说不完的一年四季景儿

第一辑

皇城旧影，细数老北京
内九外七的故事

❖ 赵迅：天坛，明清皇家祭天祈谷之所

天坛是"圜丘""祈谷"两坛的总称，位于北京天桥南大街和永定门内大街东侧，正阳门和崇文门以南。每年冬天、正月上辛日和孟夏（夏季的首月），皇帝要到天坛举行祭天、祈谷和祈雨的仪式。

明成祖朱棣迁都北京之后，仿南京旧制，营建宫殿坛庙，于永乐十八年（1420）在北京南郊（当时尚未修建外城，正阳门以南即属郊外）建天地坛，合祀皇天后土，嘉靖九年（1530）恢复四郊分祀，将天地坛专门用做祭天祈谷之所，于嘉靖十三年（1534）正式改名天坛。到了清乾隆年间，再次经过改建和扩建，更增强了祭祀性建筑的效果。

天坛面积广阔，占地273万平方米，约等于北京外城的十分之一，故宫的两倍或北海的四倍，它是我国现存规模最大、形式最精美的一处坛庙建筑群，为中国建筑史增添了光辉灿烂的一页。

清咸丰十年（1860）英法联军进入北京，随后便侵占了天坛，这是天坛遭外兵进入之始。以后在光绪二十六年（1900）八国联军进北京时，英美侵略军在天坛建立总兵站，天坛遭到了严重的破坏，祭器祭具被大量掠夺盗劫。军阀混战时，张勋曾在天坛祈年殿设司令部，民国六年（1917）七月初，段祺瑞和张勋的军队在北京巷战，天坛也成了战场。

早在民国二年（1913），当时的外交部曾发行过专供外国人游览天坛的"介绍券"，到了民国七年（1918）才开始发售一般游览券，是为天坛公开开放之始。

新中国成立前，天坛由于遭受长期的摧残破坏，已是残破不堪，到处荒芜一片。新中国成立后，人民政府加以大力修葺，维修了建筑物，清理了荒草，进行了大面积的绿化，将天坛改变成人们的游憩场所。

▷ 天坛祈年殿

随着封建社会的消亡，天坛已失去了原有的作用。但是古代匠师们在建筑工程技术和艺术上的智慧和卓越的创造力，却凝聚在绚丽壮观的红墙、白石、蓝瓦之中。坛内遍植古柏，苍郁蔽天，更加衬托出建筑物的壮丽。每当人们在天坛里徜徉，沉浸在美好享受中的时候，总要为我们祖先所创造的灿烂文化而骄傲，为生长在历史悠久的文明古国而自豪。

《天坛》

❖ 贾永琢、姜为田：日坛，明清皇家的祭日之地

日坛是皇家坛庙，皇家非常重视对日坛的保护。明朝时在日坛建有奉祀衙署，负责守护。清自清初至道光年间，亦长期设有坛护官员十多人负责护理。清时规定：各坛庙如有损坏，该管官员须即具报，如延迟不报，以致盗失砖石木柱等物，则将该管官题参议处。由于管理制度严格，在清

朝道光之前，日坛的所有建筑及花木均未受到人为的破坏。

最后一次皇帝祭日是清道光二十三年（1843）。自此之后，皇家祭日之礼逐渐废弃，护坛官员随之撤销，皇家禁地一变而为无人看管的野刹，以致坛内的祭礼器具和文物均被盗一空，就连大钟也不知去向。加之后来又失一次大火，三间棕荐库被烧掉两间，钟楼也被烧掉一层，故到清末，日坛内外已是一片荒凉。

1911年辛亥革命后，民国成立，清帝逊位，日坛仍是无人过问。在军阀混战的年代，坛内房舍多被军队占用。从此日坛更遭厄运，外围墙多处坍塌，残存的钟楼全部颓毁，祭台上的方砖失去大半，西天门与北天门外的照壁不知踪影，坛内外杂乱不堪，荒草达数尺之高。日坛西北边成了荒坟义地，那里坟丘密挤，不知埋葬多少层死人。乱草丛中，白骨到处可见。1928年，当时的中共北平市委书记兼组织部长马骏被反动政府杀害，其遗体即被埋葬在这片荒冢之中。解放战争时期，日坛的大部分房舍为国民党政府的一个军分管会尉官差遣队占用，有50亩土地被出租，另有20亩为天然博物馆附属日坛苗圃占用。北平解放前夕，国民党政府军队为构筑城防工事，把坛外的苍松古柏砍伐殆尽，明时所说的"黑松林"从此消失，日坛内的大树也被砍伐许多。那时的日坛，虽然离朝外大街很近，但却成了野狗、野鼠和黄鼠狼的天下，其荒凉景象令人望而生畏。

《日坛旧貌》

◈ **郑振铎：太庙，最早只是供奉皇帝先祖的地方**

和中山公园的热闹相陪衬的是隔不几十步的太庙的冷落。不知为了什么，去太庙的人到底少。只有年轻的情人们，偶尔一对两对的避人到此密谈。也间有不喜追逐在热闹之后的人，在这清静点的地方散步。这里的柏树林，因为被关闭了数百年之后，而新被开放之故，还很顽健似的，巢在树上的"灰鹤"也不曾搬家他去。

太庙所陈列的清代的各帝的祭殿和寝宫，未见者将以为是如何的辉煌显赫，如何的富丽堂皇，其实，却不值一看。一色黄缎绣花的被褥衣垫，并没有什么足令人羡慕。每张供桌上所列的木雕的杯碗及烛盘等，还不如豪富人家的祖先堂的讲究。从前读一明人笔记，说，到明孝陵参观上供，见所供者不过冬瓜汤等极淡薄贱价的菜。这里在皇帝还在宫中时，祭供时，想也不过如此。是帝王和平民，不仅坟墓里同为枯骨，即馨享的也不过如此如此而已。

《北平》

❖ **许地山：上景山**

无论哪一季，登景山，最合宜的时间是在清早或下午3点以后。晴天，眼界可以望到天涯的朦胧处；雨天，可以赏雨脚的长度和电光的迅射；雪天，可以令人咀嚼着无色界的滋味。

在万春亭上坐着，定神看北上门后的马路（从前路在门前，如今路在门后），尽是行人和车马，路边的梓树都已掉了叶子。

不错，已经立冬了，今年天气可有点怪，到现在还没冻冰。多谢芰荷的业主把残茎都去掉，教我们能看见紫禁城外护城河的水光还在闪烁着。

神武门上是关闭得严严的。最讨厌是楼前那支长得很的旗杆，侮辱了全个建筑的庄严。门楼两旁树它一对不成吗？紫禁城上时时有人在走着，恐怕都是外国的旅人。

皇宫一所一所排列着非常整齐。怎么一个那么不讲纪律的民族，会建筑这么严整的宫廷？我对着一片黄瓦这样想着。不，说不讲纪律未免有点过火，我们可以说这民族是把旧的纪律忘掉，正在找一个新的咧。新的找不着，终究还要回来的。北京房子，皇宫也算在里头，主要的建筑都是向南的。谁也没有这样强迫过建筑者，说非这样修不可。但纪律因为利益所在，在不言中被遵守了。夏天受着解愠的熏风，冬天接着可爱的暖日，只要守着盖房子的法则，这利益是不用争而自来的。所以我们要问，在我们的政治社会里有这样的熏风和暖日吗？

最初在崖壁上写大字铭功的是强盗的老师，我眼睛看着神武门上的几个大字，心里想着李斯。皇帝也是强盗的一种，是个白痴强盗。他抢了天下，把自己监禁在宫中，把一切宝物聚在身边，以为他是富有天下。这样一代过一代，到头来还是被他的糊涂奴仆，或贪婪臣宰，讨、瞒、偷、换，到连性命也不定保得住。这岂不是个白痴强盗？在白痴强盗底下才会产出大盗和小偷。一个小偷，多少总要有一点跳女墙、钻狗洞的本领，有他的禁忌，有他的信仰和道德。大盗只会利用他的奴性去请托攀缘，自赞赞他，禁忌固然没有，道德更不必提。谁也不能不承认盗贼是寄生人类的一种，但最可杀的是那班为大盗之一的斯文贼。他们不像小偷为延命去营鼠雀的生活，也不像一般的大盗，凭着自己的勇敢去抢天下。所以明火打劫的强盗最恨的是斯文贼。这里我又联想到张献忠。有一次他开科取士，檄诸州举贡生员后至者妻女充院，本犯剥皮，有司教官斩，连坐十家。诸生到时，他要他们在一丈见方的大黄旗上写个"帅"字，字画要像斗底粗大，还要一笔写成。一个生员王志道缚草为笔，用大缸贮墨汁将草笔泡在缸里，三天，再取出来写。果然一笔写成了。他以为可以讨献忠的喜欢，谁知献忠说："他日图我必定是你。"立即把他杀来祭旗。献忠对待念书人是多么痛快。他知道他们是寄生的寄生。他的使命是来杀他们。

东城、西城的天空中，时见一群一群旋飞的鸽子。除去打麻雀、逛窑子、上酒楼之外，这也是一种古典的娱乐。这种娱乐也来得群众化一点。它能在空中发出悦耳的响声，翩翩地飞绕着，教人觉得在一个灰白色的冷天，满天乱飞乱叫的老鸹的讨厌。然而在刮大风的时候，若是你有勇气上景山的最高处，看看天安门楼屋脊上的鸦群，噪叫的声音是听不见，它们随风飞扬，直像从什么大树飘下来的败叶，凌乱得有意思。

万春亭周围被挖得东一沟，西一窟。据说是管宫的当局挖来试看煤山是不是个大煤堆，像历来的传说所传的，我心里暗笑信这说的人们。是不是因为北宋亡国的时候，都人在城被围时，拆毁良岳的建筑木材去充柴火，所以计划建筑北京的人预先堆起一大堆煤，万一都城被围时，人民可以不拆宫殿。这是笨想头。若是我来计划，最好来一个米山。米在万急的时候，也可以生吃，煤可无论如何吃不得。又有人说景山是太行的最终一峰。这也是瞎说。从西山往东几十里平原，可怎么不偏不颇，在北京城当中出了一座景山？若说北京的建设就是对着景山的子午，为什么不对北海的琼岛？我想景山明是开紫禁城外护城河所积的土，琼岛也是垒积从北海挖出来的土而成的。

▷ 景山万春亭

从亭后的栝树缝里远远看见鼓楼。地安门前后的大街，人马默默地走，城市的喧嚣声一点也听不见。鼓楼是不让正阳门那样雄壮地挺着。它的名字改了又改，一会是明耻楼，一会又是齐政楼，现在大概又是明耻楼吧。明耻不难，雪耻得努力。只怕市民能明白那耻的还不多，想来是多么可怜。

记得前几年"三民主义""帝国主义"这套名词随着北伐军到北平的时候，市民看些篆字标语，好像都明白各人蒙着无上的耻辱，而这耻辱是由于帝国主义的压迫。所以大家也随声附和，唱着打倒和推翻。

从山上下来，崇祯殉国的地方依然是那棵半死的槐树。据说树上原有一条链子锁着，庚子联军入京以后就不见了。现在那枯槁的部分还有一个大洞，当时的链痕还隐约可以看见。义和团运动的结果，从解放这棵树发展到解放这民族。这是一件多么可以发人深思的对象呢？山后的柏树发出幽恬的香气，好像是对于这个地方的永远供物。

寿皇殿锁闭得严严的，因为谁也不愿意努尔哈赤的种类再做白痴的梦。每年的祭祀不举行了，庄严的神乐再也不能听见，只有从乡间进城来唱秧歌的孩子们，在墙外打的锣鼓，有时还可以送到殿前。

到景山门，回头仰望顶上方才所坐的地方，人都下来了。树上几只很面熟却不认得的鸟在叫着。亭里残破的古佛还坐着结那没人能懂的手印。

《上景山》

❖ **郑振铎：中海本亦为公园**

出了北海的前门，向西走，便是金鳌玉蝀桥。这座白石的大桥，隔断了中海和北海。北海的白日，如画映在水面上，而中南海的万善殿的全景，也很清晰的可看到。中南海本亦为公园，今则又成了"禁地"。只有东部的一个小地方，所谓万善殿的，是开放着。这殿很小，游人也极冷落，房室却布置得很好。龙王堂的一长排，都是新塑的泥像，很庸俗可厌。但你要是一位细心的人，你便可在一个殿旁的小室里，发现倚在墙角无人顾问的两尊木雕的菩萨像。那形态面貌，无一处不美，确是辽金时代的遗物；然一尊则双臂俱折，一尊则腹部只剩了半边。谁还注意到他们呢？报纸上却

在鼓吹着龙王堂的神像塑得有精神，为明代的遗物。却不知那是民国三四年间的新物！仍由中南海的后门走出，那斜对过便是北平图书馆，这绿琉璃瓦的新屋，建筑费在一百四十万以上，每年的购物费则不及此数之十二。旧书并合了方家胡同京师图书馆及他处所藏的，新书则多以庚款购入。在中国可称是最大的图书馆。馆外的花园，邻于北海者，亦以白色栏杆围隔之；唯为廉价之水门汀所制成，非真正的白石也。

《北平》

❖ 侯仁之：圆明园的兴建

圆明园奠址在海淀镇北的一片平原上，这里地势低下，间有潜水溢出地表，又是原来玉泉山和瓮山（万寿山前身）诸泉的中下游，为创造人工园林提供了良好条件。同时西山峰峦近在眼前，青山绿水，景色宜人。劳动人民在长期生产斗争的过程中，通过种稻植荷，早已把这一带地方开辟为天然风景区。

早在元代，海淀低地上的原始湖泊就以风景佳丽而成为京城近郊的游览胜地，都下文人流连忘返，易以"丹棱沜"的雅称，吟咏赞赏，诗文连篇。到了明朝，海淀湖区的自然景趣，吸引了更多的游人，于是一些达官贵人占据田园，营造别墅，始开海淀园林兴建的先声。明万历时，武清侯李伟，首建"清华园"（故址在今北京大学西墙外），规模宏伟，周长十里，号称京国第一名园。嗣后，官居太仆少卿的著名书法家米万钟又于清华园东墙之外，导引湖水，辟治一处幽雅秀丽的小园林，取"海淀一勺"的意思，命名"勺园"（故址在今北京大学校园西南隅）。于是，京城郊外昔日的一区淀泊，顷时亭台楼榭与湖光山色交相掩映，开始成为帝都附近名盛一时的园林荟集之地。明清易代之际，清华园与勺园都已渐就圮废。清朝初年，康熙又就清华园故址，重加修治，名曰畅春园，作为"避喧听政"的处所。自是而后，历经康熙、雍正、乾隆三代，相继经营，几无虚岁。于是，海淀附近，名园并起。封建帝王营造御园，除畅春园现存恩佑寺、思慕寺两个庙门和"畅春园东北界"的角桩外，还修建了清漪园（今颐和园前身）、静明园（在今玉泉

▷　圆明园花园门遗址

山）、静宜园（在今香山）。点缀其间的还有不少宗室大臣的赐园，如以现在北京大学未名湖为中心的淑春园等。此外还建有八旗营房环绕诸园，以加强防卫。数十里内，几乎都成了禁地。诸园的建造，都是充分利用了地上、地下丰沛的水源，构筑人工山水，凿渠开湖，叠石造山。圆明园的兴建正是在这一基础上，又加以人工的创造，在平坦的土地上，开凿出许多大小不同、形状各异的湖泊和池沼，堆筑起无数连绵起伏、曲折有致的丘陵和岗阜。在峰回路转之处，山崖丘壑之间，到处都是清澈的溪泉，潺潺的流水。湖泊中最大的是福海，浩瀚的水面上浮现出仙境般的"蓬岛瑶台"；环绕于大宫门内前湖和后湖沿岸的九个小岛，又是表示全国疆域的《禹贡》"九州"的象征，因此两湖中间的一座大殿，就被命名为"九州清晏"。在这一区山环水抱以临摹自然为主的广阔空间里，点缀着数以百计金碧辉煌的宫殿、楼阁、亭台、馆榭，其中陈设着难以数计的艺术珍品，收藏了极为丰富的图书文物。实际上清朝皇帝从雍正、乾隆一直到咸丰，每年都有大半时间居住园中，并在这里举行朝会和处理政事，因此大宫门内还兴建了比于宫廷正衙的"正大光明殿""勤政亲贤殿"以及内阁、六部、军机处等各中枢机构，俨然成为封建王朝统治的中心。当圆明园极盛之时，这里既是封建皇帝发号施令的地方，又是一处具有空前规模的园林，它汇集了当时江南若干名园胜景的特点，体现了我国古代造园艺术的精华，在世界园林建筑史上也占有重要地位。它的盛名传播西方，曾被誉为"万园之园"。

《圆明园》

❖ 田炳义：恭王府旧貌

　　庆郡王永璘是乾隆帝第十七子、嘉庆帝的同母兄弟，长得傻大黑粗，不爱读书，只好游嬉和吹拉弹唱，是没有王爷架子的憨厚人。所以乾隆帝不大喜欢他。永璘在做皇子时，就已经喜爱和想得到和珅的宅第了，乾隆末年，众皇子都想得到皇帝的位子，只有永璘说："即使皇帝多如雨落，亦不能滴吾顶上，唯求诸兄见怜，将和珅宅第赐居，则吾愿足矣！"永璘死后，其子、孙屡犯错误，至奕劻时降为辅国将军。咸丰初年，咸丰帝将此府收回转赐给其弟恭亲王奕䜣，始称恭王府。

▷ 恭王府最后的主人溥儒和他的鹦鹉

　　恭亲王奕䜣，是中国近代史，特别是晚清历史上一个重要人物。生于1833年，死于1898年。是道光皇帝的第六子，咸丰皇帝（道光第四子）的弟弟，慈禧太后的小叔子。近几年有《恭亲王奕䜣大传——中国第一次近代化运动的倡导者》《恭亲王奕䜣、慈禧政争记》和写恭亲王奕䜣传的《西风瘦马》等书介绍奕䜣。对此人的评价比较复杂。有人说他是反面人物、卖国贼：他组织镇压了太平天国、捻军、白莲教、黑旗军等起义；组织签订了最大的卖国条约《北京条约》。有人说他是正面人物：他主张"依西法、兴洋务"，师夷长技以制夷，设立"总理各国事务衙门"。如果道光帝把皇位传给奕䜣，中国的开放可能要提前一百多年。他曾大荣大辱，五次被起用，四度被罢官，他与西太后关系密切，却又是对手。他是第一次学习西方开展洋务运动的领袖，举步维艰，最后酿成自身和大清王朝的悲剧。奕䜣时期的恭王府在入住时和同治年间进行过两次修缮，但变化并不大。奕䜣死后，由其次子载滢的嗣子溥伟袭王爵，俗称"小恭王"。1936年左右，溥伟及其弟溥儒先后将府邸及花园卖给了天主教会，天主教会在此开办辅仁大学女部。新中国成立以后，府邸改为北京艺术师范学院。"文化大革命"前后是中国音乐学院及附中、中国艺术研究院等多个单位办公和教学地点，恭王府花园为公安部宿舍、空调器厂车间、天主教爱国会占用。1982年2月23日，国务院公布为第二批全国重点文物保护单位。之后，上述各单位陆续迁出王府，又经多次维修，才恢复了王府旧貌。

《恭王府及花园》

❖ 陈平：醇亲王府与宋庆龄同志故居

由于宣统是光绪三十二年（1906）在醇亲王北府诞生的，因此宣统即帝位后这里和宣内太平湖畔的南府一样，也成了一座潜龙邸。照理，这里也应当像南府一样，由醇亲王载沣请旨恭缴，朝廷再降旨另赏醇亲王新府邸。但是这事还没等载沣出面提出，却由于载沣是宣统帝生父位居摄政王，而摄政王地位高于醇亲王，有必要另建摄政王府，就把这事儿给冲了。而且由于宣统即位时才三岁，每日听朝都必须由载沣抱着，因此摄政王载沣更必须在紫禁城附近另择新居。后海北沿的北府离皇宫太远，也实在太不方便。所以在宣统刚即位尚未改元的光绪三十四年（1908）十一月十日，御史蔡金台等人就上奏在紫禁城附近另建摄政王府，供载沣一家居住，以别于醇亲王府。内阁会奏后，拟请于中海迤西集灵囿建监国摄政王府第，另以东华门内三所为摄政王宫内起居休息之所。

这两项工程于宣统元年（1909）先后开工。东华门内三所摄政王起居处于宣统元年（1909）十一月竣工交验。中海的集灵圃摄政王府，于宣统元年（1909）正月开工，规划依后海醇亲王府与花园的规模建造，其工程之宏大更远非内三所起居处可比。此府宅直到宣统三年（1911）载沣因自感力不从心而坚辞摄政王之职，仍以醇亲王退归原藩邸之时，仍未能建成。该项工程由于载沣辞去摄政王一职而自动下马停建，移交给了奉宸苑收管。闹得沸沸扬扬达数年之久的建造摄政王府工程，就这样半途而废，草草收场了。

▷ 左起：载沣、溥仪、溥杰、溥任在醇王府花园

　　1911年10月10日，辛亥革命，民国建立，宣统帝退位。什么"潜龙邸"，什么"另赐新居"，一切都已无从说起了。根据优待清室条件，废帝溥仪仍居住在故宫的后宫，载沣仍困居在后海北沿的醇亲王府中。1924年，冯玉祥把清废帝溥仪驱逐出故宫，载沣一家也随溥仪搬到了天津居住。1932年，溥仪去东北长春，在日本军国主义操纵下，当上了伪满洲国的傀儡儿皇帝；载沣一家则又回到了北京后海醇亲王府的西花园居住。1947年，为

避免国民党军强占王府，载沣与其第四子溥任利用醇亲王府空房办起了净业小学。1949年9月，解放军进入北平后，载沣将醇亲王府全部房产出售给了国立高级工业学校，全家搬到了东四北魏家胡同46号院居住。1950年7月又移到东城利溥营11号居住。1951年农历十二月二十七日，载沣病故。后来，醇亲王府被中华人民共和国卫生部占用，现为国家宗教局办公地址；府西的花园自1963年起，由宋庆龄名誉主席居住。1981年5月29日宋庆龄名誉主席逝世后，被辟为宋庆龄同志故居，系国家"重点文物保护单位"。原卫生部占用的王府中路、东路，1984年也被宣布为北京市文物保护单位。王府西路的居住部分，现仍由国务院办公厅占用。

《醇王府谈往》

❖ 黄继佑：涛贝勒府与辅仁大学

定阜街东边的1号院是涛贝勒府，原为康熙第十五子愉郡王府邸，到同治年间，其后人已降为辅国公，遂让出王府。1902年，载涛袭贝勒爵，迁入该府邸，改称涛贝勒府。该府占地甚广，东西长近200米，南北长约250米，由宅院、花园和马厩三部分组成。宅院的建筑与一般王府规制相同，分为中、东、西三路，中路为主，东路为辅，均为四进院落；唯西路规模较简，只有三排平房，房北有戏楼和一个小花园。现在，中、东二路尚能基本保持原貌，西路已全部拆除，盖成教学楼修了操场。该宅院现为北京十三中校舍，为西城区文物保护单位。宅南是一座花园，呈长方形，南北窄，南东两面有游廊环绕，北面建有两座花厅，南游廊中部是用太湖石和青石堆砌的假山，山上有亭，为八柱圆檐攒尖亭，是全园的最高点，园内除花厅已拆除，其余基本保持了原貌。花园南面是马厩，涛贝勒好马，曾远赴法国某骑兵学校学习，因之，其马厩占地甚广。1925年，载涛以16万元的价格将府邸永租（其实就是卖）给了罗马教廷，改办辅仁大学。1929年，校方在马厩及花园南部的空地上建成辅仁大学教学楼（因为是北京最早的中西合璧的建筑之一，1985年被定为北京市文物保护单位）。原宅院改为辅仁大学附中（今十三中的前身）。辅仁大学规模逐渐扩大，又买下恭王府开办大学女部，遂成为文理齐备、男女兼收的著名学府。抗日战争时期，由于辅大已改由天主教德国圣言会主办，是北平唯一一所不需依附日本帝国主义的大学，遂成为北平抗日运动的堡垒之一。1949年后，辅仁大学与北京师范大学合并，教学楼为北师大化学系使用，现仍由北师大和辅仁大学校友会使用。

《定阜街头话王府》

❖ 黄继佑：庆王府与奕劻

定阜街在什刹海以西，平安大道北面，东西走向，东起龙头井，西至德胜门内大街。全长478米的长街，北侧却只有两个门牌号：1号和3号。3号在西面，是庆王府。此地原为大学士琦善的宅第，琦善擅自签订《穿鼻草约》，将香港割让给英国，因而被撤职发配，此宅闲置。咸丰十一年（1861），朝廷将奕劻迁居于此。光绪十年（1884）后，奕劻晋升为庆郡王，按王府规制改建此宅，才称王府。一般王府均为南北走向的中东西三路建筑组成，以中路为主。庆王府却是东西长的长方形，因地形所限，故由东西并列的五个院落组成。东边两院为主体殿堂，西边为生活区。1940年左右，奕劻之子载振三弟兄将府邸卖给日伪的华北行政委员会，得款伪币25万元。新中国成立后，此府由某部队使用，东两院殿堂拆除改建，西三院基本保持了原貌，其中尤以两层的绣楼设计精巧，工艺精美，完好无损。

▷ 涛贝勒府中的花园

▷ 大清庆亲王奕劻（1838—1917）

庆王府的主人奕劻，是乾隆的第十七子庆亲王永璘嗣孙。道光三十年（1850）袭辅国将军，为宗室封爵的第十二等，地位低下，咸丰二年（1852）连升六级，当上了贝子，光绪年间，慈禧太后把持朝政，得以连连升迁，1884年晋郡王，1894年升亲王，任军机大臣，1908年特封亲王世袭罔替，1911年又成为内阁总理大臣。皆因此人狡诈多变，极善奉承迎合，讨得了慈禧太后的宠信。庆王爷的另一特点是贪得无厌，他广收贿赂，敲诈勒索，聚敛了巨万资产。1911年北京报载奕劻私有的金银珠宝衣饰（不包括店铺房地产）所值银一万万两以上。曾有一幅讽刺奕劻的漫画：一老头戴大眼镜，身着朝服，头顶双眼花翎，手拿一大耙子，在地上搂金元宝。此画活现出奕劻贪婪成性的嘴脸。宣统退位后，奕劻逃到天津做寓公，仍穷奢极欲，1917年病死。其子投资商业，始赚后赔，坐吃山空，很快衰落破败，其孙后来沦落到以捡破烂为生。刘禹锡诗云："旧时王谢堂前燕，飞入寻常百姓家。"不知奕劻可曾想到，其子孙竟连寻常百姓也比不上。一眨眼，"金玉满堂"变成破烂满床。呜呼哀哉，可戒可叹！

《定阜街头话王府》

❖ 冯其利：顺承郡王府的沧桑

顺承郡王府在烙铁胡同北侧，东临南沟沿，西墙外是锦什坊街，北边是大麻线胡同。始封王为清初礼烈亲王代善第三子萨哈廉，他在清初是位具有远见卓识的人物，崇德元年（1636）五月初九日病逝，追封颍亲王，谥曰毅。只是他的府邸在辽宁沈阳，墓地在本溪。第一位顺承郡王为萨哈廉第二子勒克德浑（亦译为棱德弘），顺治元年（1644）封贝勒，顺治二年任平南大将军，代豫亲王多铎驻师江宁。顺治五年九月，以平定南明政权、招降李自成余部的功绩晋封顺承郡王，顺治七年师还，八年掌刑部事，顺治九年三月去世。王爵世袭罔替，为清初八家"铁帽子王"之一。

顺承郡王府内部分为三路，中路是主要建筑，和其他王府形制接近，依次为宫门、二门、翼楼、银安殿、寝殿、后楼。东路、西路为数进院落。与其他王府不同之处，是院内树木中有四株高大的楸树。

第二位顺承郡王为勒克德浑第四子勒尔锦，康熙十二年（1673），授命宁南靖寇大将军率师讨伐吴三桂。十九年具疏自劾，解大将军任，赴沅州自效，上命还京师。下吏议，以老师糜饷，坐失事机，削爵。勒尔锦丢爵后，其子勒尔贝、扬奇、充保、布穆巴先后袭爵。康熙五十四年，布穆巴以御赐马赠予优人削爵，爵位由勒尔锦之兄诺罗布承袭。这时原封顺承郡王勒尔锦这一支迁出锦什坊街顺承郡王府，搬到西直门内半壁街南边的广平库胡同居住。广平库胡同得名于明代的广平库，后又分为前广平库胡同、后广平库胡同。《宸垣识略》记载："打磨苏王府在广平库。"因《宸垣识略》成书于乾隆年间，可以这样认识，最晚在乾隆年间，勒尔锦的后裔已在广平库胡同居住。已故的颜亿里先生生前对我讲，勒尔锦的后裔现在都姓苏，一直在广平库居住，后来为生活所迫才搬到西直门外。

辛亥革命后，民国六年（1917）袭爵的顺承郡王文仰宸先生把锦什坊街的顺承郡王府租给了皖系的徐树铮。及至奉军攻入北京，张作霖让卫队住进历代帝王庙，他把顺承郡王府作为战利品成了大帅府。几经交涉，张作霖付给文仰宸七万元买下了顺承郡王府。新中国成立后，顺承郡王府址成为全国政协的办公地点，在宫门的位置盖起了政协礼堂。因顺承郡王府保存尚完整，1984年曾公布为北京市文物保护单位。今年（1994）经批准，顺承郡王府已被拆除，仅存府墙而已。据说要模仿东城宽街大公主府的办法，易地重建。

《清朝王公府第（四）》

❖ 林勤：东西公主坟

北京西郊复兴门外的"公主坟"，有东西两座坟墓。关于这两座坟墓，书刊报章多有记载，社会上也多有传说，但都没有说清楚坟墓里埋葬的两位公主究竟是谁。如《北京风物散记》第一集《历尽沧桑的公主坟》这篇文章里说："公主坟葬的并非公主，而是顺治皇帝母亲的义女，这个墓主人叫孔四贞……因为墓穴选在这块茔地的东边，故当时北京人称为'东公主'……在这块地的西边，还有一个坟墓，埋的是一个十七八岁的少女，北京人称为'西公主'。"据我所知，这种说法是错误的。

我是蒙古吐默特部的后裔，公主坟西边那座坟墓里埋葬的是我高祖玛呢巴达喇郡王的妻子。

下面即就我所知，谈谈有关公主坟的一些史料。

西郊公主坟，原来的地名并不叫公主坟。起初此处叫王佐村，清末改名为苑家村，1938—1940年日伪统治北京，修建长安大街直达"新北京"时，这里才改名叫公主坟。

公主坟有两座坟墓，东边的坟墓埋葬的是清仁宗（嘉庆）的第三个女儿庄敬和硕公主。庄敬和硕公主生于乾隆四十六年十二月，于嘉庆六年下嫁给蒙古科尔沁王爵索特那木多布济为妻，公主府在南锣鼓巷炒豆胡同。庄敬和硕公主于嘉庆十六年三月死去，年三十一岁，葬于王佐村，人称东公主坟。庄敬和硕公主无子，后来由宣宗选于众族，立僧格林沁为嗣。西边埋葬的是清仁宗第四个女儿庄静固伦公主。庄静固伦公主生于乾隆四十九年九月，于嘉庆七年下嫁给蒙古吐默特郡王玛呢巴达喇为妻，公主府在西城新街口蒋养房豆腐巷六号。庄静固伦公主于嘉庆十六年五月死去，年二十八，也葬于王佐村，人称西公主坟。

日伪时期（1937年），看坟人勾结日寇和保安队，曾用三个昼夜的时间，在公主坟四周架起机枪，公开盗墓，把两座坟墓里的珍宝盗窃一空。事后我找人将两公主的遗骸重新装殓后埋好。

▷ 北京东郊佛手公主坟旧貌

1938年修筑长安街时还有一段故事：按当时的设计，长安街是直线通到"新北京"的，两座公主坟正在马路中央，势必移除。后经我哥哥沁布多尔济委托一位叫敖景文的人（蒙古族，当时是北京蒙藏学校的校长，已故），转托日伪建设总署负责人（日本人），用8000块银元的代价，才将两座公主坟按文物古迹保留下来，致使马路绕行。

1965年修建地铁时，因路线取直，必须通过此处的坟墓，海淀区人民政府曾找我联系（因我是庄静固伦公主第五代后裔），经协商，我自动将公主坟蓝图、契纸、土地所有证献出，然后由有关部门将两座坟墓迁移。

《我所知道的公主坟》

❖ 金继德：天安门广场忆旧

《光绪顺天府志》云："大清门在正阳门内，门三阙，飞檐翼空，下绕石栏，广数百步，前为天街（后称棋盘街）。左右列石狮一，下马石牌各一。门内有千步廊，东西相向者各一百一十间，又左右折而北向者各三十四间。其外东为户部米仓，西为工部木仓。其左折而北者，东接长安左门（东三座门，在今文化宫稍东）；其右折而北者，西接长安右门（西三座门，在今中山公园稍西）。门各三阙，东西向。门外下马石牌各一，东西缭以红墙。"在封建王朝时代，这里市民不能通行，往返东单西单间，都得从北城经鼓楼向西绕行。直到民国成立，才能随便通行。

辛亥革命后，大清门改为中华门。千步廊在民初1914年被拆除，司其事者为北洋政府内务总长朱启钤，朱老将拆下木料，移做整修社稷坛之用。今中山公园内之水榭、游廊、四宜轩、春明馆、来今雨轩等处，均系朱老亲自督工修建，经二年之久，始告完成，辟为公园，名中央公园。北伐胜利后，为了纪念伟大的革命先行者孙中山先生，于1928年改为中山公园迄今。

千步廊拆除后，东西两边高达丈余的南北平行的两道红墙保留下来，并在红墙之中间，东西各开有一高8尺宽5尺的方门，专供人们东西来往穿行。故当时人们均以方门呼之，"到方门去"，即到红墙里边遛达遛达。方门内中央是一条自北向南约2丈宽的石板路（即中华路）。路两旁种有松树墙，松树墙外的土地上，种着迎春、菊花、丁香、洋槐树等，也都是朱老督工种植的。每当春暖后，夏秋之季，这里绿树成荫、花草如锦，环境很幽美，附近居民常在早晨来此遛鸟和活动，并有小贩设摊卖啤酒、酸梅汤、刨冰、凉粉等，还有算命占卦的，游人至晚方散。但一到冬天，叶落花凋，北风吹来，寒气袭人，里边空无人烟，一片凄凉。那些落叶树干间，时有因生活无路而自缢死亡者，还有饥寒交迫的乞丐倒毙其中。

东西两边三座门及金水桥之间空地，自辛亥革命后、五四运动期间，成为青年学生集会的地方。天安门至金水河之间，年年蒿草齐胸，也是很荒凉的。

东西三座门附近，时常发生车祸。记得1946年，名律师王振华骑自行车在东三座门被美军卡车撞死，年仅30余岁；在西三座门曾有一妇女乘三轮车由西穿门向东行，被自西皮市向北行之军用卡车撞倒，三轮车夫及妇女当场死亡，流血遍地。我曾目睹此惨状。解放后，以之有碍交通，已被拆除。

方门两道红墙，在1953年修建人民英雄纪念碑时即被拆除。50年代中期扩建广场时，中华门被拆除，石板路拆掉改铺水泥砖地了。

早年方门东为前门内之户部街，辛亥革命后改为公安街，有轨电车第2路行驶经过。公安街东，在东交民巷口有瑞金大楼、华安饭店、邮政管理总局、月盛斋酱羊肉铺。北为统税总局、北平市警察局、消防总队部。再向北是消防队操场，占地较大，内有足球场。早年这里常有足球比赛，售入场券。场内无看台，球迷均围站场地四周。北平沦陷后，这里为日军仓库，光复后是联勤第五补给区北平建筑器材仓库，再北即东长安街了。

方门西是西皮市，街西多民房。西皮市南与西交民巷东口拐角处河北省银行楼北边，是银行公会，为二层楼房，这里常有舞宴。银行公会设有各银行银号之票据交换所，每天上午营业，很热闹。

方门南为棋盘街，为东西交民巷来往通行之地。由公安街往南出前门东门即火车东站，去京沪、天津及东北沈阳在东站乘车。西皮市往南出前门西门是火车西站。西站是货站，但也有去汉口及转陇海路的客车。

西皮市过西交民巷南边有些店铺，公安街过东交民巷向南无一店铺，而是美国兵营了。

封建时代，皇帝去天坛和先农坛祭祀时，龙辇经大清门（明代称大明门）出正阳门。北平沦陷时期伪华北政务委员会委员长朱深病死，其灵柩用六十四人杠过天安门前南折，经中华门出正阳门，绕珠市口折向长椿寺停灵，气派大啦。汉奸死后尚作威，可恨可愤可唾！

《天安门广场忆旧》

❖ 疆园：新华门的开辟

谈到新华门的开辟年代，这就要追溯到民国初年袁世凯窃享辛亥革命成果而在北京当上第一任大总统时的1913年。

袁世凯这个野心家，一贯地弄权祸国，愈演愈烈，直至他最后洪宪称帝，失败死亡，而告终结。当辛亥革命时期，袁世凯看到有机可乘，就对当时清政府的末代统治者皇太后隆裕（光绪帝的嫡妻）和六岁的小皇帝溥仪，进行威胁，迫使他们签了逊位诏书。这时的军政实权都掌握在袁的手中。当时孙中山为了顾全大局，将临时大总统席位让给他。袁世凯却认为他的实力在北方，不肯南下就职，遂有唆使其部下曹锟所统驭的陆军第三镇兵变之举，造成北京紧张局势，这样就达到了他留在北京镇守不复南下就任民国大总统的阴谋目的。当时由所谓临时国会决定以中南海为大总统府的所在地，特在西长安街开辟坐北朝南的总统府正门。这就是现在的新华门开辟的原始。

开辟新华门是经过了一番周密考虑的。当时有人主张采用西式建筑式样，有人则主张要古老风格。最后商定因地制宜，就把这座宝月楼利用上了。至于门的命名，因正阳门（前门）内的皇城正门原称做"大清门"的，改称"中华门"；在这同时，就把新辟的总统府正门，定名为"新华门"了。（正阳门内原有的"中华门"，与长安街的东西三座门，于新中国成立后拆除。）

《新华门的今昔》

▷ 大清门旧貌，民国成立后改称中华门

▷ 北洋政府时期的新华门

❖ 左笑鸿：冯玉祥开和平门

北京的内城，原先是南面三座城门，东、西、北各只两座城门。以后在正阳门与宣武门之间，开了一个和平门。这和平门不是明朝建的，也不是清朝建的，而是50多年前开的。

50多年前，也没有北新华街这条马路。那时，由北往南数，旧帘子胡同、新帘子胡同、半壁街、中街、松树胡同，都是整条的胡同。以旧帘子胡同说，从现在的东旧帘子胡同东口，一直到西旧帘子胡同西口，只称为旧帘子胡同。其余的胡同也是这样。开辟了和平门之后，这些胡同被北新华街冲断了，才分成了两半，于是称为东什么胡同和西什么胡同了。城外是护城河（所以河南岸的街叫西河沿）。护城河以南一大片地方，因为在明朝是烧琉璃瓦的窑厂，所以称做厂甸。

那时住在这一带城墙内外的人，要进出城办事，那就得往东绕正阳门，或往西绕宣武门，可不方便了。很多人想在这里开个门，但只是空想。当时这类事情，如修马路等等，归市政公所管办，市政公所的头头叫督办。当官做老爷的只管收市政捐，谁管老百姓方便不方便，而且所属的工人很少，担负不了开城门、修马路的任务，在军阀时代，也不会拨这一大笔专款动工。所以，群众想是想，城墙却依旧是城墙。

大约是1924年，冯玉祥班师回到北京，鹿钟麟当了卫戍总司令。有人建议开个城门，冯玉祥欣然答应，说："他们不干咱们干。"就指派鹿钟麟去办，一切由他指挥。至于工人呢，冯玉祥说："由咱们的队伍包了。"于是先派人测量，找到合适的地点然后做老百姓的工作，因为由南到北要拆几百间房子。由于房主要略给一点房价（据说是冯玉祥同财政部吵了一架才弄到点钱），房客得安排迁移，这样耽误了不少时日。等一切都搞好了，才开始动工。当时没有推土机，也很少起重机，只靠人搬人挑和用小车推，这一切一切都是兵士们干。老百姓们称赞说，"冯玉祥的兵就是好！"

城墙很难拆，当然还是兵士们动手。老远地就瞧见高高的城墙上，一群穿灰色军装的人在抡锄挥镐。听说鹿钟麟还时常亲临现场指挥，并且还亲自挥镐呢。记得当时有摄影记者发现了他（其实认出他来真不容易，虽是总司令，照样一身布军装，左臂上一样戴了臂章，上写"不扰民，真爱民，誓死救国"），立刻用照相机对准，鹿钟麟一抬头，看见照相机，马上背过身去，等记者再转到他面前时，他扔下镐就走了。"文化大革命"前，鹿在天津街道上当居民读报组组长，天天给人读报，我曾辗转托人问他这件事，并问开和平门的经过（那是给北京人干了一件好事），他哈哈一笑，推说已完全记不清了。

《从兴华门到和平门》

❖ 沈忍庵：复兴门、建国门的命名

15世纪明成祖在永乐年间修建北京城时，共建了九个城门，为正阳、崇文、宣武、安定、德胜、阜成、朝阳、东直、西直。到了16世纪，明嘉靖年间，增建了外城，又建了七个城门：永定、左安、右安、广安、广渠、东便、西便。20世纪，民国初年，又在正阳门和宣武门之间，拆除了一段城墙，修建了和平门。

日本侵华时期，20世纪40年代，在东单以东，西单以西，各拆除了一段城墙，修建了东西两座城门，城门建成后，未及命名，日本就投降了。

1945年深秋，国民党政府从敌伪手中接管了北京市政，我这时到北京

▷ 1926 年和平门开通仪式

俯拍下的复兴门（西长安街与西城墙的交汇处）

市社会局工作了十多天，任主任科员。当时有市民建议把日本修建的东西两座城门，一名胜利东门，一名胜利西门。社会局长温崇信，把这件事交我拟办。我认为二门都以胜利为名，未免重复。我国长期遭受日本侵略，现今日本投降，正是复兴建设时期，这两座新建的城门，不如一名"复兴"，一名"建国"，比较适当。局方采纳了我的拟议，西门名曰复兴，东门名曰建国。两座城门现在虽都已拆除，但该二门的名称依然存在；且因两座城门名而得名的建国门里、建国门外，复兴门里、复兴门外等名称也沿用了下来。

《北京复兴门、建国门的来历》

❖ 常人春：地安门，繁华的闹市区

明初，京城肇建，内城中心为紫禁城，其外围为黄城（不作"皇"城）。城门有四：东为东安门，西为西安门，南为承天门（清代改称天安门），北为厚载门（清代改称地安门）。均建有门楼，除天安门外，其他三个门楼都未建在城上，而是建于平地，成为坐地罩式的三门两殿的建筑，时人谓之"大罩子"。东安门、西安门均毁于火。西安门系1950年10月，有小贩王朝宗者，在附近搭设摊棚，卖纸烟，不慎失火，殃及门楼，遂即拆除。地安门大罩子是50年代初为使四面马路畅通而拆除的。

地安门大罩子南面正对景山，北面正对鼓楼——钟楼。西边为西黄城根（今地安门西大街），东边为东黄城根（今地安门东大街）。从地安门大罩子往北至鼓楼前约一里半地为地安门外大街，时人俗称"后门大街"（"后门"即地安门的俗称）。这乃是一条典型的商业街，时人谈到北京的繁华区时有"东四、西单、鼓楼前"的说法。尽管民国以后，北京的商业中心逐渐向西单、东城王府井一带转移，30年代至40年代末，后门大街，尤其是鼓楼前，

▷ 地安门外大街旧貌

▷ 改建前与改建中的正阳门对比，左侧为新修复的箭楼

与其他地区街道相比，仍不失为一个繁华的闹市区。据民国二十三年（1934）北平市商会编印的《北平市商会会员录》记载，当时后门至鼓楼一带，正式参加各同业公会的商号共有137家。其中以古玩业、布业、米面业、油盐业、干果杂货业为多。其实，当时还有相当一部分坐商、摊贩还没有参加同业公会。因此，会员与非会员商户合计起来，光坐商也有200户以上。总之，后门是五行八作云集，百业齐全的商业街。它具备了油香、酒香、药香、脂粉香等"五味神"——这乃是旧时衡量是否能视为闹市的条件。

《地安门琐忆》

❖ 朱海北：正阳门改建史话

正阳门（俗称前门）是明清两代内城的正门。它与南面的箭楼，北面的中华门坐落于同一中轴线上，组成气势森严宏伟的建筑群体。封建时代，它的中门专供皇帝通行，平时不得开启，官民出入须绕经瓮城东西两侧的门洞。北面空旷开阔的棋盘街，白天商贩集聚，喧闹如同庙会，夜晚则是赏月佳地。正阳门迤南，城楼东西各有小庙一座。东面是观音大士庙，原有明朝万历壬辰建筑都城碑记和清朝刑部尚书、著名书法家张照撰写的碑石。西面是关帝庙，每值春节，求财祈福者摩肩接踵，香火兴旺，内立碑碣，为明代书法家董其昌的笔迹。环抱正阳门至箭楼之间的瓮城东墙外侧，鳞次栉比地开设了许多商店，名曰"荷包棚"（后改名荷包巷）。京汉、京奉两铁路于《辛丑条约》后，相继修到箭楼东西两侧，并在两处分建车站，给这一带带来了新的繁荣。但因道路湫隘，交通经常窒塞。

民国三年（1914），先父启钤公时任内务部总长兼北京市政督办（相当于市长），有鉴于前门地区淆杂喧阗现象亟待改善，乃向袁世凯（当时的大总统）提出《修改前三门城垣》方案。方案具体内容是："拆除正阳门瓮城东西月墙，于原交点处各开两门，旧基址改筑马路。箭楼崇巍则仍留存……"当时北洋政府财政短绌，先父对经费来源也预为擘划。工程预算所需的40余万银元中，拟由京汉、京奉两路局各负担20万元，不足之数由北京市政公所从地方行政费用内补齐。

由于经费有着，方案得到批准，民国四年（1915）6月16日正式兴工。先父亲临施工现场，冒雨主持了开工典礼。手持袁世凯以总统名义颁发的特制银镐，刨下了第一块城砖。银镐重30余两，在50厘米长的红木手柄上嵌有银箍，錾有"内务总长朱启钤奉大总统命令修改正阳门，爰于一九一五年六月十六日用此器拆去旧城第一砖，俾交通永便"字样。这一器物，先父生前一直收藏。"文化大革命"期间曾被抄走，政府发还时已加贴"故宫博物院"标签，始知曾经国家文物部门鉴定，现仍完好地保存在我家中。

工程共清运渣土8.8万立方米。在当时的条件下，运走这样大的土方量是很困难的。先父苦心运筹，利用他奉有大总统特令和曾做过内政、交通两部总长的有利条件，要求京汉、京奉两铁路将道轨延伸铺设到东西瓮城根下，渣土拆下后及时装进车皮，挂上小火车头沿东西两线外运。西线倾倒于西便门一带，东线倾倒于东便门附近之蟠桃宫，既平垫了铁路两侧的洼地、展宽民用土地面积，又节省了大量人力财力，缩短了工期。

工程进行迅速，当年年底就全部完工。12月29日，先父奉命率同督修官、交通部次长麦坚信，外国工程师罗克格，京师警察总监吴炳湘等进行了验收。

全部工程项目包括：

箭楼北侧的瓮城拆除后，在正阳门两侧添砌南北向新墙两面，厚3米，全用旧砖砌筑；箭楼东西两面增筑悬空月台两座（北平解放，领导人检阅人民解放军入城式时就登上了此月台）；箭楼下砌磨光石梯，东西各82级；石梯衔接处展设平台。箭楼上门窗油饰一新，并安装了玻璃，显得十分宽敞明亮。

正阳门两侧各开门洞两座，宽9米、高8米，还分别安装了带滑轨的钢门。新筑马路两条，皆宽20米；两侧人行道，用唐山产的钢砖铺砌。除此处新修暗沟800米外，还修筑了由中华门通往护城河大暗沟两条，以备夏季雨水集中时宣泄积潦。

从新开城门至正阳桥，安设水泥栏杆；棋盘街两侧安放水泥方墩，贯以铁链；运购大石狮子三对，分别放置于正阳门前和箭楼东西石梯入口处。为了保存古迹，还将观音庙、关帝庙鬃饰彩画。

全部费用共计银元29.8万余元，其中包括偿付征用商民房屋拆迁费7.8万元，较原预算节省四分之一以上。先父由北京市政公所拨交6万元，其余由京汉、京奉两路承付。

改建后的正阳门，不只便利了市民交通，缓解了两大铁路所造成的壅塞，而且美化了首都。拆下的旧料也做到了物尽其用，在中央公园（今中山公园）内一息斋、绘影楼、春明馆、董事会等建筑物扩建时，差不多都派上了用场。

❖ **戴式增：** 先农坛体育场

1912年，孙中山先生领导的资产阶级民主革命推翻了清王朝，建立了中华民国。先农坛（中间正坛部分）就开辟成了公园。但在当时，一方面限于交通不便（直至1925年，才有两路有轨电车通到天桥，后在敌伪时期又延至永定门，但两地都距公园大门有数百米之远）；一方面坛内既不似中山公园（即原社稷坛）有亭、台、楼、榭之美，又无天坛巍峨壮丽建筑之胜，所以游人稀少。当然，那东西两坛仍是断壁颓垣，荒芜一片。

1934年春，北平市市长袁良（武术爱好者）在西坛（即今陶然亭游泳场）筹建"北平市立体育专科学校"，才打破了先农坛五百年来的沉寂。当时笔者是该校第一期学生。记得入校之始，里面的蚊子比苍蝇还要大，荒凉景象可以想见。

▷ 第十八届华北运动会的情景

是年秋末（与体专开学同时），第十八届华北运动会刚刚在天津闭幕。大会议决，下届——十九届大会将由北平市承担举办任务。可是北平自1930年以来，一直也没有修建正规的体育场（第十三届华北运动会是在北平私立汇文中学运动场举行的）。当时东北、华北一些省的省会，均先后由于主办华北运动会，修建了正规场地，如十四届在沈阳、十五届在济南、十六届在开封、十七届在青岛（其中青岛场地是仿照美国洛杉矶第十届奥运会会场修建的，非常壮观和实用）。北平当时正处于日寇进犯的前夕，对于承担这项任务不太热心，但又无法推诿，只好把规程修改一年一届为三年一届，十九届大会延至1937年在北平举行。市长袁良在无可奈何的情况下，于1934年11月1日市立体专开学典礼散会后，亲偕（主管教育的）社会局局长乐永年、体育督学李洲，去先农坛东坛进行勘察，并当即决定在该处修建北平市公共体育场。

丧权辱国的"何梅协定"签订后，华北一带的国民党嫡系军队撤出，改由宋哲元部进驻，北平市市长袁良离职，改由秦德纯继任，修建公共体育场这项工程因受到人事变动的影响，一直延至1936年春才正式奠基（奠基石原立于体育场北门楼西北墙角，解放后扩建时移去）。

这项工程由北京公和祥建筑厂承包。社会局委派北平市体育委员会委员焦嘉诰及全适森（30年代北平市篮球代表）两人监工。到1937年七七事变前夕，除看台的罩面、安装门窗，以及看台下（运动员宿舍）的地面铺水泥外，其余工程均已竣工。当时的看台，由于缺乏科学的计算，浪费很多空间（每阶层距离过高，走道也太宽），所以仅能容观众15000人。

日寇侵占北平后，北京市由汉奸江朝宗领衔组成了"地方维持会"。他们当时对所谓的"公共体育场"不屑（也无暇）一顾。直至1938年春，"地方维持会"撤销，始由"北京市政府教育局"批准，委派焦嘉诰为场长，以及现在天津南开大学任教的周炳麟及笔者为管理员，进驻场内开始办公。这样，"先农坛公共体育场"的匾额，于1938年4月在东大门悬挂起来。

《先农坛体育馆史话》

❖ 石继昌：顺天府"我愧包公"大堂悬

北京在元代为大都，明成祖永乐皇帝定都以来，取《易经》"汤武革命顺乎天而应乎人"之义，改为顺天府，清承明制，沿用未改，辛亥革命以后，改顺天府为京兆地方。按各府之长为知府，品级为从四品，顺天府由于是京都首善之区，地位崇高，其长官不称知府而称府尹，品级为正三品，稍低于各省的巡抚，以示隆重之意。

顺天府衙在鼓楼东大街东头路北，交道口之西，原为元代大都路总治旧署，占地十九亩，后门在分司厅胡同。据记载，府门三重，大堂五楹，堂后为内宅，大门内之西为包公祠。

30年代末，当时北京的教育部门曾在原顺天府旧址设立外国语专科学校，初为部立，后升为国立，分商业、外交两科，学习英、法、德、日等国文字。40年代初，我曾数往该校听课，大门庄严肃穆，仍是衙署形象，门内为木屏风，已非原物，礼堂面宽五间，应即原顺天府衙的大堂。大堂外壁所镶历任府尹题名碑刻尚存，东西厢房则为新建，西院为图书馆，后院及别院房舍甚多，旧有、新建兼而有之。

记得有一次在礼堂聆听瞿兑之先生（宣颖）讲学，瞿先生是湖南善化（今长沙）人清大学士瞿文慎公（鸿禨）之子，早年毕业于上海复旦大学，精研方志舆地历史掌故之学，擅长中外文，曾任故宫博物院专门委员，在外国语专科学校教授世界文化史。礼堂内悬挂历任顺天府尹题写的匾额达数十方之多，匾文大半是"公正廉明""节用爱人""镜明水清"之类套语。唯有一匾语新意妙，警策动人，直到现在记忆犹新，文曰"我愧包公"，乃府尹沈金鉴所书，时间为民国三年。盖以宋代包拯曾知开封府，不畏权贵，直道而行，戏曲小说演述其人其事，妇孺皆知，呼为包公而不名，沈氏乃引之以自勉。

写至此读者不禁要问："既然已是民国三年，如何仍有顺天府尹？"这里有必要说明一下。按清代最后一任顺天府尹为浙江归安人丁乃扬字少兰，宣统三年清室退位，改次年为中华民国元年，丁氏继续任府尹；十二月丁氏免职，安徽合肥人张广建字勋伯继任府尹；二年九月张氏免职，山东莱阳人王治馨字琴斋任府尹；三年三月王氏开缺，浙江吴兴人沈金鉴字叔詹任府尹。同年十月，下令将顺天府改为京兆地方，府尹改为京兆尹，沈氏任京兆尹，直至四年九月为止。此高悬"我愧包公"匾额的沈金鉴，尽管时间已是民初，但作为顺天府尹一职，乃是最后的一位。

《"我愧包公"大堂悬》

❖ 阎严：溥仪敕令庄士敦主管颐和园

庄士敦（1874—1938），英国苏格兰人。牛津大学毕业后来中国，一住就是34年，不只通晓中文，对儒释道、经史子集等中国传统文化也有研究。编写的有关我国历史、文学、哲学著作不少。来华后先后任过英国驻香港、威海卫等地高级官员。1919—1924年为末代皇帝溥仪的英语教师，成了他的知心朋友。

庄氏是地道的君主立宪派，无疑也给清宫带来了西方物质文明和精神文明。如电话、电影、钢琴、自行车等。打通对外交往渠道——接见了当时新文学代表之一的胡适，会见了印度诗人泰戈尔等。溥仪在新思想的影响下，剪掉辫子，脱下龙袍，穿上西装，戴上眼镜。在婚姻问题上也要向西方王室看齐，实行一夫一妻制，在太妃们声泪俱下的责劝下，才同意只要一后一妃。他摈弃了在中国施行了数千年的太监制，遣散了最后的1000多名太监（过去有3000多）。一心想着外出留洋开眼界、见世面。溥仪承认庄士敦成了他"心灵的主要部分"。

清帝退位，民国政府给皇室的优待条件的第三条："大清皇帝辞位之后暂居宫室，以后移居颐和园，侍卫人等照常留用。"当时民国政府及皇室将"三山五园——畅春园、圆明园、万寿山清漪园、玉泉山静明园、香山静宜园"当成皇室私产看待。当溥仪敕令庄士敦为颐和园主管时，庄氏曾讲："过去连汉人也得不到的职位，今日让给了一个'洋鬼子'。"

《庄士敦与颐和园》

▷ 庄士敦（左一）与溥仪（右一）的合影

第二辑

名寺古刹，晕染了民
国印记的礼佛圣地

❖ 王国华：关庙遍京华

旧北京的寺庙很多。20世纪40年代有人统计：北京的街道、胡同共有1500多条，而寺庙就有1300多处。引人注目的是，在众多的寺庙中，又以有关三国时期关羽的寺庙最多。清代潘荣陛的《帝京岁时纪胜》一书中说："关庙遍天下，而京师尤胜。"在北京最早的地图《乾隆京城全图》上，标有北京内外城寺庙1272处，其中从寺庙名称来看，明确是关庙的就有121处，约占全部寺庙的十分之一。

▷ 北京关帝庙旧照

北京关庙的数目，各种书籍的说法不一。明代沈榜的《宛署杂记》载，宛平县（天安门南北中轴线以西）有关庙51处。曹尔泗《北京胡同丛谈》说，明清时代北京有关庙"百余处以上"。1936年出版的《北平庙宇通检》，对城内庙宇半数未载，但已记有关庙87处，加上其他名称实际上祀关羽的寺庙不下150处。这些记载都从不同侧面说明北京的关庙是很多的。

《北京的关庙》

❖ 郎深源：国画名家爱佛门

过去曾有一些历史名人来戒台寺居住或游览。如晚清时的恭亲王奕䜣就曾在此居住多年。民国初年的袁世凯、徐世昌和黎元洪等也先后到此进香，徐世昌还撰写了"戒台寺碑记"。特别是大画家溥心畬与戒台寺的关系更值得一提。溥儒，字心畬，号西山逸士，清光绪二十二年（1896）生。他是道光皇帝第六子恭亲王奕䜣之孙，其父载滢，袭封贝勒，是末代皇帝溥仪的堂兄。其儒之名乃光绪皇帝所起，并御批望日后要做君子儒，勿做小人儒。他10岁以前，一直住在前海西街恭王府内。辛亥革命推翻清王朝之后，随其父移居西山戒台寺达15年之久。在此期间，他遍游野岭荒谷、断崖峭壁，以大自然为营养，以奇峰怪石、苍松翠柏及古刹为素材，因而使他才思日进、画艺日深。他的诗文、书法及绘画均有很高造诣，博得了"诗书画三绝"的赞誉。1925年，溥心畬走出西山戒台寺，又回到恭王府，以后又曾在后海北岸的广化寺居住多年。1926年曾举办了他平生第一次画展而名声大噪。他与曾到松江禅定寺出家做过一百天和尚的国画大师张大千齐名，被世人誉为"南张北溥"。说来有趣，两位国画大师皆与佛门有渊源。前来向溥先生学画者很多，他常对弟子们说："人品第一，画品第二。"溥心畬在寺隐居中发愤读书，并游览调查了西山各地及古寺，先后写下《西山集》《戒台寺志》《上房山志》《云居寺志》等著述。溥先生晚年移居台湾，曾出任台湾师范大学艺术系教授，兼以卖画为生。溥先生半生寒素，念旧思乡，于1963年卒于台湾。

《戒台寺·拈花寺》

▷ 溥　儒（1896—1963）松溪高士图

❖ 张必忠：溥心畬与广化寺

　　七七事变以后，北平民生凋敝，物价上涨，寺中为了生计，将东院空房辟为灵堂，以增加收入。1938年，恭王府奕䜣之孙溥儒（字心畬）母亲病故，停灵于广化寺东院大斋堂内。溥儒自幼受传统教育很深，立志要为母亲守孝三年，他每日往返于广化寺和恭王府之间，风雨无阻，溥儒之母的寿材极其考究，是棺外带梓的"葫芦材"，共上13道黑漆。为使其母早日"超生"，溥儒用毛笔蘸上金粉在椁上写满经文，均是工整的楷书。在守孝满一年时，溥儒还在一张四尺的日本绢上画了一张着色观音像，画成后集众僧到法堂上，放纸签于笔筒中，摇后让众僧抽签，谁抽到写有"佛"字的签观音像就归谁。可巧隆祥法师抽到"佛"字，这张观音像一直保存至今。

由于溥儒能诗善画，广化寺内许多年轻僧人便借机跟他学习诗画。同时，与溥儒往来的许多诗人墨客也来到寺内参与教授，一时寺内诗、书、画之风，盛极一时。

当时，寺庙多年失修，殿宇残破，住持玉山和尚见溥儒时常到寺内来，加之广化寺与恭王府久有来往，玉山便请溥儒帮助恢复寺庙旧观，溥儒欣然答应，遂向文物部门吁请，使广化寺得以重修。当年，寺内中路山门、天王殿、大雄宝殿、万佛阁石楼，以及东西配殿，都得以重修。最后尾工未完，溥儒便和学生一起在中山公园举办画展三天，将得款全部捐助寺中，使整修工程得以完工。

《京师名刹广化寺》

❖ 常锡桢：崇效寺的牡丹

牛街往西，老君地迤南，和白纸坊大街之间有一座御敕"崇效寺"，北京土话叫崇交寺。这座寺是专供外地人停厝灵柩的，地点偏远，交通十分不便，平时山门紧闭，鲜少游人入寺。但是到了每年的三四月，崇效寺就会热闹几天。这是因为寺里的牡丹花开了，远近有不少慕名而来的赏花人到寺里来看难得一见的牡丹花。

崇效寺的牡丹大概有十几丛，种在后院里，由老住持亲自照管。几十年来代代相传一种特别的施肥方法，制造肥料时将黄豆放入大锅里，然后注水慢煮，大约要煮两天，直到黄豆煮化成为汁液为止。这种汁液不必发酵即可施用。施肥时先用长竹签在花丛四周钻地，大约要扎一尺多深，然后把豆汁慢慢注入，再把洞孔填平，每年花季后施肥一次就够了。

老和尚解释施肥时为何要用竹签钻地松土，而不用铁条通地时说，这是因为牡丹的根系发展较深较广，并且最忌铁器割伤。若是牡丹的根被铁条刺着，伤口处就会腐烂变成严重病害，渐渐扩散，使整棵牡丹枯萎。

崇效寺的牡丹，色彩缤纷，白、红、粉各色杂陈，花朵直径半尺，可称得上是宝贵之花。寺里引以为傲的是一丛稀有的墨牡丹，仔细欣赏它实际上是墨紫色，在群芳中独树一帜，确是不凡。

《城南忆旧》

❖ 傅长青：华住持两救东岳庙

1900年，八国联军入侵中国，在未进北京以前，北京齐化门（即今朝阳门）、东直门、东便门一带的居民在"保清灭洋"的口号下，纷纷参加了义和团。就在东岳庙的弓房里设坛、练武，有的团勇就住在庙里。义和团失败以后，八国联军侵入北京，它的前站就住在东岳庙的后楼和东西跨院。前站包括德、法、日三国的军队，指挥是一个德国人，名叫萨震德。他们把庙里历代传下来的文玩、书画、经卷、祠堂里的画像以及所存的珍贵物品洗劫一空。只有成亲王写的八扇屏没有劫走，因下面落款写的是"皇十四子"（外国人不知皇十四子是谁）。他们把要掠走的东西都列成表，强迫当时庙里的华明馨住持签字，当作赠品。萨震德还对华住持说："齐坏（化）门，没有好人，他们杀了我们的人。"恶狠狠地表示要屠杀当地的居民进行报复。华住持对他说："你们不要冤枉好人，你们做事要留德行。"

萨震德听了以后，没有逞凶就走了，齐化门一带的居民避免了一场大灾难。

八国联军走了以后，齐化门、东直门、东便门、关厢的绅商百姓对华住持非常感激，就联名给他送了一块长六尺、高二尺、黑底金字、周围绘着龙饰的阳文大木匾。匾上刻了"大德曰生"四字。华表示不敢接受，于是就在"大德曰生"四个字的正上方添了一个"献"字，表示是供献给神灵的。这块匾后来挂在育德殿的正面。

民国军阀混战期间，不管是谁占据了北京城，都要在东岳庙驻兵。壬子年间（1912年），军阀曹锟第三镇在东岳庙里驻军，管带叫刘文明。那年正月十二日朝阳门外兵变，抢劫了广隆当铺，劫后起火，火势向东蔓延，眼看要危及东岳庙。当时庙里钟、鼓两楼里都存放有军队炮弹，如果烧到这里，方圆一里内势必炸成火坑。刘找到庙里住持华明馨商议，叫道士们赶快收拾财物躲到安全地带去。华住持说："一般道士可以出去躲一躲，主要负责人不能走，应与庙同归于尽。"不料火烧到庙西邻香蜡铺处就熄灭了。大家认为"这是庙里大帝显圣"。那些住在东岳庙里的官兵看到七十二司尽是些因果报应的故事，也觉触目惊心，所以他们在庙里不敢胡作非为。有的一心想升官发财，便在庙里求神许愿。

《忆东岳庙》

❖ 郎深源：京城西郊碧云寺

1947年夏，我应碧云寺住持妙原之邀，来寺任知客之职。在这里生活工作近两年。1949年2月我考入华北人民革命大学，因而离寺。笔者在寺期间的一些见闻略述如下。

碧云寺位于京城西郊香山静宜园北侧半山腰处，距城约30华里。该寺始建于元朝至顺年间（1330—1333）。相传此地原为金章宗"玩景楼"旧址，原名碧云庵。明正德年间（1506—1521），宦官于经在此进行扩建后才改名为"碧云寺"，于经在寺后并营建了生圹，以备死后葬身之处。

▷ 孙中山灵柩暂厝西山碧云寺时照片

天启三年（1623）魏忠贤复对此地大加修饰，同样也想作为死后之墓地。

碧云寺占地约4万余平方米，坐西朝东，依山顺势建造，院落层层升高、错落有致，殿堂古朴，严谨壮观。分南北中三路。中路有石狮、石桥、山门、哼哈二将殿、四天王殿，过放生池桥即是大雄宝殿，殿后有乾隆碑亭一座，后为菩萨殿。再往后是孙中山纪念堂（原为普明妙觉殿）。最后是建有金刚宝座塔的塔院，院内宽阔幽静，树木茂盛，郁郁葱葱，另建有石狮、牌楼等。

南路有五百罗汉堂等建筑，北路有含青斋及水泉院等。

1925年11月23日国民党中的右派一些人物在含青斋召开了所谓的"西山会议"。由含青斋往西行为水泉院，水声潺潺，松柏参天，环境清幽，是避暑的好地方。盛夏到此，顿觉凉爽舒适。

中国最大的金刚宝座塔，建于乾隆十三年（1748），塔通高34.7米，塔基两层，皆为汉白玉砌造。塔座东侧正中有券洞，内为孙中山衣冠冢。由券洞拾级而上至第三层，前面两侧各有一座圆形的藏式喇嘛塔。其后有13层密檐式方塔，正中是一座大的塔，四角各为一座小塔，塔尖参差，错落有致。塔体上遍布精致的浮雕，有佛像、天王、龙、狮、象和云纹梵花等。塔后有一棵柏树，树干分为九杈，犹如九龙昂首，人们都叫它为"九龙柏"，树龄已200多年，高约30多米。该塔比寺山门约高出100余米，游人登临远眺，可把玉泉山及颐和园等景观尽收眼底。宋朝诗人程颢咏西山诗云："清溪流水碧云头，空水澄鲜一色秋。隔断红尘三十里，白云红叶两悠悠。"

1925年3月12日上午9时25分，孙中山先生病逝于北京城铁狮子胡同（即今张自忠路23号）的行馆中。当天将其遗体移送协和医院进行尸体检查。尸检后又移到协和医院礼堂，在那里举行了基督教式的追悼仪式。由医院又移至中央公园数日，由各界人士公祭瞻仰遗容。公祭毕，用枢车将孙先生遗体运送到香山碧云寺停放。1929年才将孙中山遗体南迁安葬于南京中山陵。为了纪念这位伟大的革命先行者，将其衣帽封葬在碧云寺金刚宝塔的塔座中。并将原普明妙觉殿改为孙中山纪念堂。因此碧云寺成了孙先生的衣冠冢和永久性进行爱国主义教育的纪念地。

《碧云寺生活见闻》

❖ **朱自清：**住潭柘好，还是住戒坛好？

早就知道潭柘寺，戒坛寺。在商务印书馆的《北平指南》上，见过潭柘的铜图，小小的一块，模模糊糊的，看了一点没有想去的意思。后来不断地听人说起这两座庙；有时候说路上不平静；有时候说路上红叶好。说红叶好的劝我秋天去；但也有人劝我夏天去。有一回骑驴上八大处，赶驴的问逛过潭柘没有，我说没有。他说潭柘风景好，那儿满是老道，他去过，离八大处七八十里地，坐轿骑驴都成。我不大喜欢老道的装束，尤其是那满蓄着的长头发，看上去啰里啰唆，腥里腥醒的。更不想骑驴走七八十里地，因为我知道驴子与我都受不了。真打动我的倒是"潭柘寺"这个名字。不懂不是？就是不懂的妙。躲懒的人念成"潭拓寺"，那更莫名其妙了。这怕是中国文法的花样；要是来个欧化，说是"潭和柘的寺"，那就用不着咬嚼或吟味了。还有在一部诗话里看见近人咏戒台松的七古，诗腾挪夭矫，想来松也如此。所以去。但是在夏秋之前的春天，而且是早春；北平的早春是没有花的。

这才认真打听去过的人。有的说住潭柘好，有的说住戒坛好。有人说路太难走，走到了筋疲力尽，再没兴致玩儿；有人说走路有意思。又有人说，去时坐了轿子，半路上前后两个轿夫吵起来，把轿子搁下，直说不抬了。于是心中暗自决定，不坐轿，也不走路；取中道，骑驴子。又按普通说法，总是潭柘寺在前，戒坛寺在后，想着戒坛寺一定远些；于是决定住潭柘，因为一天回不来，必得住。门头沟下车时，想着人多，怕雇不着许多驴，但是并不然——雇驴的时候，才知道戒坛去便宜一半，那就是说近一半。这时候自己忽然逞起能来，要走路。走吧。

这一段路可够瞧的。像是河床，怎么也挑不出没有石子的地方，脚底下老是绊来绊去的，教人心烦。有没有树木，甚至于没有一根草。这一带原是煤窑，拉煤的大车往来不绝，尘土里饱和着煤屑，变成黯淡的深灰色，教人看了透不出气来。走一点钟光景。自己觉得已经有点办不了，怕没有走到便筋疲力尽；幸而山上下来一条驴，如获至宝似地雇下，骑上去。这一天东风特别大。平常骑驴就不稳，风一大真是祸不单行。山上东西都有路，很窄，下面是斜坡；本来从西边走，驴夫看风势太猛，将驴拉上东路。就这么着，有一回还几乎让风将驴吹倒；若走西边，没有准儿会驴我同归哪。想起从前人画风雪骑驴图，极是雅事；大概那不是上潭柘寺去的。驴背上照例该有些诗意，但是我，下有驴子，上有帽子眼镜，都要照管；又有迎风下泪的毛病，常要掏手巾擦干。当其时真恨不得生出第三只手来才好。

　　东边山峰渐起，风是过不来了；可是驴也骑不得了，说是坎儿多。坎儿可真多。这时候精神倒好起来了：崎岖的路正可以练腰脚，处处要眼到心到脚到，不像平地上。人多更有点竞赛的心理，总想走上最前头去；再则这儿的山势虽然说不上险，可是突兀，丑怪，巉刻的地方有的是。我们说这才有点儿山的意思；老像八大处那样，真教人气闷闷的。于是一直走到潭柘寺后门；这段坎儿路比风里走过的长一半，小驴毫无用处，驴夫说："咳，这不过给您做个伴儿！"

　　墙外先看见竹子，且不想进去。又密，又粗，虽然不够绿。北平看竹子，真不易。又想到八大处了，大悲庵殿前那一溜儿，薄得可怜，细得也可怜，比起这儿，真是小巫见大巫了。进去过一道角门，门旁突然亭亭地矗立着两竿粗竹子，在墙上紧紧地挨着；要用批文章的成语，这两竿竹子足称得起"天外飞来之笔"。

　　正殿屋角上两座琉璃瓦的鸱吻，在台阶下看，值得徘徊一下。神话说殿基本是青龙潭，一夕风雨，顿成平地，涌出两鸱吻。只可惜现在的两座太新鲜，与神话的朦胧幽秘的境界不相称。但是还值得看，为的是大得好，在太阳里嫩黄得好，闪亮得好；那拴着的四条黄铜链子也映衬得好。寺里殿很多，层层折折高上去，走起来已经不平凡，每殿大小又不一样，塑像摆设也各出心裁。看完了，还觉得无穷无尽似的。正殿下延清阁是待客的地方，远处群山像屏障似的。屋子结构甚巧，穿来穿去，不知有多少间，好像一所大宅子。可惜尘封不扫，我们住不着。话说回来，这种屋子原也不是预备给我们这么多人挤着住的。寺门前一道深沟，上有石桥；那时没有水，若是现在去，倚在桥上听潺潺的水声，倒也可以忘我忘世。过桥四株马尾松，枝枝覆盖，叶叶交通，另成一个境界。西边小山上有个古观音洞。洞无可看，但上去时在山坡上看潭柘的侧面，宛如仇十洲的《仙山楼阁图》；往下看是陡峭的沟岸，越显得深深无极，潭柘简直有海上蓬莱的意味了。寺以泉水著名，到处有石槽引水长流，倒也涓涓可爱。只是流觞亭雅得那样俗，在石地上楞刻着蚯蚓般的槽；那样流觞，怕只有孩子们愿意干。现在兰亭的"流觞曲水"也和这儿的一鼻孔出气，不过规模大些。晚上因为带的铺盖薄，冻得睁着眼，却听了一夜的泉声；心里想要不冻着，这泉声够多清雅啊！寺里并无一个老道，但那几个和尚，满身铜臭，满眼势利，教人老不能忘记，倒也麻烦的。

第二天清早，20多人满雇了牲口，向戒坛而去，颇有浩浩荡荡之势。我的是一匹骡子，据说稳得多。这是第一回，高高兴兴骑上去。这一路要翻罗喉岭。只是土山，可是道儿窄，又曲折；虽不高，老那么凸凸凹凹的。许多处只容得一匹牲口过去。平心说，是险点儿。想起古来用兵，从间道袭敌人，许也是这种光景吧。

戒坛在半山上，山门是向东的。一进去就觉得平旷；南面只有一道低低的砖栏，下边是一片平原，平原尽处才是山，与众山屏蔽的潭柘气象便不同。进二门，更觉得空阔疏朗，仰看正殿前的平台，仿佛汪洋千顷。这平台东西很长，是戒坛最胜处，眼界最宽，教人想起"振衣千仞冈"的诗句。三株名松都在这里。"卧龙松"与"抱塔松"同是偃仆的姿势，身躯奇伟，鳞甲苍然，有飞动之意。"九龙松"老干槎桠，如张牙舞爪一般。若在月光底下，森森然的松影当更有可看。此地最宜低回流连，不是匆匆一览所可领略。潭柘以层折胜，戒坛以开朗胜；但潭柘似乎更幽静些。戒坛的和尚，春风满面，却远胜于潭柘的；我们之中颇有悔不该住潭柘的。戒坛后山上也有个观音洞。洞宽大而深，大家点了火把嚷嚷闹闹地下去；半里光景的洞满是油烟，满是声音。洞里有石虎、石龟、上天梯、海眼等等，无非是凑凑人的热闹而已。

还是骑骡子。回到长辛店的时候，两条腿几乎不是我的了。

《碧云寺·戒坛寺》

❖ 刘殿凯：祭灶神的灶君庙

俗话说："民以食为天。"人既然要活着就必须吃饭，所以也就离不开厨灶。中国在上古时代就有祭灶神的习惯。《淮南子》曰："炎帝于火而死为灶。"《事物原会》曰："黄帝作灶，死为灶神。"到了封建社会，上自天子，下及庶民，家家户户都要供奉灶神（又称灶君或灶王），祭灶更成为人民生活中的大事。《敬灶全书》曰："灶君乃东厨司命，受一家香火，保一家康泰，察一家善恶，奏一家功过，每逢庚申日，上奏玉帝。终月则算，功多者，三年之后，天必降之福寿。过多者，三年之后，天必降之灾殃。"人民世世代代被这种思想束缚着，不但家家祭灶王爷、灶王奶奶，而且还把灶王爷奉为"一家之主"，每年敬送恭迎，虔诚至极。另外，在较繁华的街衢还修建了不少灶君庙。

北京这座有3000多年历史的名城，仅城内就有多座灶君庙，其规模一般都比较小，往往只有一两层殿堂。较大一点的要数崇文门东花市大街路北的灶君庙了，故又称它"都灶君庙"。

《宸垣识略》曰："都灶君庙在花儿市，明建，无碑可考，有古柏一。本朝康熙间重建，有国子监祭酒孙岳、翰林院编修冯云骕二碑，门外铁狮子二，康熙初年铸，每年八月初一、初二、初三庙市。"

家家都祭灶君，为什么还要建诸多灶君庙呢？原因是一般外出谋生人士，或无家可归的流浪汉，为了自己平安无事，都想通过祭灶君以保康泰。再一个重要原因则是为厨师祭祖提供方便。过去不管是小饭馆还是大饭庄子里的厨师，到了灶君的生日，都要到灶君庙祭祖。旧社会厨师的社会地位很低，被称为下九流。厨师们之间平时联系很少，只是到了祭祖日，大家才可以在灶君庙里畅叙友情，交流经验，还可以帮助没活的厨师牵线找活。此外，饭馆老板和经理也希冀祭灶使自己的生意兴隆。

《灶君庙》

❖ 王守宪：东西花神庙

以生产花卉为生的花农们每年都期望着鲜花产销双丰收，故在明代这一带花农们集资先后建起两座花神庙，以祈求神佛的保佑。

西花神庙位于草桥西夏家胡同，南北长22丈，东西宽10丈，前后殿各3间，东西配房各14间，西院是膳房。先有北殿真武像，后在前殿塑13位花神像，意即闰月时也有花神值勤，掌管鲜花生产造福花农。该庙是草桥到丰台一带的花农集资兴建和修缮的。庙门原有"古迹花神庙"五个大字的石刻横匾，书法很好，现仍存在院内。庙里有六七块石碑，有的已做石阶，有的放在一旁。可看清文字的一块石碑上记载着："清光绪十九年重修起至二十三年竣工开光献戏。"另一块汉白玉碑额上刻着"万古流芳"四字；下面字迹，在解放初期时还可看清是集资人的姓名和金额。此庙是1952年拆掉神像的，新中国成立后曾在此建立花神庙中心小学，现在是纪家庙小学，有400名学生。这里是三环路所经之处。庙南面有戏楼一座，1957年倒塌拆除。此庙又是丰台各处花行会馆所在地，庙前曾挂过会馆的牌子。每年阴历二月十二日丰台十八村的花厂经管人员和花农在此聚会，联系业务，并安排在谷雨前请戏班子唱戏，以示庆贺，但清末以后活动就很少了。

东花神庙，在草桥东南的镇国寺村，占地约3亩，有5间大殿和东西配房，大殿中有花神塑像三座，在墙壁上画有花神像。每逢节日，花农来这里祈求花木丰收、销路旺盛。史书上记载着东花神庙毁于火，但无详细记载。经几次向当地老农考察，才得知它是在清光绪二十六年（1900）被入侵北京的八国联军烧毁的。

当时花神庙南面有一座占地约20亩的大寺庙，是座菩萨庙。正殿很雄伟，房柱直径60多厘米。正殿前的室内有三座小塑像，中间塑像是菩萨。再往前是面向西的高大的山门，东西有配殿，庙内有几十名和尚看管。院内宽阔。清代末期草桥一带贫苦农民很多人参加义和团，大寺庙是义和团抗击帝国主义入侵的操练营地。他们勇猛抗敌，敌我死伤不少人，在一场肉搏之后，侵略军就纵火烧了大寺庙和东花神庙，大寺庙全被烧毁，东花神庙被烧掉东西配殿。当时义和团里青年们呼喊着这样的口号："豇豆大海茄，鬼子要遭劫，豇豆辣青椒，鬼子要挨刀。"这一带义和团抗击侵略者的事迹应记载下来。新中国成立后，这里改建成镇国寺小学。

《花神庙》

❖ 潘惠楼：京西窑神

京西煤业已有近千年的历史，但何时开始崇拜煤窑神却不得而知，据传自明代就有了供奉窑神的习惯。但煤窑神姓甚名谁，在京西却众说纷纭，莫衷一是。

有人说京西煤窑神是春秋时期的老子，因老子是道家始祖，长于炼丹之术。炼丹需要火加热，而煤是火之源，所以称老子是煤业祖师，当做煤窑神顶礼膜拜。在全国的许多矿区，将老子作为煤窑神供奉者最多。

还有人说，京西供奉的煤窑神是《封神演义》小说中的火神罗煊。罗煊被封为管火之神，自然就应该掌管煤窑事宜。又有人说掌管火的神是祝融，京西供奉的煤窑神应是祝融。还有的人认为，女娲补天之时，以煤炼石，是最早的用火者，煤窑之神应是女娲。

但京西多数煤窑却认为，京西的煤窑神是土生土长的当地矿工。这名矿工姓魏，身强力壮，急公好义，乐于助人，而且对煤窑的活计样样精通，会根据岩石、山脉、河流的走向，确定煤层的位置，他还多次在井下发生危险的时候帮助矿工。哪座煤窑的窑主请他去做活，哪座煤窑就煤源丰富，兴旺发达。矿工们说，煤窑有了魏姓矿工，可以点石成金。这位魏姓矿工去世以后，无论矿工还是窑主，都很怀念他，尊崇这位魏姓矿工为魏老爷。矿工们祈求他保佑下井工作平安，窑主们祈求他保佑兴旺发财，魏老爷也就成了煤窑之神，尤其是门头沟一带的煤窑，信奉魏老爷的最多。

《京西煤窑神》

❖ 刘仲孝：五显财神庙

财神庙庙小又是在荒郊野外，为什么能吸引那么多的人去烧香磕头呢？不外乎是沾了"财"字的光。发财的魅力是大的。那时，不仅是官僚、地主、资本家一心追求的是升官发财，日进斗金，黄金万两，就是一般的平民百姓也希望能发点小财，使自己的生活过得好一些。小本生意人也想招财进宝，图个利市。有一副对联说得好：宝马驮来千倍利，钱龙引进四方财。此对联道出了生意人的心理状态。正因为发财心盛，所以争先恐后地去烧香，生怕去晚了发不了大财，甚至不惜挨冷受冻，心甘情愿。财神庙会在旧历大年正月初二仅开放一天，这是北京城各种庙的庙会期限最短的。成千上万的人在大年初一午后就在广安门城门边站着等候。从城里去财神庙要出广安门，那时开城门有一定的时间，不到时候不开，唯独去财神庙那天破例提前开城门。上香逛庙的人多得挤不动，自宣武门外直到菜市口已是摩肩接踵，挥汗如雨了。再从菜市口出广安门达财神庙路途多为堵塞。20世纪30年代时，当局曾为了这个财神庙会开过专车，从东华门到财神庙，票价每位5角，可谓是开车逛庙会的先例。庙门前的空场上达到了高潮，人山人海，拥挤不堪，人们的喧闹声、小贩的叫卖声响成一片，实际上也就形成了一个临时性的贸易市场。层层的摊贩主要卖盖香元宝、蜡烛、带福寿字的红绒花等。卖敬神用品及各种应时小吃的商贩最多，他们是为方便进香的人们而特卖的，由于人多，这日子口儿当然是进项比往常时候大得多。

财神庙确切地说应称五显财神庙，所祀财神也应称五显财神。当地老百姓传说五显财神庙的财神原是五个大侠盗贼，生前杀富济贫，威名远扬，受过皇封，清朝康熙皇帝封为"五显财神"。又说每年正月初二谁能第一个进庙烧"头炷香"，谁在一年内必获大财。可是说也怪，无论你去得多早，无论你何时进庙，总抢不到头炷香，因为你会分明看到头炷香早已插在香炉里青烟袅袅了。于是又传说头炷香是高手盗贼所干的。在进香的队伍中有偷手贼众，他们在这一天进香声称是拜他们的祖师爷的。实际上头炷香高手盗贼是假，庙僧借此说抬高声誉而捣鬼是真，头炷香乃僧人所为，他们住在里边干这种事容易得很。

《五显财神庙琐谈》

❖ **常锡桢：** 过街楼的传说

北京南城有一个地方值得一提，就是南下洼子往陶然亭路上，必须经过的"过街楼"。这座两层的古式楼横跨在街中央，好像是小城门楼子，坐南朝北，后边有两道台阶可登楼。记得楼上悬挂了几块匾额，其中最惹人瞩目的是当代京戏名伶徐霞云姐妹俩捐的"有求必应"。

▷　北京的过街楼

过街楼原来是个不起眼的地方。在日军占领北京时，突然传说狐仙在过街楼显灵，闹得满城风雨，远近皆知。整天价有成伙的善男信女前来膜拜，焚香祷告，祈求平安福祉。据说非常灵验，所以故事越传越多，越传越神。还愿的携来布匾挂满了楼前空地两边的高墙上，布匾没地方挂了，就一层又一层往上钉，总数大概不止千件。

经过风吹日晒，有些布匾褪了色，新挂的有红有黄，写的字有楷有篆，蔚为壮观，也是难得一见的奇景。

有一个严冬的夜晚，墙上的布匾被偷一空，只剩些破破烂烂的。这次不是狐仙作法，据说是被盗去的，盗者把布染成黑色，缝作衣服去救济贫寒了。经过布匾被偷以及当时治安机关的干涉，闹狐仙的事渐渐冷却下来，而过街楼为此着实风光了一阵子。

《城南忆旧》

❖ 成善卿：广济寺"七绝"

广济寺藏有七件稀世珍宝，号称"七绝"，即宝鼎、指画、宝铜罗汉、方缸、戒台、古化石、七叶槐。

大雄殿前的青铜宝鼎，高3.3米，重约2吨。其结构分三层。底层为三足两耳。足之上端造型为饕餮（又称大力神），下端近似马蹄状，颇显威武雄壮。其周围所铸图案除风纹、回纹、云头、海水、江牙、九品莲花外，尚有法轮、盘长、海螺、双鱼、宝瓶、宝幢、祥云伞等诸般法器。各种图案的布局匀称而极有章法。中层为6扇窗户，每扇窗之两侧，皆纵向铸造"二龙戏珠"图案，其龙角、龙目、龙须、龙爪、龙鳞等细微之处，无不清晰可辨。上层为重檐圆顶，每根檐头皆为"团寿字"。檐下斗拱井然不紊。其瓦当图案为象征吉祥的蝙蝠。宝鼎之正面，铸有"大清乾隆伍拾捌年岁次癸丑肆月吉日立"字样；背面铸有"法华寺第二十四代住持僧如元敬献"字样。由此可知，此宝鼎铸于1793年，迄今已有206年历史。

大雄殿三世佛背后的《胜果妙音图》，是一幅巨型壁画，高5米，宽10米，系清代著名画家傅雯于乾隆九年（1744）奉圣旨所作的"指画"。指画是中国特有的以手指代笔作画的传统艺术。多用一小指或无名指或指甲、指背、掌心和指侧并用作画，历史悠久。据清张彦远的《画史外传》记载，指画始于元代大画家金蓬头，其于绢上作画，谓之"手摸绢素"。其后历代，指画画家不断涌现，著名的有明代的傅光，清代的傅雯、高其佩，现代的潘天寿，当代的滕白也等人。这幅作品的画面中心为释迦牟尼佛，其左胁侍为大智文殊，右胁侍为大行普贤。莲台下站立着善财童子和大鹏、迦陵频伽鸟。百余名弟子团团围聚，其相貌或堂堂，或不扬，或肥胖，或清瘦，或寻常，或古怪；其神态或端庄，或潇洒，或慈祥，或威严。人物位置各异，无不凝视谛听，突出了听佛"说法"这一鲜明的主题。

大雄殿东西两壁的明铸十八罗汉坐像，大小与真人相近。东西各九尊，依次是宾头卢尊者、迦诺迦伐蹉尊者、迦诺迦跋厘惰阇尊者、苏频陀尊者、诺距罗尊者、跋陀罗尊者、迦里迦尊者、伐阇罗弗多罗尊者、戍博迦尊者、半托迦尊者、罗怙罗尊者、那迦犀那尊者、因揭陀尊者、伐那婆斯尊者、阿氏多尊者、注荼半托迦尊者、降龙罗汉（迦叶尊者）、伏虎罗汉（弥勒尊者）。其神态或喜兴，或忧郁，或惊异，或幽思，惟妙惟肖，栩栩欲活。其铸造艺术之高超，每令后世瞻礼者赞不绝口。

舍利阁院内的"方缸"，亦属绝无仅有之佛教文物。此缸乃元代遗物，其色黄中带绿，俗称"鳝鱼青"。上口边长87厘米，底部边长85厘米，高63厘米，为陶质器皿。其尺寸比例符合黄金分割，故造型美观，而风格尤显古朴。其用途是贮存被放生的鱼、鳖等水中动物。

京城市内的诸多寺院，唯有广济寺有戒台，故堪称一绝。该寺戒坛殿内之汉白玉戒坛，呈正方形，高三层，每层皆雕有鸟兽花纹及各种法器图案，造型极为优美。每层皆有石龛，内供各位戒神，历经劫难，如今大都散失不存。戒坛上方原悬挂康熙御笔"戒律"二字匾，今亦不存。

广济寺多宝殿内，珍藏着一块60万年前的古化石，高约70厘米，宽约20厘米，厚约15厘米。其颜色近似黄麻。

多宝殿前西侧石阶上，有"七叶槐"一株，乃该寺一老僧于"文化大革命"初期所种，属朝鲜树种。此落叶乔木为掌状复叶，小叶7个，形似蝴蝶，故又名"蝴蝶槐"。因其实属稀有，故亦堪称一绝。

《京华名刹广济寺》

❖ 徐双春、王彬：妙应寺白塔

民国二十四年（1935），妙应寺住持既望在《妙应寺白塔历略》中指出：释迦舍利造塔八万四千，灵异特殊隐显者，在中国有四座，妙应寺白塔就是其一。文中还介绍，佛经载：世界八万四千塔之中，大者有八，北京妙应寺白塔为世界八大塔之一。

为什么要在大都西部建造这座体量巨大的佛塔呢？

有两种说法：一是《日下旧闻考》引述明孙国教《燕都游览志》："相传西方属金，故建白塔以镇之"，所谓民间流传的压胜之意。二是如意祥迈长老奉敕撰写的《圣旨敕建释迦舍利灵通之塔碑文》所说："新都即建，宜卜永采，以福为基，莫若起塔。"释迦舍利灵通之塔，就是白塔寺白塔。

如意祥迈长老是元初之人，在白塔建成之后，奉旨撰写了这篇碑文，建塔的立意，他自然是知晓的，故而他的所说也就可信。简括地说，元人建白塔是为社稷祈福。

那么，在大都建塔，为什么不用中原习见的密檐式佛塔，而采取藏式佛塔的样式呢？

这与元人的国策有关。

当时，元朝的国土十分辽阔，民族众多，西藏便是这时归属中央政府的。元人的国策是"以儒治国，以佛治心"，把藏传佛教——喇嘛教奉为国教，并向蒙汉地区广为传播。因此，在新建的大都城修造一座藏式佛塔，也就不难理解了，这既符合统治者的宗教信仰，又密切了西藏与中原地区的关系，是一举两得之事。也可以说，高大雄伟的白塔是汉藏民族融合的象征。

《珍贵的元代遗存妙应寺白塔》

▷　妙应寺白塔旧貌

▷　北京牛街礼拜寺

❖ 陈寿泉：重建西红门清真寺

光绪二十六年（1900）农历八月，八国联军进犯北京，窜入西红门清真寺，一把大火，200多年历史的古寺在熊熊大火中化为灰烬，连同康熙所赐半副銮驾也荡然无存。

光绪二十七年（1901），八国联军退出北京。西红门穆斯林们决定在废墟上重建清真寺。大家同心协力，不辞辛苦筹集资金，披星戴月购运砖瓦木石。当时寺内阿訇李瑞山（山东人，大家尊称为李四阿訇）亲自设计新寺图纸，伊玛目王成祥召集众乡老献计献策，又外出求援争取各地穆斯林支持赞助。西红门乡老陈德龙在北京天桥开清美楼饭庄，他认识琉璃局（厂）掌柜，向他说明重建清真寺需要赞助，掌柜当即答应赠送一个琉璃质殿顶，顶高6尺，粗有二人合围。当时运输不便，琉璃局派十几名青壮工人，搭好木架徒步肩抬20余里，运到西红门寺内。

由于本村穆斯林的努力和外界人士的大力支援，重建工作很快完成。新寺共建有前、中、后三个院落。前院男女水房（浴室）各八间，中院大殿矗立，南北讲堂各三间，耳房各两间，后院是寺园。全寺布局合理，甚为壮观。建筑后期资金不足，本村乡老陈富兴（人称陈五把，现今寺管会主任陈学文的曾祖父，为人急公好义）挺身而出，承担全部油漆彩绘工程费用。两年后全部工程告捷，一座庄严肃穆、气势宏伟的新清真寺屹立在街中心地带。

《西红门清真寺》

❖ 刘季人：义和团包围北堂

樊国梁（1837—1905），字栋臣。法国人。1856年入圣味增爵会。同治元年（1862）以天主教遣使会神父来华传教。光绪十二年（1886）樊国梁以副主教身份被清朝赏赐三品顶戴。光绪二十四年（1898）清朝又赏二品衔。光绪二十五年（1899）樊国梁升任天主教北京教区总主教。

樊国梁以清朝二品大员身份，可以对地方官吏任意发号施令。又和法国驻华公使毕盛一同压迫清政府公布《地方官员接待教士章程》五条，从而确立了外国传教士、主教在同中国地方官吏交涉纠纷时有权对地方官吏指手画脚。樊国梁成为法国驻华公使、天主教遣使会和清朝政府共同支持的总主教。主教座堂即是西什库天主堂（北堂）。

光绪二十六年（1900）义和拳兴起，端郡王和庄亲王力主起用义和拳。慈禧太后下诏褒义和拳为义民，赏银十万两。命庄亲王载勋为统领天下义和团大元帅，义和拳改为义和团。

义和团打击目标是整个帝国主义列强。那些横行乡里的教会势力也是打击对象。西什库天主堂是北京最大最新的教堂，也是北京地区天主教活动的中心，是有多位主教的座堂。同时也是帝国主义分子利用宗教进行侵略活动的最大据点。教堂和教士依仗不平等条约，胡作非为，欺凌中国民众，成为帝国主义侵略中国的一支特殊队伍，自然成为中国人民反抗帝国主义的对象和目标。

樊国梁当然也成为义和团打击的对象，因此，樊国梁对义和团又仇恨又惧怕。义和团进入北京后，樊国梁一面准备武器、物资和人员，做好抵抗义和团的准备，一面致函荣禄，声称清廷若不镇压义和团，列强将出兵"护教弭乱"。又让京师九门提督崇礼派兵保护北堂。因当时清廷正利用义和团，清廷不理樊国梁的要求。樊国梁多次致书法国驻华公使毕盛，要求派四五十名水兵保护北堂。到1900年5月北堂除樊国梁外，还有副主教林懋德等外国人71名，教民3350人。樊国梁将教士、教民和水兵组织起来，组成一支拥有步枪40支、快枪7支和扎枪500余支的武装。

1900年6月15日义和团包围北堂，手持大刀火把，火攻西什库天主堂。樊国梁指使教士和教民在大门西侧置枪眼六处，在墙根挖壕沟，在教堂内筑矮墙。院墙内用木板搭成长架，让青壮年教徒守护教堂，水兵守卫四周

▷　前门大街旧貌

▷　1901 年修复好的西什库天主堂（北堂）

要地。在义和团进攻时，法国侵略军军官命令士兵开枪，义和团当场死亡47人，多人受伤。义和团为攻下北堂，在教堂四周架大炮，又在东边的游坛寺内安装一门名为"无敌大将军"的大炮。南面在惜薪司胡同口，西安门城楼上，东边的北海南门，北边的北皇城根，西边的西皇城根等处都架上大炮，一齐向西什库天主堂开炮，掀掉大堂的尖顶，轰塌了钟楼，炸断了十字架。义和团的目标是樊国梁，向教堂射去的传单上写着"只将樊国梁交出，余皆无罪"。义和团采取挖地道的办法，7月18日在地道中引爆地雷，炸死炸伤40多人，炸毁房屋10余间。8月12日把仁慈堂东部炸平。义和团还打死指挥侵略军的法国军官恩利保录。义和团攻打北堂63天。8月14日八国联军侵占东交民巷后，日本和法国侵略军2000多人赶来北堂。8月16日义和团撤离北堂。

樊国梁在北堂解围之后，会见法国驻华公使毕盛，要求教民去"拿"生活必需品，公使准"拿"。哪里是拿，是公开的抢劫。8月16日，樊国梁在给教徒的公告中说："我颁布以下命令：一、每户为全家使用，在解围8天之内所抢之粮、煤或其他物品，如其总值不超过五十两银子，可不视为无义务偿还，可通知自己的本堂神父，将所余之物归公，因这些东西属于绝对必要；二、每户或每人于上述期间所抢之物价值超过五十两者，应负责偿还，可通知自己的本堂神父，将所余之物归公；三、如所抢之物，不论为食物或银钱，价值超过五百两银子者，神父皆不能听其神功之赦罪。"樊国梁规定要归公的，就是交给教堂，教堂成了窝藏赃物的地方。其实抢劫是樊国梁指挥的，抢劫了礼王府、庆王府等处，仅据樊国梁的统计，抢劫到的银两达20万两，抢来的东西堆积如山。樊国梁还做起收购侵略军抢到的古玩文物生意，然后倒卖，从中渔利，连八国联军统帅瓦德西都说樊国梁"老练聪明"。樊国梁据守北堂并为八国联军提供情报、翻译及情报人员，1900年底回欧洲时，被罗马教廷授以"宗座卫士"的称号。法国政府授予十字荣誉勋章。1901年樊国梁再次来华。1905年病死于北京。

《北京最大的天主教教堂缸瓦市教堂》

❖ 关续文："靖国神社"里的供奉

在石景山区，还有一所日本人的"靖国神社"，坐落在红光山脚下的铸造新村东北隅。该社落成于1943年秋。落成典礼非常隆重。有日本僧人13名，身挎腰鼓，诵经庆典。参加者有日伪军政界要员、各界名流及日人居留民团等，其中有多田骏、金璧辉（川岛芳子）等600多人参加。该社殿堂三楹，坐北朝南，蓝色琉璃瓦的歇山屋顶，赭色门窗。殿前为一祭池，围以石柱，气氛肃穆而阴森。每逢重大祭日，或宣布天皇诏书，石景山区日人居留民团人等便集会于此。这所靖国神社是比照其本土东京都的靖国神社而设的。明治二年（1869年）日本天皇命建"招魂社"，祭祀在明治维新前后阵亡的人士。明治十二年改名"靖国神社"，并作为官营"神社"之一。以后，东京都"靖国神社"还祭祀在历次对外侵略战争中死亡的日本官兵。所谓"靖国"，即"谋其治国"之意。如此"神社"以及"忠灵塔"建在被其侵略的异国，不禁使中国人嗤之以鼻。

1944年初，担任靖国神社执勤保卫工作的警卫班长杜文敏（中共的地下关系）与警士金廷琳于夜间执勤巡逻，至神社门前，出于愤慨，曾破门而入，攀上供桌，从木龛里取下供奉之物——一只长方形木匣子，想看看里面究竟装着何物。打开了匣子，见内仍是一匣，再打开，还有一匣……共打开四套木匣方见一张四寸长、二寸宽的纸条子，上书"徐福御座"。

徐福何许人也？原来是秦始皇的一个方士，字君房。始皇闻东海中祖洲有不死之药，乃遣徐福及童男女各三千人乘楼船入海，寻祖洲不返。祖洲就是今日的日本国。由于徐福带去的童男女皆为从事耕、织、冶、陶等诸业的能工巧匠，对开拓落后的土著民族地区起到了重大作用，所以日本人也就把徐福作为日本民族的开山鼻祖以奉之。

1945年抗日战争胜利后，石景山"靖国神社"被当地居民愤而拆除，"忠灵塔"改作张自忠等我国抗日爱国将领的忠烈祠，塔额上的太阳旗遂改为青天白日旗。新中国成立后，北京市人民政府按照人民群众的意见将塔拆除，原有院落房屋改作老山骨灰堂。

《日军侵华期间在北平西郊建立的忠灵塔与靖国神社》

第三辑

老北京的人，老北京的事儿

❖ 张润普：义和团的声势，惊心动魄

在义和团初起的时候，相传的口号是杀大毛子（外国人），杀二毛子（教民），又要杀什么一龙（光绪帝）二虎（李鸿章和庆王奕劻，有说指张之洞的）十六只羊（戊戌变法派的人物）。人们听到之后，都觉得义和团所要杀的人与平民无干，便也安之若素，只要遵着义和团教令，如搜查二毛子，每日晚上向东南方泼水烧香，以为就可以安然无事了。庚子年五月十六日先烧了西城几处教堂，十七日晚上又烧了崇文门孝顺胡同教堂，所有信洋教的人都分头奔入东交民巷英法使馆或西什库教堂，在城内散居的外国人，如总税务司赫德等与东四六条住的日本人也入了英日使馆。接着前三门关闭不开，断了交通，城内人民，便恐慌起来。如我家是住在东交民巷洪昌胡同南口外，全家老幼20余口人，本打算死守故宅不往外搬，听其自然。及到东城焚了教堂，交民巷各胡同口外面渐渐要被封锁，至此就改了计划，全家人于十八日的凌晨两三点钟单衣赤足逃至崇文门东纱帽翅胡同李姓家内（此宅房产是我家所有，租与李姓居住，地址在北京站对面马匹厂胡同街西路南，现称铃铛胡同）。其余在东交民巷没能逃出来的人就困在交民巷里了。北京自此日起每夜都有枪炮的声音，有时我家院内半空中也有流弹飞过。是时北京的粮价，一天数涨，菜肉绝不进城。五月二十日，义和团焚烧前门大栅栏老德记和屈臣氏两家西药房，火势猛烈，往西延烧到观音寺胡同晋昌乾果店，往东延烧到鲜鱼口西头、打磨厂西口、正阳门牌楼，以及东西荷包巷、正阳门城楼到东交民巷西口礼部户部为止，直烧了四天三夜，火始熄灭。由此人民对于义和团的信心，顿时一落千丈。而亲贵王公则替义和团遮饰，说这场大火是汉奸放的。在二十日前后，义

和团曾得到宫中的上谕，说义和团是义民，并赏了内库银10万两，老米2万石，由庄王载勋为统率京内外义和团的大臣。义和团都换了服装，队伍前头举着"钦命义和神团"大旗，到处巡查。是时北京一般的闲汉及因乱失业的劳动者，因饥饿所迫，也加入了义和团。自前门起大火之后，北京的炉房（专收售兑换现银）及银号、钱店，全数被抢一空，所出的银票钱票，顿成废纸，人民持有票子的无法买东西。义和团传人到坛烧香焚表，最是一个难关，即如我家是由东交民巷里逃出来的，就背着一种嫌疑，我同我的胞叔曾被水磨胡同神坛传去烧香，只见满院都是义和团，手执大刀，在院中上体，我们叔侄都跪在神桌前，举着香，幸亏香烧得很旺，表也起的很高，就安然而回。如果香不能烧着（因为是湿的），表不能起，立刻就有杀身大祸。至今回忆起来，真是万幸极了。

《庚子北京义和团运动的回忆》

▷ 义和团团员

❖ **马士良：**清廷退位，大清亡了

庚子年（1900）以后，清政府国势日蹙，帝国主义凶焰日张，国内外革命团体不断出现，到了辛亥年（1911），已有山雨欲来风满楼之势。清政府鉴于形势日非，不得已成立内阁，实行立宪，以作缓冲。是年八月二十一日，爆发了武昌起义，湖广总督瑞澂弃城逃走，革命军乘势夺取了汉阳，占领了汉口。

清廷见到大势不佳，赶紧起用袁世凯为湖广总督，诏长江水师听其节制；隆裕皇太后又颁发内帑一百万两，接济湖北官军；再授袁世凯为钦差大臣，节制诸军，督办湖北剿抚事宜。紧接着袁世凯出山，冯国璋一仗打下了汉阳。清廷看到袁世凯是可以扭转乾坤的唯一人物，于是下诏罪己，开放党禁，并于九月十一日授袁世凯为内阁总理大臣，叫他进京，组织完全内阁。九月二十四日，袁世凯进京。二十六日，清廷举国务大臣，下诏任命。十月中，革命军又攻陷江宁，袁世凯与民军订暂时息战条约，停战三日（以后屡次展期，直至决定国体日为止）。那时的形势，袁世凯已经大权独揽，可以左右一切了，而载沣已经奉缴监国摄政王的印信，退归藩邸。皇太后向袁世凯征询办法，袁故意说，打是没有钱，不打的话，皇室安危大计，他还不能说，应和近支王公商量。等到开御前会议时，有人慷慨陈词，有人束手无策，一言不发，结果还是听袁世凯一人的摆布。袁世凯一边为清室退位假惺惺地流了同情之泪，一边等待将政府大权以至逊位诏书拿到手，就不再承认清朝了。他的这种两面派手法，终于达到了目的。

清朝宗室方面，载沣为人懦弱，遇事没有主见。恭亲王溥伟曾献策，请以瞿鸿禨入内阁，岑春煊督北洋，以升允为钦差大臣，握重兵扼上游，

以挟制袁。现在袁世凯已经起用，他的主张就不能采用了。庆亲王奕劻力保袁世凯出山，是主和派。贝子溥伦也是主和的。载洵、载涛亦属于不发言者。至于主战一派，有恭亲王溥伟、肃亲王善耆、镇国公载泽、蒙古王那彦图，满族中之升允、铁良、良弼等人。当时内阁会议开会时，袁世凯进行恫吓，御前会议诸王公争论不休，隆裕被迫交权，斗争是很激烈的。

《清廷退位前后》

❖ 董善元：重建东安市场

民国初年，政局动荡，市场也不得宁静。1912年2月15日袁世凯当上了临时大总统。为了对付在南方的革命党人，竟密谋由曹锟的部队制造哗变，以造成混乱，这就是"壬子兵变"。2月29日夜间，北京城内枪声四起，乱兵满城抢劫。驻在帅府园的炮兵和驻在禄米仓的步兵先后蜂拥到东安市场，不但挨户抢掠，而且在东安电影场放起大火，由于火势迅猛，使这座初具规模的商场，顿成一片灰烬，全场商户无一幸免。

反动政府趁火打劫，意图趁此机会把东安市场据为官有。全场商人为了维护自身利益，于1913年5月组成了商民公益联合会，推选张春山（稻香春食品店经理）为会长；常务理事四名：傅心斋（中兴百货店经理），党乡洲（美香村食品店经理）、丁德贵（东来顺经理）、杜圭臣（漱石眼镜店掌柜）。这几位负责人找到了管理市场的京师巡警厅，一面据理力争，一面进行疏通，终于保留了原有店铺的建筑权和摊商的承租权。之后，陆续建起了铺面房，使这座商场得以迅速恢复。

东安市场重建以后，新店新摊不断增加，诸如润明楼饭庄、会元馆、森隆饭庄、全素斋、四明无线电行、汉文阁纸店、文华阁纸店、怡生照像馆、妙香室鞋店、美华鑫鞋店、国强食品店、聚庆奎海味店、志成金店、中兴珐琅厂、庆兴斋古玩店、西鹤年堂药店、振亚药房、会贤球社、德昌茶楼以及春明、新智、华英、五洲等书店。此时店铺又向南扩展。1917年市场增开了中门和南门，生意愈益兴旺。

《话说东安市场》

❖ 张国淦：黎黄陂可不当"武义亲王"

1915年12月12日，袁世凯接受帝位后，其第一道命令，即册封黎元洪为武义亲王。在册封之前夕，消息传出，黎电其亲信往商。石荣璋进言："以副总统立场，万无接受王位之理。"饶汉祥言："就名义上着想，自不能接受；就安全上着想，又不能不迁就。似不妨容忍一时，再行从长计议。"石言："袁固枭雄，但在此时期绝不敢危害副总统，以冒天下之大不韪。如果有心危害，即令今日接受，将来仍难避免。副总统果能保存约法上名义，中外观瞻所系，比较上还能达到安全地步。况且事变尚未可知，容有转危为安之一日；即不幸危险发生，副总统为创造共和之人，与共和始终，亦自足以千古。"黎频点头。饶言："如君所言，直是牺牲副总统。我并非赞成王位，但不愿副总统牺牲个人耳。"彼此辩论甚久，其左右在座者亦先后发言。黎颇不怿于饶，大声言："你们不要多说，我志已定，决不接受，即牺牲个人，亦所甘心。"

据黎之秘书刘钟秀纪事云：自筹安会产生后，一般趋炎附势者，虽风起云涌，伪造民意，以迎合图荣，而袁世凯及其党羽，均深知非利用黄陂（黎元洪）不足以资号召。在袁世凯自以其帝制确有把握后，屡次派员示意黄陂赞成，而黄陂则坚持反对，终不为动。民国四年底，袁世凯登基在即，遂于颁布洪宪年号之前，明令黄陂为武义亲王，并令在京文武简任以上官员赴东厂胡同黎邸致贺。是日晨7时许，百官涌赴东厂胡同，东至隆福寺，西抵皇城根，南过东安市场，北达安定门大街，拥挤不堪，路为之塞。及8时半，人员到齐，由国务卿陆征祥率领请见。黄陂便装出，陆征祥致贺辞，略谓："大总统以阁下创造民国，推翻清廷，功在国家，故明令晋封为武义亲王以酬庸，特率领在京文武首领，恭谨致贺，恳即日就封，以慰全国之望。"黄陂当答云："大总统明令发表，但鄙人决不敢领受。盖大总统以鄙人有辛亥武昌首义之勋，故优予褒封。然辛亥起义，乃全国人民公意，及无数革命志士流血奋斗，与大总统主持而成。我个人不过滥竽其间，因人成事，决无功绩可言，断不敢冒领崇封，致生无以对国民，死无以对先烈。各位致贺，实愧不敢当。"辞毕遂入。各员亦默然离去。下午，袁世凯又派永增军衣庄成衣匠至黎邸，为黄陂量做亲王制服。黄陂坚拒不允，并谓：我非亲王，何须制服。一面具呈坚辞，辞呈内容与向陆征祥等所述略同。越日，政事堂以公文送武义亲王府官制至黎邸，封面大书"武义亲王开拆"字样，被收文者误剪，盖收文者仅阅及政事堂封面，未及见背面有"武义亲王"字样也。及呈阅时，黄陂震怒，谓："我非武义亲王，岂能收受武义亲王之公文。"饬令退还。收文者大窘，多方设法换封，方得退回。自后，袁世凯派驻黎邸之旗牌内卫等，无不深恨黄陂，终日大声痛詈，故使黄陂闻之，黄陂亦置若罔闻。前此，民元二年间，国人多谓袁世凯野心极大，将来必帝制自为，劝黄陂加入反袁。黄陂谓："目前国情，以统一及安定民生为主，若全国统一，国会告成，袁世凯如有野心，予志自雄，变更国体，即为违反约法，为国民公敌，不啻自掘坟墓。予当追随国人之后，誓死反对，即使予毁家灭身，继起者亦大有人在，中华民国断不灭亡。"故袁氏称帝时，黄陂誓死反对，亦为遵民元二年间之约言也。

据余所知，黎、袁儿女姻亲，向例年节双方均有年礼馈遗。是年终袁送黎礼，用红帖书"赏武义亲王"字样。黎甚怒，拒绝不收。越日，袁改用"姻愚弟"字样，黎始受之。人每言黎泥菩萨、好好先生，而于大处绝不糊涂，其倔强如此。

《洪宪遗闻》

❖ 宋北风：邵飘萍采访新闻轶事

1915年第一次世界大战爆发后，中国政府起初还是举棋不定的，有人主张参战，也有人主张中立。公说公有理，婆说婆有理，闹得各执一词，莫衷一是。

经过一段时间的酝酿，终于在国务会议上作出了决定，那就是：决定参加协约国（英、美、法方面），对同盟国（德、意、奥方面）宣战。不过这项决定，还需要保守秘密。因此中枢各重要机关全部挂出了"停止会客三天"的牌子，国务院当然不会例外。

▷ 邵飘萍

可是大家都希望知道这项消息，街头巷尾，茶馆酒肆，三三两两交头接耳，都是在互相打听"咱们到底是参战还是中立"这个问题。然而谁也说不上来究竟怎么样。当时有位新闻记者，名字叫邵飘萍，是位赫赫有名的人物。他不但自己办了一份《京报》，而且还兼任上海几家大报的驻京特派员。以采访新闻有独特的手段闻名。无论什么机密的消息，他都有办法打听出来。可是为了采访这条新闻，他却碰了不知多少次壁。他坐着自用汽车连国务院的大门都进不去。后来他终于想出了办法，借了一辆挂着总统府牌子的汽车，坐上一直开进了国务院大门。在内传达室下了车，掏出了"京报社长"的名片，要求传达长给他回禀一下。传达长说："您老不要难为我吧，这些日子不但段总理绝对不会客，就连他的秘书、侍从都不见客。"这时邵飘萍掏出了1000块钱，数出了500元递给了传达长，说："总理见不见没关系，只要您给回禀一声，这500元送给您买包茶叶喝。万一要是接见了我，那我再送给您500，您看怎么样？"传达长一想，给他碰一碰也没什么，不是白得500元吗？于是这位传达长就拿着他的名片走进去了。

不多时，传达长笑吟吟地走出来了，高举着名片，嘴里大声说出一个"请"字来。邵飘萍听了这个"请"字喜出望外，便大摇大摆地随着传达长走进了总理的小客厅。

不是说三天内不见客吗？为什么段祺瑞竟接见了这位无孔不入的邵记者呢？这里面是有一个缘故的。段祺瑞当时心想拉拢舆论界为自己吹嘘，而他知道邵飘萍在当时是新闻界了不起的权威人士。当他看到来客的名片是邵飘萍时，他虽然明知此来是采访关于参战与中立的新闻来的，可是若不对他谈这个问题只会会他又有什么关系呢？再说使他碰了壁，得罪了这位大记者，对自己多少是有些不利的。因此他才叫传达长把邵记者请进来。虽然老段绝口不谈和战问题，架不住邵记者再三、再四地恳求，并且提出了"三天内如果北京城走漏了这项机密，愿受泄露国家秘密的处分，并以全家生命财产作担保"的保证。老段不得不谈了，要他先立保证书，他便即时抽出自来水笔把军令状当场立下了。这时，老段才一五一十告诉了他。内容不过是中华民国决定参加协约国对同盟国宣战。细节也说了说，首先调动在法兰西的十五万华工，协助协约国修筑工事等等。

邵飘萍得了这项消息，辞别了老段，又给了传达长500元，就坐着汽车开到电报局去了。他把这项消息用密码拍到上海新、申两报。上海报馆接到这项重大新闻，立时就印行了几十万份"号外"，在上海滩上喧嚷开了。

在当时津浦路还没有通车，报纸号外由上海到北京必须由轮船运，要走四天路。因之当上海的号外运到北京时，已经超过"三天内北京城里不得走漏消息"的约期了。老段知道了这件事，也是莫可奈何的。

从此，邵记者的大名，更为喧吓了。

《邵飘萍采访新闻轶事》

❖ 何思源：五四运动回忆

五四爱国运动是由山东问题直接引起的。1897年德国强占我胶州湾，辟青岛（初称胶澳）为商埠。1914年欧战开始，日本乘机占领青岛，企图独吞中国。袁世凯想在日本支持下当皇帝，接受了丧权辱国的"二十一条"，并将修筑高徐、济顺两条铁路的权利让给日本。

1918年欧战结束后，各国在巴黎召开和平会议。中国作为参战的战胜国，要求废除对德条约，收回青岛和山东主权。但日本与各帝国主义国家勾结，要把德国强占山东的权益让与日本继承。那时的北洋军阀段祺瑞政府妥协退让，引起了全国人民的极大愤慨，因而在1919年爆发了轰轰烈烈的五四爱国运动。

北京学生原定于5月7日"国耻纪念日"举行示威游行。5月2日，蔡元培在北京大学饭厅召集学生班长和代表一百余人开会。他讲述了巴黎和会上帝国主义互相勾结，牺牲中国主权的情况，指出这是国家存亡的关键时刻，号召大家奋起救国。我参加了这次会，听了他的讲话，心情非常激动。5月3日晚上，学生会在法科大礼堂举行了一千多人的大会，也有外校学生代表参加，决定提前于5月4日（星期日）举行游行示威。第二天上午又经各校代表在法政专科学校商议了游行步骤。下午，北京十三所大专学校学生、教师及其他群众不下五千人，齐集天安门前。我和同学们走在游行队伍行列中，高举"外抗强权，内除国贼"的旗帜，群情激昂。队伍浩浩荡荡地向东交民巷使馆界进发，准备向各国使馆抗议示威，沿途并散发传单，高呼口号。游行队伍走到东交民巷西口，受到外国兵的阻拦，乃派代表向各国使馆递交《说帖》。队伍折向外交部，又转往赵家楼曹汝霖住宅。到达曹宅时，大门紧闭，一位高个子同学在学生人梯支撑下爬过墙，跳进院内，打开了大门，群众一拥而进。我冲进院里时，抬头看到大厅前沿挂着"大总统颁"字样的横匾一方，匾上题的什么字，我没顾得看。进入厅堂，看到铺陈非常豪奢，更增添了心中的愤怒。群众在极度愤怒下，冲破军警防卫，痛打了正在曹宅的章宗祥，放火烧了曹宅。起火时我就跟多数学生一道，跑出曹宅，回到学校。在段祺瑞政府警察总监吴炳湘的指挥下，军警逮捕了还没走散的学生三十余人，其中有北大的易克嶷、许德珩、杨振声等。

由于游行学生被捕，又展开了罢课斗争。5月6日成立了北京中等以上学校学生联合会。会址设在马神庙北京大学第二院。这个组织在此后的运动中发挥了很大的作用。当时的学生运动，北大站在最前列，北京和全国的学校都唯北大马首是瞻，所以有一个口号："罢不罢，看北大。"

6月3日，反动的北洋军阀政府大举逮捕学生，关押在北大文、理、法三院，这就更加激起广大群众的愤怒，引起了更大规模的罢课。

北京学生示威消息很快传遍全国，天津学生首先响应，接着南京、上海、武汉、浙江、山西、湖南、福建、两广等处学生，也都纷纷起来响应。6月3日，上海各界举行民众大会，号召全国罢工罢市来援助学生。这样，五四运动就从知识分子的范围，扩大到工商各界，形成了全国规模的空前广泛的群众运动高潮，犹如烈火燎原，不可遏止。

至此，反动的北洋军阀政府被迫不得不释放全部被捕学生，下令免去卖国贼曹汝霖、章宗祥、陆宗舆三人的职务，并去电巴黎，令出席和会的中国代表顾维钧、王正廷拒绝签字。五四爱国运动取得了伟大的胜利。

《五四运动回忆》

❖ 朱伟武：贱卖的明清档案

民国十一二年间，历史博物馆设在天安门内午门和端门的城门楼上。在午门外两侧的东西朝房内和端门的门洞里，存放着明、清两朝的国家文件档案，其中有各种奏折、各省督抚道府呈奏皇帝的各种文件、朝内军机处的稿件、皇帝硃批交军机处和各部的文件、殿试的大卷、各国使节来文、诰封圣旨、皇帝继位大典的贺折、皇帝皇后皇妃婚丧记载、零散典籍、书籍以及各种表册等，数量之多，无法统计。这些文件档案，当时都按斤过秤，当作废纸卖了。

▷ 大高玄殿内存放着许多故宫档案，摄于 1925 年至 1933 年

当时经过的手续是：历史博物馆先呈报北洋政府教育部，经教育部批准，将这些文件档案分为两次投标出卖。根据当时在历史博物馆办理此项事务的傅某说：第一次卖的是朝房东侧存放的明朝永乐至万历年间的十几万斤，当做烂纸，以3000多元的标价卖给白纸坊的商人，由他们合资购去。据参加二次投标的纸商说：第一次白纸坊商人收购的烂纸共赚了两倍的利润，由合资的十几股均分。他们把这些烂纸零卖给白纸坊的各抄纸坊，以及附近各县的抄纸作坊。这批明朝的文件档案材料从此荡然无存。

第二次投标的是存放在午门内外两侧朝房和端门洞内的明朝崇祯和清朝顺治至宣统止的文件档案材料，共计14.8万余斤。投标的四家，其中同懋增南纸文具店（西单牌楼朝西旧门牌一百五十号）和同懋祥南纸文具店是一个东家经营的两家买卖，也参加了投标。结果，同懋增以银元4050元中标。

同懋增南纸文具店平日供应历史博物馆纸张和办公用品，历史博物馆的一个姓傅的庶务时常到同懋增购买办公用品，相处熟了，他就怂恿同懋增经理程运增做这笔生意。程运增等核算，如能照标额中标，估计可得两倍利润。但本店资金不够，经程与天兴银号经理李云舫商妥，由银号贷款5000元，月息一分二厘，六个月偿还。同懋增中标后，如期如数将款交清。

《故宫明清文件档案流失的见闻》

❖ 王坦：有钱买个总统当当

曹锟在清末当了多年第三镇的统制，尤其在任长江上游警备总司令的时候，弄了许多的钱。后来每到曹锟生日的时候，各省督军、省长纷纷前来祝寿。慢慢地，就有人奉承他，说"大帅足可以当总统"，接着就有人说"大帅愿意当总统"。

有一天我在秘书长王毓芝（兰亭）的屋内闲谈，王承斌（孝伯）忽然对我说："养怡（我的号）是很有主意的，能不能把这一个疑窦给我们打开？"我说："什么呀？"王承斌说："大帅愿意当总统，是当得当不得，当好当不好呢？"我说："那就得看是为着什么。若是为国，责任艰巨，当不得；若是为自己，要快快下台，就当得。赚了一辈子钱无用处，老了不愿意干了，买一个总统当，当上两天，回家养老，以终余年，当得。为下台而当总统，是最好的办法。可是要早走，要快下，有此决心，可以当。无此决心，不可以当。钱多了，后人守不住，普通人有个三二十万尚且无好后人；能当总统的，儿子焉得有好的呢？人的一生，就怕升官发财，升官发财尚且不好，何况当总统呢？"我说这话，好像是我不愿意曹锟当总统似的，其实我早就知道曹锟要当总统，并且联络了一些议员如王泽南、战涤尘等200多人了，安排了几个地点作联络处所，组织了一些人领头活动。这几个活动地点，一处是猪尾巴大院，领头人张岱青；一处是汉南寄庐，领头人吴恩和、金永昌（蒙族）；一处是绒线胡同南庐，领头人王钦宇等。

某一天，我在顺治门里油房胡同1号王毓芝屋里坐着闲话，忽然进来两个人，一个是直隶议员谷芝瑞（霭堂），一个是山东议员史刚峰，他二人说话完全是要打倒吴景濂的意思。我心中暗想："这吴景濂倒不得，若他真倒了，我们办大选就不好办了。"谷、史二人刚走，我就向王毓芝说："咱们这个事情一年多了，弄得满城风雨，尽人皆知。急不如快，我看还是快些好。"王毓芝说："谁说不是呢！孝伯（王承斌）、子玉（吴佩孚）全和大头（指吴景濂）商量不好。怎么办呢？"我说："他二人商量不好，我去未必商量不好。大头这小子怕老婆，他的老婆怕我。我去十分可行。"王毓芝说："你打算什么时候去？"我说："我得打电话问他在家没有。"我打通电话一问，吴恰巧在家，就约定在家等我。我就坐着王毓芝的车子去了。

当时吴景濂住在小麻线胡同一号，到他家中，说了几句闲话，我就拉住大头往他老婆屋里走。我见了吴景濂的老婆就说："大嫂，今天我来有正事，不说笑话。"接着我说："大哥也上年纪啦，现在应该想一想养老的事情啦。大哥现在当着议长，议长不是终身的，更不是世袭的。哪天人家大家一哄，说不要就不要。不如乘着机会捞一把钱回家，哪天都可以吃饭。现在曹锟势力威望正好当大总统，只要大哥不给从中作梗，他这个总统就成啦。选举的时候，不用议长费一点小事，我们已经联络运动成熟了。只待定好日子，准备好一切手续，到时，大哥发通知召开选举会。只要选举成功，要多少钱给多少钱，要哪一个官给他哪一个官。你看好不好？"接着我又说，"曹锟赚了一辈子钱，不买一个总统当，买个什么呢！有钱买个总统当，才叫做有钱会花呢！花钱买总统当，比要钱得个贪污的名字臭一生强得多呀，也比那个拿着枪把子命令选举的人强得多。事情我们都已预备好了，明天我把参谋长和秘书长领来，和大哥一见面，就等于曹锟本人和大哥见面一样。这事就算定妥，随便您哪一天开会，这事就算完成了。将来给钱的时候，我们这三个人都不管，归孝伯一人经手。好在孝伯从小时候就出入你家，已非一年，你们是如同一家人一样。"吴夫妇俩听完了我的话，沉吟了一会儿就说："好吧，你说怎么办就怎么办。"

待了一会儿，我告辞出来，并说："明天我就把熊、王两位领来和大哥见面。"我由吴家回到油房胡同，就要王毓芝叫保定电话。熊炳琦（润承）接到电话，非常高兴，他说："兰亭别挂，等我报告大帅（指曹锟）一声。"不大一会儿，熊说他报告过了，并说大帅要我当天晚上上天津和四爷（指曹锐）见面。这话我明白，就是让我再向曹锐报告一遍的意思。

当天晚车我上天津见了曹锐，并即赶回北京。第二天12点以前，我到油房胡同，等着熊炳琦来同王毓芝三人一齐吃午饭。午饭后我们三人一同前往小麻线胡同1号吴宅。熊、王、吴三人见了面，谈得很圆满，晚车熊就赶回保定。于是我经手的人我送钱，并通知大家谁经手的谁送钱。（拿钱的地方是前门外二条胡同大有银行，这银行的负责人是汪小舫。）只是送钱的事情就办了六七天，但谈到选举这正经的事情，都是三言两语就完了。吴景濂一个人就给了40万，其他每人送给5000元。有一个湖北众议员在我们送给他5000元之后，他曾把这件事上了报，还把支票拍了照片印在报上。

▷ 曹锟（1862—1938）

　　后来冯玉祥倒戈时，把曹四抓去，要他拿出钱来。曹四拿不出来，说钱从前是有的，都被三爷买总统用去了。冯不信，逼着他要，曹四竟服毒而死。曹锟当了一年的贿选总统，下台后活到73岁才死。他的姨太太九思红给他生的一个儿子，听说新中国成立以后在天津某饭店门口给人家擦皮鞋为生。

《曹锟贿选总统始末》

❖ 于永昌：国会议场原为明代驯象所之一部

　　民国国会议场位于宣武门西大街57号，今新华通讯社内。其地原为明代驯象所之一部。清代末年，此地称为象房桥，开设有财政学堂和法律学堂。宣统二年（1910）于此置咨议机关资政院，辛亥革命后改为国会议场。

步入新华通讯社，可见国会议场的圆楼、红楼等建筑保存仍好。议场坐北朝南，建筑面积约2100平方米，砖木结构，原座椅上有五星图案，为红、黄、蓝、白、黑五色，象征汉、满、蒙、回、藏五族共和。圆楼因其主楼呈椭圆形而得名，二层为北洋政府总统和议长开会之所。红楼分为南北两栋，因外墙廊柱皆为红色而得名，为国会办公用房。由于国会在此，故宣武门西大街在民国时称国会街。

1923年10月，直系军阀头子曹锟为登上总统宝座，施展了许多卑劣手段，遭到各省议员反对。议员纷纷离京，致使选举难以举行。曹锟采取贿选手段，对投他票的议员每人送大洋5000元，结果以480票"当选"，用去贿款达1356万元，成为"贿选总统"，在国会上演了一场欺世盗名的闹剧。

民国时期，因国会借用了财政、法律两学堂的用地，两学堂遂合并改为国立北京法政专门学校，另择校址。1926年春，国会无形解散，原校方将用地收回，为政法大学一、二院，专办本科，后于1928年改名为北平大学法学院。1930年9月，中国左翼作家联盟北方分盟在法学院召开成立大会，到会者30多人，通过了《理论纲领》《行动纲领》和《成立宣言》三个文件。北方左联成立后，努力传播马克思主义革命理论，宣传中国共产党的主张；开展了纪念俄国十月社会主义革命节、纪念二七大罢工、欢迎鲁迅来平演讲、公葬李大钊和宣传抗日等活动。

在抗日战争和解放战争时期，民国国会议场作为礼堂为民众提供了集会斗争的场所。九一八事变后，东北沦陷，华北危机。北平地下团组织组织1000多人在国会礼堂观看抗日节目演出，演出后有人登台演讲，揭露国民党当局的不抵抗行径，其后群众涌出礼堂，直奔国民党市党部，将其大门口木牌砸碎。1947年，国民党政府搜刮民财，大部分用于打内战，造成物价飞涨，民不聊生。为帮助生活困难的学生，北平大中学校开展了助学活动，并于9月13日在国会礼堂召开助学大会，声讨了国民党政府倒行逆施的罪行。学生又走上街头开展募捐，加强了被压迫阶层民众的团结。1949年1月31日，北平和平解放。2月4日，国会礼堂隆重召开中共北平地下党员会师大会，到会者有3000多人。他们过去隐蔽战斗在各行各业，单线联系，交往极少，此时相聚一起，格外欢欣。这次大会是中共北平党组织公开的第一次大会，是一次具有历史意义的大会。

《宣武门西侧街巷景观》

❖ 金受申：陈师曾居京轶事

近代画家陈师曾先生（衡恪），上承吴缶庐而有所发展，下启白石老人的衰年变法，是晚近画坛最有影响的一代宗匠。所绘北京风俗三十四幅，前已略作介绍。先生民国初年来京，任北洋政府教育部部员，教育部是当时有名的清冷衙门，事简多暇，有条件深入里巷，从容采风问俗，为作品充实内涵打下深厚的生活基础。

北洋政府教育部旧址在西单牌楼迤南，东铁匠胡同（今教育部街）口内路北。东铁匠胡同的斜对面是绒线胡同。绒线胡同西口路南拐角处有一家"和记"小饭铺，原是一家专卖牛羊肉的羊肉床子，中午兼卖面食，所售清汤牛肉面，味尚不恶，其地距教育部极近，步行不过两三分钟，故该部职员多在此午餐。据《鲁迅日记》载，教育部同仁齐寿山（宗颐）、沈商者（彭年）、许季茀（寿裳）、汪书堂（森宝）及陈先生都常到这里便饭。周遐寿在《鲁迅的故家》中记有如下趣闻：陈先生一次午间偕同仁来此小酌，过马路时，正好有一家结婚的仪仗由此经过，吹鼓手、打执事的在前引导，花轿在后迤逦而行，很是热闹。先生大喜过望，顾不得吃饭，离开大家，独自跟着花轿走去，险些和打执事的相撞，同仁便挖苦他，说陈先生心不老，看花轿看迷了。其实，先生隶籍江西，又新从日本归国，本不熟悉旧京风土，为了采风，每遇红白事，总是伫立街头，目送久之，以丰富其素材。其北京风俗画册中就有吹鼓手、执事夫两幅：吹鼓手肩荷大号，

晓过正阳楼螃蟹买来土地庙

菊花一枝土定瓶款斜绝胜

盆菊作假 青羊

▷ 陈师曾　绘《北京风俗·菊花担》

▷ 刘文典（1889—1958）

衣敝履穿；执事夫即北京俗称打执事的，手持长幡，老态蹒跚，情状可悯。吹鼓手一幅程穆庵（康）题诗有云："平生为口忙，百忙糊一口。那不痛肩背，亦复劳脚手。"执事夫一幅姚茫父（华）题词有"执事理，等儒丐，不堪看"之句，可见昔日燕市穷黎生活之一斑。

《陈师曾居京轶事》

❖ 黄延复："两个半人"

刘先生的学术专长之一是古籍校勘工作。1923年，他的《淮南鸿烈集解》出版，受到学术界极大重视。胡适之先生先是破例用文言为其作序，曰："叔雅（文典先生字叔雅）治此书，最精严有法。……其功力之坚苦如此，宜其成就独多也。"后又在其《中古思想史长编》中提道："近年刘文典的《淮南鸿烈集解》，收罗清代学者的校注最完备，为最方便适用的本子。"1939年，刘文典又出版了《庄子补正》10卷（附《庄子琐记》），陈寅恪为之作序，云："先生之作，可谓天下之至慎矣。……然则先生此书之刊布，盖为一匡当世之学风，而示人以准则，岂仅供治庄子者之所必读而已哉！"但有一则关于刘先生自我评价的传说，则颇令人瞠目而置疑了：据说曾有人问起古今治庄子者的得失，刘先生慨而叹曰："古今真懂庄子者，两个半人而已。第一个是我刘文典，第二个是庄子本人，其余半个……"（传说不一，一说是指日本某学者，这个意思是说，在中国这片土地上，知庄子者除我刘某人外别无他人；一说是指已故的马叙伦先生或冯友兰先生，因为他们二人都曾从哲学的角度讲授老庄，因此只能算"半个"。）

《刘文典的故事》

❖ 贾永琢:"虎痴"张善子

张善子系国画大师张大千之兄,擅长画虎,其虎画有"甲天下"之称。自他成名之后,每到虎年,他的画便风靡一时,非常受人喜爱。我与善子先生的亲友曾有交往,知道不少有关善子先生的故事。现在只就别人没有谈过及所谈不及之处,记述如下,以丰画史。

张善子与其他画虎画家不同之处,在于别人画虎,并不养虎、驯虎;而他却是既画虎,又养虎,又驯虎;而且养得多,养得久,养得好,驯得好。善子养虎、驯虎,不是为了猎奇、显勇,而是出于爱虎和为了画虎。善子早年带兵打仗,虽是一员虎将,但也曾有过"谈虎色变"的经历,并非不知"虎尾春水"的典故,以及"哮虎"之可怕。但他确信虎通人性,甚爱虎的神态威武,生气勃勃。他曾写过"登高一啸阔无边,猛气横飞欲上天。""坐啸风生猛气横,一谈色变座皆惊"等诗句,赞颂虎的气势。写过"威名久与睡狮同,此曾眈眈在眼中。试问睡狮谁呼醒,一声长啸振雄风"的绝句,盛赞虎的威风。还以"不羡风云会,独寻山水乐",讴歌虎的清高孤傲和独行无畏的胆识。

善子自称"虎痴",这不仅宣告他是个画虎"迷",而且是一个养虎"迷",驯虎"迷"。

善子不惜高价,寻购幼虎,亲自精心进行驯养,在家与虎形影不离,食同桌,住同室。他的卧榻之下,就是虎的安乐窝。爱虎简直到了宛如爱子、爱友的地步。他的驯虎,远远超过闻名于世上的马戏团中驯虎女郎的水平。他在苏州居住时,养的那只小老虎,对他极其顺服,很好地担任了看门和护卫任务。那时他还养有一只小狐狸。他给老虎起名叫"虎儿",给狐狸起名叫"狐儿"。虎狐音近，但虎狐分得清。呼"虎儿"虎来；呼"狐儿"狐来。虎与狐相处甚亲，常在花园里互相追逗玩乐。狐狸施展其狡诈本能，戏弄老虎，时而口咬虎尾，爪拍虎头，时而跳上虎背，抓弄虎毛，弄得老虎忽喜忽怒，有时把狐狸按在地上，有时把狐狸衔在嘴里，直到狐狸哀哀求饶方才放开。

▷ 张善子（右）、张大千与老虎

善子有洁癖，治家严。他桌上的东西，不许孩子们乱动；地上的地毯，不许孩子们搞脏。有一天，他外出归来，见地上有瓜子壳，质问老虎是谁扔的。老虎便边啸，边往孩子们的住室跑，善子随之前往，时几个孩子已睡下，老虎用双爪抓弄其中的一个，经询问，确是那个孩子乱扔的，受到善子的责斥。而别的孩子谁也没有被冤屈。

善子带虎外出，用绳牵着而不装笼。有一次，牵虎上火车，吓得站上旅客纷纷逃避，虽经大声解释，虎不伤人，但是谁也不相信。经与站长协商，他与老虎包了一个头等车厢，一阵惊乱方告平息。善子画的虎之所以那样千姿百态，惟妙惟肖，主要是因他通过养虎、驯虎，对虎的举止看个够，对虎的脾性摸得透。

善子虽善于画虎，但亦兼山水。不过他只用于为虎画配景，从不以山水画出展。善子深佩其弟大千先生的山水画技精美，常请大千先生为其配画山水。大千经常画出许多帧，或上、或下、或中，留下画虎的位置，以备其兄在上面画虎。故善子先生的著名杰作，常题有"善子画虎，大千山水"等字语。

善子画虎，誉满全球。美国前总统罗斯福，曾以隆重的礼仪，欢迎善子先生到白宫画虎。遍邀美国朝野显要人物陪宴观画。善子先生当场挥笔，须臾即成，博得观者赞不绝口，掌声四起。这不仅给我们国画增添了光彩，也为中华民族赢得了荣誉。就这一点来说，他也算为国立过一功。

《"虎痴"张善子》

❖ 鹿钟麟：溥仪出宫，没得商量

1924年11月5日上午9时，我携带摄政总理黄郛——代行大总统的指令，会同张璧，李石曾由警卫司令部乘汽车出发，后随卡车两辆，分载军警二十人，直趋神武门。当时守卫故宫的清室警察，见我们突如其来，惊慌失措，我即下令预伏于神武门附近的国民军警卫队，先将守卫故宫的警察缴械。继又将神武门左右的清室警察四个队（每队百人，分驻护城河营房）全部缴械，听候改编。我警卫部队完全控制了神武门一带之后，我偕同张、李率军警各二十人，进入故宫，沿路见到人就喝令站住不许动，直入隆宗门原军机处的旧址。

在军机处我们召来清室护军统领毓逖，给以监视，令其派人传知宫内全体文武人员，一律不准自由行动，再令其传知内务府主管人员即刻来见。未几内务府大臣绍英和荣源到来，我首先出示大总统指令和修正清室优待条件，限绍英两小时内促使溥仪接受，废去帝号，迁出故宫；其次命令他俩派员移交各项公私物品。绍英神色仓皇，虽他力持镇静，但掩饰不住内心的恐惧。他在这个极度紧张的情况下，忽然对李石曾说："你不是李鸿藻故相的公子吗？何忍如此？"李只置之一笑。绍英又对我说："你不也是鹿传霖故相的本家吗？何必相逼如此？"

我当即回答："我们今天是奉命而来，要请溥仪迁出故宫，这不是我们的私意，而是全国老百姓的要求。老百姓们说的好，中华民国成立十三年了，在北京故宫里，还有个退位皇帝，称孤道寡，封官赐谥，岂非遗笑天下？我们既是国民军，就该替国民办事，我们不来，老百姓就会来的。不过，我们来还可以保护溥仪安全出宫，若老百姓来了，恐怕溥仪就不会这样从容了，所以我们这次来，不仅是给国民办事，而且也是为清室作打算！"绍英又说："大清皇帝入关以来，宽仁为政，民心未失，民国同意的清室优待条件尚在，为什么骤然这样对待呢？"我跟着驳斥说："按你的立场，当然替清室说话，但你必须冷静地想一想，从清兵入据关内以来，到处杀戮。残害百姓，历史上的'扬州十日''嘉定三屠'等等血海冤仇，到今天老百姓还记忆犹新，你所说的宽、仁在哪里呢？再说，张勋拥戴逊帝复辟，时虽短暂，但清室的叛乱祸国，违背优待条款，以怨报德的罪恶行为，老百姓能不愤然要求严惩你们吗？我郑重地告诉你，现在宫外已布满军警，两小时你们不做具体答复，军队就要向故宫开炮，你要三思，急促溥仪从速遵令出宫。否则，你们的安全，难再保证。"绍英听了我这番话，沉默片刻又说："我和溥仪有君臣关系，说话不能随便，要有分寸。"我说："到这时你还讲什么君臣关系？这是命令，你应该遵照，快去传达。"绍英至此，乃惊惧踉跄地入告溥仪。等了一会儿，绍英出来对我说："按照清室优待条件第三款，清室本应移居颐和园，只因当时民国政府不令迁出，致拖延至今。清室对于迁居一节，本无不可，唯以时间仓促，实属来不及。至于宫内各物，均属爱新觉罗氏私产，当然有自行管理、处理之权。"我即严肃地驳斥说："今天要谈的是出宫问题，这一问题不解决，其他一切都谈不到。我再次郑重地告诉你，遵令出宫，我们有妥善的对待办法，如果你们违令，执意不出宫，我们也有既定的对策，所以出宫问题，今天必须得到解决，任何企图拖延的打算，都是徒劳无益的。至于宫内各物，你们仍想据为爱新觉罗氏的私产，这是全国老百姓坚决不答应的。试问：宫内各物哪一件不是从国民手里搜刮掠抢而来的？今天国民要收归国有，这是天公地道的。不过只要溥仪接受修正清室优待条件，迁出故宫，我们给以适当照顾，老百姓还是会同意的。总之，你应该促使溥仪早作抉择，否则悔之不及。"绍英遭到碰壁后，还未死心，仍想作最后挣扎，他借口瑾妃逝世不久，瑜、珺二妃不愿出宫，提出给以时间，俟这些问题解决后，再行商谈，复经我言辞拒绝。

绍英一再的拖延，时间也已满了两小时，我便面孔一沉，对左右的人说："两小时已到！"

接着便把预藏怀里的两枚空心炸弹掏出，用力向桌上一摞，绍英吓得浑身颤抖，荣源竟跑出去寻找藏身之处了。我说："你们不要怕，这炸弹不是用来炸你们的，因为时限已到，我要在外边开炮前，先把自己炸死。"绍英见到这种情况，慌忙要求说："请再宽容时间，好使入告，急速做出最后决定。"我说："既如此，再宽限二十分钟。"我随又回顾左右的军警说；"赶快去告诉外边部队暂勿开炮，再限二十分钟。"绍英入告后溥仪接受了修正清室优待条件，答应迁出故宫，同时交出了印玺。然后绍英交给我一件以清室内务府名义致摄政内阁的复文，略谓："修正清室优待条件，业经清帝谅解，一切奉谕照办。"谈判至此，继乃转入移居何处问题。

溥仪接受了修正清室优待条件，决定即日迁出故宫，绍英对我说："出宫迁至颐和园或迁至别处，颇愿一听司令的意见。"我答说："移居颐和园固无不可，不过还有些先决条件，恐怕今天来不及解决。为了方便起见，我看还是先移居傅仪的父亲载沣家中，然后再从长计议久居之处。"绍英听罢，便又入内与溥仪磋商。

在溥仪决定出宫的同时，传知大内各宫太监、宫女等，发资遣散，各自尽速收拾细软，准备出宫。当时宫内计有太监480人，宫女百余人。绍英令尚未资遣的各宫太监，仍旧执行职务，宫内悬挂的"宣统十六年十月初八"的牌示，立即摘掉。溥仪决定移居什刹海甘石桥醇王府，绍英立即派清室内务府总管赶往准备一切，我也命令预先准备的两连警卫部队，限即开赴醇王府，开始执行警卫任务。

▷　1922年，溥仪在燕禧堂抱柱玩怀表

　　1924年11月5日下午4时10分，溥仪及其后、妃和亲属等离开了故宫。汽车共五辆，我乘第一辆，溥仪、绍英第二，溥仪后、妃和亲属及随侍人员分乘第三、第四；张璧等乘第五辆，由故宫直驶醇王府（清室称北府）。溥仪在醇王府门前下了车，这是我和他第一次见面，握手接谈。我说："溥仪，今后你还称皇帝吗？还是以平民自居呢？"溥仪回答说："我既已接受修正清室优待条件，当然废去帝号，愿意作一个中华民国平民。"我说："好，你既然愿当平民，我身为军人，自有保护责任，一定要通知所属，对你加以保护。"张璧在旁凑趣地说："你既是一个中华民国平民，就有当选为大总统的资格。"到此，我们握手道别。

《驱逐溥仪出宫始末》

✦ 单士元：故宫博物院的来之不易

在清室善后委员会工作期间，对清室遗老及保皇怀旧军阀官员的阻挠和破坏，善委会都耐心地进行有理有据的斗争，这反反复复的交涉与力争，真可谓是步步维艰。为了早日开放宫禁，昭示大众，为了杜绝前清遗老及其他怀旧者觊觎之心，善委会决定按原计划6个月点查完毕，同时加紧进行筹备建立故宫博物院的工作。

1925年9月底，起草并通过故宫博物院临时董事会章程、临时理事会章程及组成人员名单。此举为建立故宫博物院奠定了基础。董事会董事有严修、蔡元培、张学良、庄蕴宽、黄郛、李煜瀛等21人。理事会理事由李煜瀛、黄郛、鹿钟麟、易培基、陈垣、张继、马衡、沈兼士、袁同礼9人组成。李煜瀛被推举为理事长。1925年10月10日，举行了故宫博物院成立典礼。当日神武门外搭起了花牌楼，门洞上镶嵌着李煜瀛先生手书颜体大字"故宫博物院"青石匾额；顺贞门内竖起了大幅《全宫略图》。隆重的庆祝成立大会在院内乾清宫前举行。由庄蕴宽主持，各界应邀前来参加典礼近万人。会上李煜瀛以善委会委员长的名义，报告故宫博物院筹备经过。他说："自溥仪出宫，本会即从事点查故宫物品，并编有报告，逐期刊布。现点查将次告竣，为履行本会条例，并遵照摄政内阁命令，组织了故宫博物院。内分古物、图书两馆。此事赖警卫司令部、警察厅及各机关与同人之致力，方有今日之结果……"之后理事会理事黄郛及鹿钟麟等也讲了话。典礼后参加者均按路线参观游览。我与同仁作为院中工作人员，最为忙碌，但却像过节一样兴奋不已。我至今还记得我们中的许多人都激动兴奋得淌下了泪水。今日回忆历尽艰辛的往事，难以说清的险阻和反反复复的斗争，像电影一样一幕幕地在我脑海里闪过。

正因为我亲身经历了这段历史，亲身感受了博物院的来之不易，所以我更加热爱故宫博物院，对它有着极其深厚的感情。

当故宫博物院成立的日子正式确定下来的前几天，清室善委会委员长、故宫博物院理事长李煜瀛先生在故宫文书科内粘连丈余黄毛边纸铺于地上，用大抓笔半跪着书写了"故宫博物院"五个气势磅礴的大字。李先生善榜书，功力极深，当时我有幸捧砚在侧，真是惊佩不已。不过今日故宫博物院匾，则是在解放后，由名家所写。

▷ 1936 年故宫博物院

故宫博物院的开幕，轰动了社会各界人士。几百年来帝王居住的宫苑禁地的开放，使人民群众得以一睹我国古代的建筑艺术精华和曾为帝王一人所有的大量稀世瑰宝。因此群众奔走相告。是日故宫免费对公众开放（以后门票一块银洋），神武门前车水马龙，拥挤空前，出现了从未有过的热闹景象。故宫内更是摩肩接踵，人流如潮。从此故宫博物院驰名于世界。封建王朝独据紫禁城、老百姓不得靠近的时代，一去不复返了。故宫博物院的成立，也是中国博物馆事业走向正轨的开端。当时北京大学考古学教授兼任故宫博物院古物馆副馆长的马衡先生曾有文章说："吾国博物馆事业方在萌芽时代，民国以前无所谓博物馆。自民国四年政府将奉天热河两行宫古物移运北京，陈列于武英、文华二殿，设古物陈列所始具博物馆之雏形。此外，大规模之博物馆尚无闻焉。有之，自故宫博物院始。"

《庭训闲话琐记——我与初创时期的故宫博物院》

❖ 宗超泉：天桥的变迁

天桥正式成为市场，是在民国以后的事。它是从1914年开始发展起来的。

原来在清代，北京的正阳门外还有一道月墙，环绕着月墙东西的地方叫荷包巷（起先东边叫帽巷，西边叫荷包巷，后统称荷包巷），是一个临时市集。当时是"五色迷离眼欲盲，万方货物列纵横，举头天外分晴晦，路窄人皆接踵行"（《都门竹枝词》）。行人辐辏，毂击肩摩，极为热闹。八国联军进攻北京时，这个繁盛的市集被焚毁无遗。宣统元年（1909年），原来在此处设摊的商人侯喜茂、余国华等人向当时的内务府呈请批准，集资重修荷包巷市集，各商铺房安设玻璃亮窗，装置电灯，在这一年的5月24日重新开市。民国以后，仍旧是这样。1913年，北京政府国务院计划修筑全城的电车路，由内务部的土木司、警政司会同警察厅公议，拆毁正阳门的瓮城（即月墙），修筑马路。1914年6月，由内务部和交通部共同组成工程处负责这项工程。这样，东西荷包巷的商户均需迁移拆让。商贩们为自身生计均不愿迁出，于是派代表向官方交涉，但遭到拒绝。当时的京师警察厅总监吴镜潭，特地出了告示，为"拆城工程，为期甚迫，商户拆迁，断难稍缓"，限期全部迁出。所有各商铺的房屋及公私民房大小共60余所，一律作价收购后拆毁。于是商民们组织集资股东会，将房屋拆下来的砖瓦木石，运到天桥西边的大空地上，又添购了一大部分建筑材料，建成了七条街巷。北边五条巷是命相星卜、镶牙、补眼、收买估衣、收买当票的浮摊以及钟表、洋货、靴鞋等行业的店肆。南边两条巷是饭铺和酒馆。另外，1912年的农历正月，因厂甸附近改建街道的工程没有结束，到处堆积着建筑用料，没有地方摆摊，于是这年新春期间，一年一度的厂甸庙会临时迁到了香厂。名伶俞振庭乘这个机会在香厂北支起戏棚，约女伶孙一清合演成班大戏，以后就在天桥办起了最早的一个戏园。后来娱乐场所发展到戏园两个、女戏园（以女艺人为主）三个、落子馆三个、女落子馆（以女艺人为主）三个，名称有歌舞台、乐舞台、燕舞台、新舞台、吉祥舞台、昇平茶园、振仙舞台、魁华舞台等。这样，天桥就成了一个从日用百货到饮食娱乐各行俱全的正式市场了。……

《天桥的变迁》

▷　前门大街南端的天桥地区

❖　**靳麟：**薛笃弼改名齐政楼为明耻楼

1924年（民国13年），薛笃弼（山西省人，冯玉祥部下）任京兆尹时，把鼓楼楼下辟为"京兆通俗教育馆"，曾经展览过历代帝王像，著名文臣武将像，京兆地区的名胜古迹照片，以及卫生常识、明清时代的衣冠盔甲等物，还有麒麟碑一块（一个石影壁，上镌有麒麟，原在东城区麒麟碑胡同）、铁狮子一对（铁狮子是明帝崇祯的田贵妃之父田畹住宅门前的。田畹宅在今铁狮子胡同路北。清人吴梅村有《田家铁狮歌》），供人参观。

▷ 北京鼓楼旧貌

当时楼上也开放。游人可由楼下北墙券门迤东的小门沿石阶（共70级）而上，登楼（楼为五间，四周建有木栏）凭栏四望，只见满城槐柳，宛如一片绿海，故宫的红墙黄瓦，金碧辉煌，尽入眼底。

楼内原来悬挂一块木匾，上刻"齐政楼"（此匾曾在教育馆内陈列），楼中间木架上摆着一面牛皮大鼓，直径为4尺5寸（夜间所击之鼓为另一鼓，在这个大鼓的东边）。

1925年，薛笃弼将齐政楼改名为"明耻楼"。原因是清光绪二十六年（1900）八国联军侵入北京时，日本军队驻在北城，日本兵曾窜进鼓楼，用刺刀在那个大鼓上扎了一个一尺多长的大口子，薛笃弼改齐政楼为明耻楼，即为纪念此事，他当时曾有文记之。后来国民党政府为了"睦邻友好"，就把明耻楼这块匾摘了下来，束之高阁。并把京兆通俗教育馆改为北平市第一民众教育馆。

《北京钟鼓楼风物杂记》

❖ 谢子英：西单商场的创建

西单商场始建于1930年5月，是北京老字号商业名店，坐落在繁华的北京西城西单商业街120号。西单商场是随着北京城西商品需求增长而出现的，在较短的时间里，迅速发展成为城西商业中心。

西单商场的创建，占据了天时和地利的条件。天时指的是进入20世纪后，北京城西逐渐发展起来的商品需求；地利指的是西单大街便捷的交通和当地餐饮的繁荣。

北京城是依据古代"左祖右社、面朝后市"的传统设计的。清朝初年，实行满汉分城居住，"凡汉官及商民人等专徙南城"，内城成了以紫禁城为中心、满洲八旗环绕驻防的政治军事中心，北京城的经济活动迁到了外城。到了道光、咸丰时期，逐渐形成了以前门外为城市购物中心、天桥为平民娱乐中心的格局，内城的居民购买生活用品，或者欣赏民间艺术，都要去南城，或者在庙会期间进行。到了清朝后期，伴随着商品经济的发展，为了满足内城几十万居民的生活需要，内城的地安门、东四牌楼、西单牌楼等地，逐渐发展成具有一定规模的商业活动区域。

20世纪以后，老北京城的经济开始了飞跃发展，各种现代商品涌入京城，居民消费需求大大增加，消费观念、习惯也发生了变化，开始不满足于到传统市场和庙会采购生活用品，老北京内城的商业区域已经远远不能够满足内城的经济需求。城东的王府井地区，由于相邻外国使馆，率先出现了一系列新的商店，其中最著名的是东安市场，在京城商品需求增加的情况下，迅速发展壮大起来。而在城西，没有出现具有一定规模的、能够满足城西居民商品需求的商业区域，城西居民购物、逛商业街依然主要去前门地区。客观存在的商品需求，孕育着城西新的商业区的形成。

西单大街是城西重要的交通通道。明清时期，通往西南的交通就是从西单牌楼向南，出宣武门至菜市口，向西至广安门，经卢沟桥，南下良乡、涿州。当时，"陆行者趋西南，水行者趋东南"。铁路通车后，靠骡马、脚力的传统陆路交通逐渐衰落。老北京火车站坐落在前门外，进出北京的人们在前门火车站下车，面临着一个市内交通的问题，再加上前门外商业的繁荣，来往的人非常多，黄包人力车无法满足需要，有识之士提出了北京城有轨电车的计划。经过多年筹备，在1924年，北京第一条有轨电车正式运行，被称为1路电车，起点是前门，经西单牌楼、西四牌楼、新街口等地，到终点西直门。有轨电车的通车，极大地带动了沿线地区商业的发展，西单大街正处在这条电车线路的中心地段，凸显出了优越的地理位置。

民国初年，北洋政府总统府坐落在今天的中南海，政府许多机构设在城西。另外，城西还有许多著名的大学，如中国大学、民国大学、交通大学、孔教大学、北平大学工学院等。为了满足这些政府官员、知识分子的需求，西单牌楼以东的西长安街陆续出现了许多新式的商号、戏院和饭庄。其中比较著名的是"长安十二春"，即经营淮扬、闽浙等风味的十二家字号里都有"春"的饭庄，也有人仿八大楼、八大居的叫法，取"十二春"中前八家，称其为八大春。当时，鲁迅、胡适之、钱玄同等人都常常在这里与友人小宴。

西单商场的创始人，旅居加拿大的归侨、广东籍人士黄树滉先生看到了老北京城西商品需求的增长，看中了西单大街优越的地理位置，在这里投资创建了西单商场。

《名播京华的西单商场》

❖ 张凤鸣：刻刀张与齐白石

　　我们"张顺兴"的刻刀之所以在全国受到篆刻家的喜爱，一方面是我们千方百计提高刻刀质量，为篆刻家们提供了称心如意的工具，另一方面是齐白石等艺术家们对我们的指导和帮助，为我们作了宣传。

▷ 齐白石（1864—1957）

　　提起和白石老人的交往，还要从他的弟子刘淑度女士说起。民国二十年（1931）初春的一天下午，店里来了一位年约30岁、衣着简朴的女士，要买金石刻刀，她挑了几把就走了。过了三四天她又来了。一进门就高兴地说："很好，你们的刻刀确实不错，真没想到！"这位就是淑度女士，她跟齐白石学篆刻，造诣颇深。白石老人对他这个女弟子也倍加赞赏。1931年齐白石在刘淑度女士印谱序言上写道："从来技艺之精神，本属士夫，未闻女子而能及。门人刘淑度之刻印，初学汉法，常以印拓呈余，篆法刀工无儿女气，取古人之长，舍师法之短，殊闺阁特出也。"刘淑度女士也曾为鲁迅先生治过两枚名印。一枚是白文"鲁迅"，一枚是朱文"旅隼"。鲁迅生前十分喜爱这两枚印章，经常同时使用。

原来刘淑度同其他篆刻家一样，常为没有称心的刻刀而苦恼。画家没有好画笔，篆刻家没有好刻刀，对作品的创作是有很大影响的。所以她到处寻求好刻刀。后经友人介绍，才找到张顺兴刻刀铺。从此以后，刘淑度就是"张顺兴"的常客了。一次她要我给她加细做几把好刻刀，并关照说："这几把刻刀，是送给我的老师齐白石的。我老师的篆刻，学的是汉代的凿印。他刻前不打样，刻时不回刀。他如看中你的刻刀，你就不用到处推销了。我们这些学篆刻的人，都会登门相求的。"我根据她的介绍，亲自为齐白石做了几把刻刀。齐老试刀后，非常高兴。没过几天，白石老人在刘淑度的陪同下，乘车来到我们的小铁匠铺。见面时，白石老人称我为"凤鸣兄"，大有相识太晚之意。一个当代的大画家、大金石篆刻家，比我大40多岁的老人，来到小店，这样称呼我，我真是手足无措，不知怎样回答才好。从此之后，我们之间不断地互相往来。有一次，他来店，因谈话时间过长，已到中饭时候，我给他准备便饭，我们边吃边谈。当时，白石老人已年过古稀，来去多有人陪伴，很不方便。后来，我就主动去他家送刻刀。他住在西单跨车胡同15号，一个整齐的四合院。北上房是他的画室，画室布置得很简朴，有一个大画案，一张八仙桌，两把官帽椅子。我每次来他都是热情地迎送，有时还留我吃饭。

《刻刀张》

❖ 傅光明：太太的客厅

我最早知道林徽因"太太的客厅"，是从我的文学师傅，被习惯称为"京派"后起之秀的萧乾先生的嘴里。他向我生动描述了他跟着他第一个文学师傅沈从文第一次迈进这个他神往已久的沙龙的情景，他说话时眼里流露出的神情感染了我，我仿佛和他一同回到了情境再现的从前。

1933年11月1日，沈从文将正在就读燕京大学新闻系三年级的萧乾的短篇小说处女作《蚕》，发表在他主编的天津《大公报》文艺副刊上。没几天，读了并喜欢这篇小说的林徽因致信沈从文，说："萧乾先生文章甚有味儿，我喜欢。能见到当感到畅快。"沈从文随即写信告诉萧乾，说有位"绝顶聪明的小姐"喜欢你的小说，要请你到她家去吃茶。就这样，兴奋而有点紧张的萧乾，穿着自己最好的蓝布大褂，与师傅一起叩响了北总布3号院的门扉。林徽因和沈从文之间，"发展了一种亲密的友谊。她对他有一种母亲般的关怀，而他，就和一个亲爱的儿子一样，一有问题就去找她商量要办法。"我觉得，萧乾对林徽因也有这样一种恋母般纯净的感情。

当时林徽因的肺病已经很严重了，却还常常与住在西总布21号院的费正清、费慰梅夫妇一起去骑马。萧乾第一次见她时，她刚刚骑马归来，身上还穿着骑马装，显得格外潇洒轻盈，哪看得出是个病人。聊起天来，谈锋甚健，几乎没有别人插嘴的机会。大家倒也乐得听漂亮的女主人滔滔不绝地阐述真知灼见。她是这里的中心，也是同道好友乐不思蜀的理由。徐志摩把这里视为他的第二个家，"每当他的工作需要他去北京时，他就住在那儿。他既是徽因的，也是思成的受宠爱的客人。在他们的陪伴下，他才会才华横溢，而他也乐意同他们一起和仍然聚集在他周围的那些气味相投的人物交往"。而且，"徐志摩此时对梁家最大和最持久的贡献是引见金岳霖——他最亲爱的朋友之一"。而且，"老金"后来实际上成了梁家的一员，他就住在隔壁一座小房子里，他那里的星期六"家常聚会"，也经常是胜友如云。徐志摩自然少不了，钱端升、陈岱孙、李济、陶孟和等，都是这里的常客。

其实，这里并非纯粹的"京派"俱乐部和文化沙龙，它还吸引着文学圈外的社会各界名流，话题也并不总都是文学。这里是志趣相投的朋友们谈天说地的场所，是议论时事政治，针砭社会弊端，交流思想感情的平台。萧乾就是在这"太太的客厅"里，遇到了以身殉国的国民党空军飞行员刘粹刚的夫人许希麟，并以她的叙述题材，把刘粹刚为协同八路军反攻娘子关而殉难的事迹写成著名特写《刘粹刚之死》，咏唱了一曲抗日爱国的颂歌。到了80年代，北京有家报纸在纪念七七事变全面抗战爆发时，又以整版的篇幅重新刊登了这篇特写。据说，这是唯一一篇写到国民党空军掩护八路军反攻的特写，而刘粹刚正是在这场战斗中牺牲的。

这座典型的老北京四合院，现在的门牌是24号。门口摆设拥挤得凌乱不堪，红漆的双扇大门油漆早已剥落。但也只有透过这院门，才能或多或少嗅闻到当年院落氛围的气息。因为，一进了院子，入眼的已是一幢不高的楼房，一切都已不复存在。我竟开始后悔找寻并进入了这个在记忆里充满了诗意的院子。当然，即便是院落完整地保存着，那道人文的风景也早已人去楼空，物是人非。记忆是用来弥补遗憾的。想到此，失落感也就不那么强烈了。

《林徽因：北总布胡同 24 号太太的客厅》

❖ 叶祖孚：鲁迅与琉璃厂

人们在谈到琉璃厂是文人学者聚集的场所时，常常举出孙承泽（明末清初大收藏家）、王渔洋（康熙时著名诗人）、程晋芳（乾隆时《四库全书》的编修）等名字，其实我国伟大的文学家、思想家和革命家鲁迅和琉璃厂也有深切的关系。鲁迅先生和琉璃厂的来往为这条古老的文化街增添了光彩。

1911年鲁迅在绍兴师范学校当校长时，已经向往着故都的文化街。他在4月12日写信给当时居住在北京的许寿裳，就特意打听："北京琉璃厂书肆有异书不？"1912年鲁迅应蔡元培的邀请，去南京临时政府教育部工作，同年随政府迁来北京，住在宣武门外南半截胡同绍兴县馆。鲁迅在日本求学时，本来就有逛神田町旧书店、登银座丸善书店书楼的爱好，现在来到琉璃厂附近，这就更加爱上了琉璃厂的书店。加以这时辛亥革命失败了，鲁迅感到失望；旧教育部的衙门生活又使鲁迅感到厌倦。于是鲁迅就来到琉璃厂，搜集大量古旧书籍，从事中国古籍的考证、篡辑和校勘等工作。

翻开《鲁迅日记》，可以看到鲁迅这一时期在琉璃厂活动频繁，有时甚至一天去一次，在鲁迅居住在北京的15年期间，总共去了几百次。鲁迅养成了游逛琉璃厂的一些习惯。例如喜欢去青云阁喝茶，日记中常写："至青云阁饮茗。"青云阁是开设在观音寺街西口的一家劝业场式的百货商店。鲁迅在里边喝茶，有时也买些牙粉、鞋袜、饼干之类的东西。鲁迅也到升平园浴池洗澡，日记中记载："午后赴西升平园浴。"西升平浴池开设在李铁拐斜街东口，后来鲁迅到离琉璃厂更近的杨梅竹斜街的东升平浴池去洗澡或理发（西升平浴池不久即关闭）。鲁迅在饮茶、洗澡之后，来到宁静的琉璃厂，在那里搜寻他需要的书籍。至于岁首一年一度的厂甸庙会，离得那么近的鲁迅当然不

▷ 北京回民的宅院

▷ 鲁迅及家人合影

会放过这个机会，他每年都要在厂甸的书摊画肆，徜徉徘徊，流连忘返。

鲁迅同样爱上了离琉璃厂不远的宣武门口的小市。在日记中不断记着："午后之小市"，"往小市，因风无一地摊，遂归"，"晚绕小市归"等词句。清朝以来北京外城就有拍卖估衣、桌椅之类旧货的地摊叫小市，里边也卖文物和旧书，夜间还有夜市。宣武门口一带的小市叫西小市。鲁迅从琉璃厂出来，常常怀着浓厚的兴趣专门绕到小市看看，然后回到绍兴会馆的寓所。在小市地摊上鲁迅高兴地买到一些古钱、瓷印泥盒、笔筒、水盂，有一次还买到了《太平广记》的残本。1935年12月10日鲁迅在《且介亭杂文》集序言中谦虚地把自己的文章比作"决不是英雄的百宝箱，一朝打开，便见光辉灿烂。我只在深夜的街头摆着一个地摊，所有的无非几个小钉、几个瓦砾，但也希望，并且相信，有些人会从中寻出合乎他的用处的东西。"这个思想无疑是他当年游逛小市心情的真实写照。

《鲁迅与琉璃厂》

❖ 靳麟：东交民巷有个六国饭店

东交民巷有个六国饭店，所谓六国饭店，是庚子年（1900）时八国联军中的英、美、法、俄、德、日六个大国集资合办的。楼房共四层，为旧式建筑。六国饭店曾是个藏奸隐垢的地方，旧社会的一些大军阀与大官僚，在他们那个派系失败倒台的时候，怕对方逮捕他们，就赶紧更名改姓，跑到六国饭店躲避起来，六国饭店也就借此机会大敲竹杠。除六国饭店之外，东交民巷里的使馆、兵营、银行、洋行、医院（如德国医院），也都是逋逃薮（逃亡的人躲藏的地方）。现举几件事例说明。

▷ 20世纪初六国饭店外景

在《北洋军阀史料选辑》中，记有李思浩（北洋军阀段祺瑞皖系的官僚，当时的财政部总长）说的两段话。李思浩说："民国九年（1920）7月，直皖两军在北京附近交战，皖军失败，段内阁倒台，总统徐世昌下令，缉惩徐树铮、曾毓隽、李思浩等人。我们在令下之前就已经逃入东交民巷了。曾毓隽等住在日本兵营，我住在道胜银行的宿舍。没有住多久，徐树铮就化装成日本人，由日本使馆派人陪同他溜出水门，乘火车赴天津。我在东交民巷住了三年多。"李又说："民国十三年（1924），执政府时代（段祺瑞任北洋政府临时执政），我们对于冯玉祥很有戒心，怕他随时对我们有不利，特别是我这个搞财政的。我想，处身于危墙之下，终非久计，乃乘机去东交民巷，租了'桂绿第大楼'（高级公寓）的两层房子住下。最后，段祺瑞也被迫下台，逃进东交民巷，也住在桂绿第大楼，住了几个月，我们一起秘密乘车逃到了天津。"

民国六年（1917），张勋复辟失败后，也逃进东交民巷荷兰使馆。

民国十三年（1924），溥仪出宫后，由醇王府逃往东交民巷日本兵营，又由日本人把他秘密送到天津。

民国二十二年（1933）5月，北洋军阀张敬尧被国民党军统特务打死在六国饭店里。据《军统特务暗杀行动录》的《六国饭店的枪声》中说：军阀张敬尧曾当过北洋政府时期的湖南督军，九一八后，他投靠伪满政权。1933年4月间，日本关东军司令部委派张敬尧为平津第二集团军总司令，他就潜入北京，住于六国饭店，化名常石谷。同年5月，国民党军统头子戴笠派军统特务王天木、白世维等人把张敬尧打死在六国饭店。

以上各事，人所共知，可是当时的中国政府，既不敢去搜查逮捕，也不敢要求引渡。

《东郊民巷杂记》

❖ 蔡礼：燕子李三

燕子李三偷盗有两个特点，一是专偷豪门富户，一是作案后总要留些痕迹，意思是为被盗户的仆人开脱。因此社会上就流传着李三是个侠盗的说法。

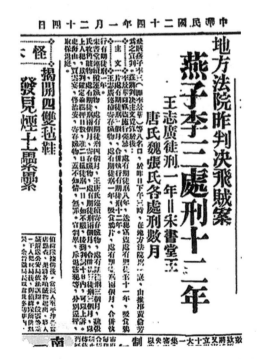

▷ 1935年1月24日《京报》报道的燕子李三被判处有期徒刑12年

民国十四五年时，燕子李三来往于平汉线上，在河南、湖北等地作案。一次，他偷到了洛阳警备司令白坚武的家里。白坚武十分恼怒，可是他怕警备司令让人偷了的事情传出去，有伤自己的脸面，所以没有大动干戈，只是命令手下人想法捉住李三。但要捉住李三谈何容易，他上火车根本不买票，火车急驰着，他就能飞身跳上去。那时，他已是个小有名气的飞贼了。

这段时期，李三为了逃避追捕，隐姓埋名躲了起来。他到过河南少林寺，结识过那里的和尚。后来，他又沿着平汉线来到平津一带活动。此间他作案无数，轰动平津。他到当时临时执政段祺瑞的宅第（在吉兆胡同东口）偷盗过；偷过国务总理潘复以及张宗昌、褚玉璞等人的财物。他偷的大多是金银首饰贵重衣物。他偷的东西，给过穷人一些，但是绝大部分被他吃喝嫖赌挥霍掉了。因此，他不是什么专门劫富济贫的"侠盗"，不过是把偷来之物随便处置罢了。当然，也不能说他对穷人没有一点怜悯之心。

燕子李三确实会一些武功。他能头朝下，身子像壁虎一样紧贴墙壁往上爬，他曾在白塔寺高高的大殿墙壁上爬过，这一招儿叫"蝎子爬"。他还会点气功，不知怎么一用气，脚后跟的那块骨头便能缩回去。他随身带一条绳子，绳子一端拴一个铁爪子，把绳子往树上或木梁上一扔，铁爪就抓在木头上，他便顺绳子爬上去了。正因为这样，侦缉队虽多次对他严加缉拿，但是很难抓到。就是抓到了也看不住他，他的脚后跟骨一缩，铁镣就脱落下来。所以他在北平曾七次被捕，七次脱逃。

《我作燕子李三辩护律师的回忆》

❖ 雷洁琼："一二·九"见证进步的力量

（1935年）12月9日这一天，古城严寒，北风呼号。黎明，燕大校园沸腾起来了。爱国青年500余人的游行队伍，浩浩荡荡出发了。我出于朴素的爱国之情和对日本侵华的义愤，毅然参加了游行。反动当局早已得知学生要请愿游行的消息。我们的队伍刚走出校门不远，便遇到前来阻拦的大批警察。我们向领队的警察晓以大义，高呼："中国人不打中国人！"一路上广大爱国青年学生，以勇敢、团结、战斗的精神，冲破了沿途反动军警的阻挠，到达西直门。这时城门已经关闭，城墙上布满了荷枪实弹的军警。学生代表和军警几经交涉，均未成功。爱国的青年激愤了，他们含着热泪高喊："中国人的城门，已不许中国人进了！"并立即在城门前召开群众大会。"打倒日本帝国主义！""中国人民团结起来！""日本帝国主义滚出中国去！"愤怒的口号声响彻云霄。学生们在严寒朔风中坚持宣传达数小时之久。约在上午11时半，我见学生们滴水未进，便匆匆返回学校，通知学校当局给学生们送饭。我和燕大美籍进步教授夏仁德（Randolph Sailer）乘坐学校大卡车，把馒头等食物送到西直门，分给学生们吃。有些学生却气得不想吃。我们还劝说一些身体不好的同学乘车返校，但绝大多数同学不肯上车。坚持至傍晚时分，参加游行的各校同学始愤愤返校。大家认为我们的队伍虽未能进城，但也伸张了抗日的正气。大家表示："一定要以声势更大的示威行动，来回答反动统治者。"

经过"一二·九"的英勇斗争，爱国学生的斗志更坚强了。各校纷纷成立了抗日救国会等组织，开展抗日救亡工作。12月16日是宋哲元"冀察政务委员会"粉墨登场的日子，北平各大中学校爱国学生又举行了第二次声势浩大的示威游行。这次燕大、清华吸取一二·九游行示威被阻在城外的教训，分别派先遣队伍在15日晚就进了城。社会学系爱国青年王龙宝（倪冰）、赵志萱、靳淑娟和新闻学系龚维航（龚澎）以豪迈的气概报名参加了"敢死队"。"敢死队"将走在游行队伍的最前列，准备首当其冲地抵抗反动当局的一切阻挠和迫害。由燕大、清华等校组成的城外大队，于12月16日黎明出发了，我也参加了这次游行队伍。大队先奔向西直门，城门仍紧闭着。队伍转向阜成门，又被阻拦于城外。队伍再奔西便门南面过火车的铁门，但仍遭阻拦。这时2000余名学生怒火中烧，决心用自己的血肉躯体冲破铁门，千百双臂膀紧紧地挽在一起，组成一股钢铁般的巨大力量。在"一、二、三，冲呀"的呼喊声中，千百人一齐向铁门冲去。铁门被撞开了一道缝隙。这时城墙上的军警慌乱了，他们向学生扔石头，并向空中鸣枪威胁。学生们不畏强暴，用石块进行反击，铁门终于被撞开了。在一片欢呼声中，学生们蜂拥而进。反动当局对示威游行的爱国学生进行了血腥的镇压，不少人在他们的大刀、水龙、皮鞭下受伤、被捕。12月16日全市爱国学生的示威游行，千百万群众的英勇斗争，有力地打击了反动派的卖国投降活动，迫使他们不得不宣布"冀察政务委员会"延期成立。

《"一二·九"运动回忆片断》

❖ 董升堂：七七事变前夕的"新鸿门宴"

七七事变前，日本华北驻屯军司令田代皖一郎和特务机关长松室孝良，总是幻想通过冀察政务委员会委员长与陆军第二十九军军长宋哲元，软化第二十九军的军官和士兵，不战而屈我军，首先吞并华北，再进而灭亡我全中国。但第二十九军多数军官和全体士兵，都不愿奴颜事敌。因而事变前夕在北平中南海怀仁堂联欢席间演了一幕"新鸿门宴"。经过情形是这样的：

第二十九军军部事先通知驻北平附近的部队，凡团长以上的军官，于六月六日上午十时到中南海怀仁堂集合。我们按照时间到了怀仁堂后，才知道是与日军驻北平附近部队连长以上的军官，举行联欢宴会。我方出席的有冀察政务委员会委员长、陆军第二十九军军长宋哲元，副军长、北平市市长秦德纯，第三十七师师长、河北省主席冯治安，第三十七师第一一〇旅旅长何基沣，第三十八师第一一四旅旅长董升堂，独立第二十六旅旅长李致远，第一一四旅第二二七团团长杨干三等。日方出席的有日本华北驻屯军特务机关长松室孝良，顾问松岛、樱井和日军驻北平附近部队的连长以上的军官。

联欢会开始，首先由宋哲元讲话。其次由松室孝良讲话，大意是说，中日是同族同文的国家，应该力求亲善。继而在一起照相，每一个中国军官旁边安插着一个日本人。接着宴会开始，每席是三四个日本人坐客位，四五位中国军官坐主位。酒过三巡，日军顾问松岛起立，始而舞蹈，继而舞刀。我方军官们目睹情况紧张，都义愤填膺，想与日方一拼。副军长秦德纯附耳告我说："事急矣，你是打拳呢，还是耍刀？"我说："先打拳，后耍刀。"我就跳到席位的中间打了一套八卦拳。李致远也打了一套国术。何基沣跳上桌子高唱黄族歌："黄族应享黄海权，亚人应种亚洲田；青年青年切莫同种自相残，坐教欧美着先鞭。不怕死，不爱钱，丈夫绝不受人怜……"我们随着激昂的歌声也拿出刀来，准备舞刀。接着日本人把宋哲元、秦德纯等一一高举起来。我们也把松室孝良、松岛等一一高举起来。一时席间空气万分紧张，如临大敌，有一触即发之势。最后，仍由宋哲元和松室孝良相继讲了些什么中日应该亲善和联欢结果圆满等鬼话，但我第二十九军军官们都是雄赳赳，气昂昂，心怀愤怒地走出了怀仁堂。

当时冀察当局对日本帝国主义存着什么样的幻想，我们不得而知；只知他们给部队下的命令，既要极力备战，又要尽力避战，表现得自相矛盾。但我们大多数军官和全体士兵是充满了对日本帝国主义的仇恨的。

《七七事变前夕的"新鸿门宴"》

❖ 单士元：故宫沦陷

1937年七七事变爆发，北平随之沦陷。一时间北平各阶层的人都惶恐不安，国民政府各机关内也是一片混乱，故宫博物院不得不宣布关门。当年院中有相当一部分人随文物南迁离院。余是世居京城之家，家中老幼均在北平，故以留守人员留在院中。

▷ 1937年8月，日本侵略军通过正阳桥

　　沦陷后，故宫中的大部分同仁都保持民族气节，不向日本人低头，但也有个别人勾结汉奸投靠日本人。当年文献馆有一张姓者（据说曾是清末某王府管家）就企图勾结日本人接管故宫博物院。他们活动很厉害，不但到处拉人，而且连掌权后谁任何职均已拟定。故宫中不少人因此离开故宫到内地去了。当年余虽不愿在沦陷区受亡国之苦，但以十余口人大家庭，有老携小之累，脱不开身。那个张姓者曾要挟余同他一道给日本人做事，余坚持不与之合作，还写了题为《清代秀女》的文章骂他们。文中借古讽今，说内务府是封建皇帝的奴才，诸王府中的管家是奴才的奴才，而今又有人甘心当汉奸的奴才，因而是"奴下奴"。为此深遭张姓汉奸之恨，总想整余。正当院中汉奸十分嚣张之际，主持院务工作的张廷济先生见风声不好，很是着急，遂找到北平伪政权的一个头目汪时璟（听说张廷济与汪时璟是同乡同学）。没过多久，伪政权派祝书元等人接管了故宫。祝的到来，把故宫内外企图攫取故宫院中大权的汉奸势力压了下去，日本人无从插手故宫，汉奸更无计可施。实事求是地讲，伪组织的接管当时并没对故宫起什么坏作用。

　　曾任北洋政府内务总长的朱启钤先生，抗战前在北京成立以研究古代建筑学的机构"中国营造学社"，余任该社文献部编纂，故得识朱启钤社长。而祝书元曾是朱老的老部下，随祝来接管故宫博物院任秘书的齐之彪也是朱桂老的老熟人。他们都是有名望有学问的人。朱桂老得知余已处在遭张姓汉奸等人迫害的困境之中，婉转委托祝、齐二人对余予以关照。后来祝、齐二人巧妙地以"工作需要"，将余从文献馆调入图书馆。余从此在图书馆埋头整理书目，一干就是好几年，工作颇有收获。余所写《故宫所藏朱墨本目录》一文，曾奉送给北大图书馆系主任、著名的图书馆学家王重民先生审阅，获得好评。

北平沦陷期间，亡国之苦一言难尽。由于故宫时常开不出工资，没有了经济来源，余之生活一天比一天艰难，不得不靠典当变卖什物度日，1942年被迫卖掉部分住房维持生活。那时一家十余口人每天每人能吃上两三匙煮熟老玉米粒，就相当不错。1944年北平的汉奸组织"献铜委员会"，搞"献铜"运动，涉及千家万户。故宫这样的文化机关亦未幸免。故宫主持者虽是伪政权委派的，但对"献铜"一事没有积极响应，并与"献铜委员会"交涉，提出：故宫文物不能当做一般的铜器交出，即使已损坏的物件也是历史文物，不能交出。尽管如此抵制，最后还是不得不把一些铜缸等交了出去。抗战胜利后曾编了一本《故宫博物院对平市历次收集铜铁应付情形始末记》，记载极详。

日本侵略者意在灭亡我国，气焰十分嚣张，他们认为，故宫的文物，不拿也是他们的。但是侵略者却万万没有料到，他们终会有无条件投降之日！

《故宫散忆》

❖ **张次溪：齐白石的"心病"**

齐白石自1932年（民国二十一年壬申）以后，不愿和敌伪周旋，曾经锁上大门，拒绝请见。1933年（民国二十二年癸酉）秋天，他自序印章说："壬申、癸酉二年，世变至极，旧京侨民皆南窜，予虽不移，然窃恐市乱，有剥啄叩吾门者，不识其声，闭门拒之。"他之所以言之"市乱"，是在敌伪势力之下，不便直指其事，故意这样含混地说。到了1937年（民国二十六年丁丑）以后，北平陷入敌手，敌人和汉奸更是时时想跟他接近。他虽然深居简出，很少与人往还，但是登门求见的人，仍是非常之多。敌伪大小头子请他吃饭，送他礼物，有的还邀他去照相，或是请他去参加什么盛典，他总是谢绝，不出大门一步，也不轻易见生客。敌伪对他威胁利诱，使出许多花招，结果都是枉费心机，丝毫没起作用。齐白石忧愤之余，为避免敌人的纠缠，特于1939年（民国二十八年己卯）他79岁时，在大门上贴出了一张纸条，亲笔写了"白石老人心病复作，停止见客"十二个大字。他所说的"心病"，倒也不假，他本来是有点心脏病的，不过轻微得很，并不严重，所谓"复作"，那是装出来的，无非借此为名，表示拒绝。他事后曾对人说过，"心病"两字，含义很深，并不专指心脏有病，自以为用得非常恰当。但是，由于物价上涨，生活指数不断提高，齐白石一家人的开支，无形中增加了不少，倘不靠着卖画刻印，生活就无法维持。为了一家老小糊口之计，他不得不在纸条上"停止见客"的旁边，补写了两句："若关作画刻印，请由南纸店接办。"那时市面混乱，奸商们发了昧心财，都想弄点字画，挂在家里的客厅上，装装门面。逢到年节，齐白石的生意愈来愈多，简直忙不过来，他很想趁过年的时候好好地休息几天，因此又贴出了一张声明："二十八年十二月初一日起，先来之凭单退，后来之凭单不接。"当时他在家里，本已不再亲自收件了，这张声明，是专对南纸店而言的。

1940年，齐白石80岁。过了年，他为了生计，仍操旧业，不论南纸店介绍来的，或是送上门来的，所有笔单，只得一律照常接受，但为防敌伪方面的大小头子借此机会来找麻烦，就在大门上加贴了一张纸条，开首有几个大字写着："画不卖与官家，窃恐不祥。"后边又接着写道："中外官长，要买白石之画者，用代表人可矣，不必亲驾到门。从来官不入民家，官入民家，主人不利。谨此告知，恕不接见。"他所说的"官入民家，主人不利"的话也是有双关意义的。他还声明："绝止减画价，绝止吃饭馆，绝止照像。"在绝止减画价的下面，加了小注："吾年八十矣！尺纸六元，每元加二角。"另又声明："卖画不论交情，君子有耻，请照润格出钱。"他是想用这种方法，拒绝跟敌伪官员接近。当时有许多无耻之徒，充当敌人翻译，为虎作伥，无恶不作，时常到他那里，登门讹诈，有的要画，有的要钱，有的软骗，有的硬索，花样百出，累累不绝。为此，齐白石又在墙上贴了大字告白："切莫代人介绍，心病复作，断难报答也。"又说："与外人翻译者，恕不酬谢。求诸君莫介绍，吾亦苦难报答也。"最有风趣的，齐白石还贴出一张告白，内容是："白石年老善饿，恕不接见。"

据说，他大门上贴的字条，时常被人偷揭了去，揭掉了他又重写贴上，不知经过了多少次。这些大门上贴的和屋内粘的字条，日军投降后，都由他的看门人尹春如揭下保存。这位尹春如，原是前清的太监，人很忠诚，和他相处得很好。

《白石老人二三事》

❖ **李丙鑫**：团河行宫的衰败

团河行宫建成后，清廷即派兵勇在行宫四周的堆拨房、军值房内驻防守卫。同时迁来18户满族人居住在行宫东部，负责行宫的维护和供皇帝临幸时役使。

1900年，八国联军侵入北京。是年8月初，侵略军在南海子焚烧寺庙，射杀苑中禽兽。在南苑驻守的清兵不堪一击，闻风而逃。日本、英国等国侵略军先后闯入团河行宫，把行宫中的珍宝洗劫一空，带不走的名瓷、石雕尽行捣毁，使团河行宫遭到严重破坏。

1922年10月，冯玉祥任陆军检阅使时，在南苑组成检阅使署，属下部分军队曾在团河行宫内驻防。冯部驻军期间，曾在宫中东湖东岸石板房一带，为兵士修挖浴池；又在团河行宫东所宫殿区兴办被服厂。1924年夏，冯玉祥在团河行宫北部买地，为阵亡官兵修建昭忠祠。"那祠是一座五上六厢的院子，正中一座亭子对着大门，院子后面是一片广阔的坟地，埋葬阵亡官兵的骸骨。"当地群众把这片坟地称为"冯玉祥义地"。笔者少时所见，昭忠祠早已废圮，只存门口一对铁狮；北面一座高大石碑，隐约记得碑上镌有冯玉祥将军的诗文。据老人记忆，这对铁狮即是冯玉祥当年从团河行宫移去昭忠祠门前，即上文所提到团河行宫东所大宫门前的那对铁狮。笔者清楚地记得，昭忠祠门西侧的铁狮左前腿已断。现在这对铁狮和那座石碑已不知去处。

团河行宫彻底毁于1937年日本侵华和国民党接收时期。

1937年7月27日，日本侵略军突然向驻扎在团河行宫内的中国军队发起进攻。在炮火中，团河行宫一部分又遭到严重摧残。1942年，日本侵略者为了修建南苑机场和廊坊、黄村、南苑火车站等，开始大规模拆毁团河行宫。日本投降后，国民党贪官污吏为中饱私囊，仅四五年的工夫，把团河行宫的主要建筑拆得一干二净，宫中的树木也被砍伐殆尽。

《团河行宫》

❖ **刘锦涛：**劝业场的两次火灾

劝业场始建于清光绪三十年（1904），当时名为"京师劝工陈列所"，以展览各地工业品为主要任务，同时也销售一些商品，是清政府效法外国陈列和推销商品的百货商场。

▷ 廊房头条 17 号劝业场外景

在民国初年，这里连续发生两次火灾。民国九年（1920）失火后，当年修复，改名"北京劝业场"，取意"劝人勉力，振兴实业，提倡国货"。并规定："此后私人可来此场租地、设摊，但只准卖国货不准卖洋货。"民国十二年（1923）6月出版的《北京便览》一书曾记载："劝业场在正阳门外廊房头条胡同，楼凡三层，南北长、东西狭，茶楼饭庄，洋广杂货，笔墨书画，古玩玉器，雕漆珐琅，南纸南货，莫不具有。后于民国九年（1920）2月重建竣工，特加装饰，凡洋货、饭庄、照相、理发、镶牙补牙诸业拟量为剔除矣。"但在经营和发展的过程中，也多有起伏，"禁售洋货"条规亦维持不久，数月后，当时的报纸便宣称："劝业场准售洋货矣。"

民国十六年（1927）第二场大火，将劝业场化为废墟，仅剩下一副建筑框架。后依靠八万元火险修建费，虽然恢复了建筑旧观，但却失去了它的活力。

民国二十七年（1938）10月被收归实业部，又投资加以修饰整理，到民国二十九年（1940）春节，劝业场又以新的繁荣姿态出现在北京市民面前。这时，一、二层楼完全是商业、服务业。如珐琅、洋货、南货、布匹、刺绣、瓷器、靴鞋、糕点、冷食、水果、书籍、印刷，以及理发、饭馆等行业达160余家。三楼南部及四楼则是"新罗天游艺场"，其中，三楼南部为游艺场，东为"评书"，西为"魔术"，中间是茶社，整洁幽雅；四楼是一个小型剧场，台面为立体式，白天演出评剧，晚场演出曲艺，可容纳500人。为便利顾客还安了电梯。为防火，在每一层楼都装置了消防器，并开辟了太平门等设施，防患于未然。但是在日本统治时期和国民党时期，社会动荡，政治不稳定，通货膨胀，物价飞涨，业务萧条，摊商店主均遭重大损失，消耗殆尽，濒临倒闭。

《北京劝业场》

❖ 刘金生：日本投降啦

1945年10月10日上午，我和同学贾玉明一起去故宫观看接受日本投降仪式。上午九点半左右，我随着人群涌进天安门来到太和门内的台阶上。只见前面人山人海，周围是身穿草绿色军装、着短裤、带彩色袖章的宪兵和荷枪实弹新改编的第九路军士兵组成的人墙。太和殿前第一层台基正中，升着国旗（青天白日满地红旗），左右两侧建筑物的石栏上，也插着国旗和彩旗。中秋时节，天朗气清，旗帜迎风飘扬。太和殿正中摆着一张巨大的桌子，后面有长桌、高大的皮沙发和椅子，两侧成"八"字形摆开，桌上摆着鲜花，是贵宾席位。二层台基的西侧是着装整齐的军乐队，在东侧放着的一些桌子上盖着雪白的桌布，是记者席位。三层台基上的西侧摆着三张黄色小木桌和三把椅子，这是为前来签降日寇代表准备的座席。大殿前的广场及两侧建筑物的台基上，则是来参观受降仪式的北平各界人民群众。此时锣鼓喧天，成千上万的人们说着笑着，盼望受降仪式的开始。

大约在上午九点五十分，有三辆米黄色日本小卧车缓慢地沿着甬路开到台基下。在一名中国军官的指引下，车内鱼贯走出三名身着黄色大礼服的日本高级军官。

为首一名佩带着两颗星的肩章，后面的两名都是一颗星。他们昔日那耀武扬威的劲头早已无影无踪。如今一个个面色苍白，低垂着脑袋，从众人闪开的缝隙中经过，走向给他们指定的座位。

将至十点钟。麦克风中宣布受降仪式开始。紧接着一声"立正"的口令，人们肃立，军乐队奏起了军乐曲。以第十一战区司令长官兼河北省主席孙连仲为首的中国高级将领从太和殿内威严走出。每人都身穿礼服威风凛凛，容光焕发，后边跟着一些身着各色长袍或西装的男女，可能是一些省市级官员。接着宣布奏国歌。参加仪式的老百姓人人心情激动，那时我还是个十几岁的学生，激动得热泪盈眶。我想：我们终于胜利了，中国再也不受欺侮了，再也不当亡国奴了。

《接受日本投降仪式目睹记》

▷　1945 年 10 月 10 日，第十受降区受降仪式在北平故宫太和殿广场举行

❖　王统照："晓月"陪衬"碧草卢沟"

从前以北平左近的县份属顺天府，也就是所谓的京兆区。经过名人题咏的，京兆区内有八种胜景：例如西山霁雪、居庸叠翠、玉泉垂虹等，都是很幽美的山川风物。卢沟不过有一道大桥，却居然也与西山居庸关一样列入八景之一，便是极富诗意的"卢沟晓月"。本来，"杨柳岸晓风残月"是最易引动从前旅人的感喟与欣赏的，何况在远来的巨流上有这一道雄伟壮丽的石桥，又是出入京都的孔道，多少官吏、士人、商贾、农工，为了事业，为了生活，为了游览，他们不能不到这名利所萃的京城，也不能不在夕阳返照或东方未明时打从这古代的桥上经过。你想：在交通工具还没有如今迅速便利的时候，车马、担簦来往奔驰，再加上每个行人谁没有忧、喜、欣、戚的真感横在心头，谁不为"生之活动"在精神上负一份重担？盛景当前，把一片壮美的感觉移入渗化于自己的忧喜欣戚之中，无论他是有怎样的观照，由于时间与空间的变化错综，面对着这个具有崇高美的压迫力的建筑物，行人如非白痴，自然以其鉴赏力的差别，与环境的相异，生发出种种的触感。于是留在他们的心中，或留在借文字绘画表达出的作品中，对于"卢沟桥"三字真有很多的酬报。

不过，单以"晓月"形容卢沟桥之美，据传说是另有原因：每当旧历的月尽头（晦日）天快晓时，下弦的钩月在别处还看不分明，如有人到此桥上，他偏先得清光。这俗传的道理是否可靠，不能不令人疑惑。其实，卢沟桥也不过高起一些，难道同一时间在西山山顶，或北平城内的白塔（北海山上）上，看那晦晓的月亮，会比卢沟桥上不如？不过，话还是不这么拘板说为妙，用"晓月"陪衬卢沟桥的实是一位善于想象而又身经的艺术家的妙语，本来不预备后人去做科学的测验。你想："一日之计在于晨"，何况是行人的早发。朝气清漾，烘托出那勾人思感的月亮——上浮青天，下嵌白石的巨桥。京城的雉堞若隐若现，西山的云翳似近似远，大野无边，黄流激奔……这样光，这样色彩，这样地点与建筑，不管是料峭的春晨，凄冷的秋晓，景物虽然随时有变，但若无雨雪的降临，每月末五更头的月亮、白石桥、大野、黄流，总可凑成一幅佳画，渲染漂浮于行旅者的心灵深处，发生出多少样反射的美感。

▷ 卢沟桥

　　你说：偏以"晓月"陪衬这"碧草卢沟"（清刘履芬的《鸥梦词》中有《长亭怨》一阕，起语是：叹销春问关轮铁，碧草卢沟，短长程接。）不是最相称的"妙境"吗？

《卢沟晓月》

❖ **朱湘：**真实的北京，真实的胡同

　　京中的胡同有一点最引人注意，这便是名称的重复：口袋胡同、苏州胡同、梯子胡同、马神庙、弓弦胡同，到处都是，与王麻子、乐家老铺之多一样，令初来京中的人，极其感到不便。然而等我们知道了口袋胡同是此路不通的死胡同，与"闷葫芦瓜儿""蒙福禄馆"是一件东西；苏州胡同是京人替住有南方人不管他们的籍贯是杭州或是无锡的街巷取的名字；弓弦胡同是与弓背胡同相对而定的象形的名称；以后我们便会觉得这些名字

是多么有色彩，是多么胜似纽约的那些单调的什么Fifth Avenue，Fourteenth Street，以及上海的侮辱我国的按通商五口取名的什么南京路、九江路。那时候就是被全国中最稳最快的京中人力车夫说一句："先儿，你多给两子儿"，也是得偿所失的。尤其是苏州胡同一名，它的暗示力极大。因为在当初，交通不便的时候，南方人很少来京，除去举子；并且很少住京，除去京官。南边话同京白又相差的那般远，也难怪那些生于斯、卒于斯、眼里只有北京、耳里只有北京的居民，将他们聚属的胡同，定名为苏州胡同了。（苏州的土白，是南边话中最特彩的；女子是全国中最柔媚的。）梯子胡同之多，可以看出当初有许多房屋是因山而筑，那街道看去是如梯子似的。京中有很多的马神庙，也可令我们深思，何以龙王庙不多，偏多马神庙呢？何以北京有这么多马神庙，南京却一个也不见呢？南人乘舟，北人乘马，我们记得北京是元代的都城，那铁蹄直踏进中欧的鞑靼，正是修建这些庙宇的人呢！燕昭王为骏骨筑黄金台，那可以说是京中的第一座马神庙了。

《胡同》

❖ 余一生："卑贱"的胡同名

以手工艺人和平民命名胡同、街道，是北京胡同的一大特点。这些"卑贱者"，根本没有"著之竹帛"的资格，可是通过胡同名称，却使他们流传了几个世纪，其中有兽医、工匠、小商贩、产婆、巫婆、和尚、道士，甚至还有妓女。这些人和当时北京人民生活有着密切关系。像何纸马、汪纸马胡同，现已音转为黑芝麻、汪芝麻胡同，虽说是讹传，但黑芝麻胡同之"黑"字，现在有人仍读为"贺"音。纸马是旧社会迷信品，如香烛黄钱、木刻灶王像、假金银箔之类，由于这个胡同有个香烛纸马店，主人姓何，而这家商贩（或业主）又是当地知名的人物，于是便成了胡同的名称。石老娘胡同，石老娘是一位产婆（北京过去称产婆为老娘），远近闻名。也许她家门口还有一个幌子，上写"快马轻车，平安接生"之类的字样。砂锅刘胡同（今大沙果胡同），砂锅刘是卖砂锅的。唐洗白街（今唐洗泊街）可能是专洗衣服的住户或洗衣房，由于洗得白净，因此，得了一个表扬性的称号。何薄酒（今荷包酒）胡同，是个姓何的酒贩子，由于往酒里兑水，便得了这个贬性的绰号。

《京华胡同杂谈》

第四辑

北京老礼儿，
民国既有的节庆习俗

❖ 老舍：腊月二十三祭灶

那的确是良辰吉日！我是腊月二十三日酉时，全北京的人，包括着皇上和文武大臣，都在欢送灶王爷上天的时刻降生的呀！

在那年代，北京在没有月色的夜间，实在黑的可怕。大街上没有电灯，小胡同里也没有个亮儿，人们晚间出去若不打着灯笼，就会越走越怕，越怕越慌，迷失在黑暗里，找不着家。有时候，他们会在一个地方转来转去，一直转一夜。按照那时代的说法，这叫作"鬼打墙"。

▷ 灶王爷年画

可是，在我降生的那一晚上，全北京的男女，千真万确，没有一个遇上"鬼打墙"的！当然，那一晚上，在这儿或那儿，也有饿死的、冻死的，和被杀死的。但是，这都与鬼毫无关系。鬼，不管多么顽强的鬼，在那一晚上都在家里休息，不敢出来，也就无从给夜行客打一堵墙，欣赏他们来回转圈圈了。

大街上有多少卖糖瓜与关东糖的呀！天一黑，他们便点上灯笼，把摊子或车子照得亮堂堂的。天越黑，他们吆喝的越起劲，洪亮而急切。过了定更，大家就差不多祭完了灶王，糖还卖给谁去呢！就凭这一片卖糖的声音，那么洪亮，那么急切，胆子最大的鬼也不敢轻易出来，更甭说那些胆子不大的了——据说，鬼也有胆量很小很小的。

再听吧，从五六点钟起，已有稀疏的爆竹声。到了酉时左右（就是我降生的伟大时辰），连铺户带人家一齐放起鞭炮，不用说鬼，就连黑、黄、大、小的狗都吓得躲在屋里打哆嗦。花炮的光亮冲破了黑暗的天空，一闪一闪，能够使人看见远处的树梢儿。每家院子里都亮那么一阵：把灶王像请到院中来，燃起高香与柏枝，灶王就急忙吃点关东糖，化为灰烬，飞上天宫。

灶王爷上了天，我却落了地。

《正红旗下》

❖ 刘叶秋：过小年"请"灶王像

从旧历腊月二十三日祭灶起，就算是"过小年"，进入送旧迎新的阶段了。"糖瓜祭灶，新年来到。姑娘要花，小子要炮"，为北京流行的俗语。关东糖有作瓜形者，故以"糖瓜"称关东糖。所谓"花"，指用红绒或杂色绢做的假花，小姑娘戴在头上的。一种红绒的"喜"字，不仅新年戴，凡结婚、作寿等喜庆事，都少不了它。"炮"指爆竹，是男孩子喜欢放的。

灶王爷，照例供在厨房大灶旁边，一般全把画像贴到墙上，在下面钉个三角木架，架起一块小木板，当作桌子，以便放香炉、蜡扦和供品（蜡扦，即烛台，多以铜或锡制成，其上有铁扦直竖，以插蜡烛，故京语称为蜡扦。灶王爷像，各纸店和香蜡铺均售。木刻加彩色，印制甚为粗劣（从前北京人称卖纸张文具的商店为纸店，货色齐全，比较讲究的大商店如琉璃厂的荣宝斋、清秘阁之类，叫作南纸店）。你去买灶王爷像，不能说"买"，要说"请"，以示尊敬。

古代祭灶用黄羊，据清人富察敦崇《燕京岁时记》说清代内廷尚用之。民间就主要用关东糖（即糖瓜）或南糖了。祭灶时供上糖瓜，焚香礼拜之后，就把神像从墙上揭下来，和金银锞、黄表纸等（金银锞，指用金黄色和银白色锡箔折叠成金银锭形状的东西；黄表纸，是一种黄色的既薄且软的纸，本为祭神祈祷写表文之用，故名。旧时焚此二者，是作为献给鬼神的财物的）一齐焚化，送灶王爷上天，向玉皇大帝禀报人间善恶去了。直到除夕接神时，把新"请"来的灶王爷像，再贴到墙上，依旧焚香礼拜，才算神归旧位。北京原有"灶王爷上天，好话多讲"这一歇后语。上供祭祀，即为请他美言；但用糖瓜作供，又有粘上灶王爷的嘴不让他多口之意。虽似矛盾，却显示了一种幽默感。

照我家的老规矩，在祭灶的这一天，还要在院内立起"天地桌"来，即把方桌放在正房的廊檐下，陈设香炉、蜡扦，用长方红纸写"天地神祇之位"，供在中央。每天早晚焚香礼拜，以祀天地之神。从除夕迎神起，正式致祭，到新年的正月十五过了灯节，方才撤去。供品多为干果，如荔枝干、桂圆干、花生、栗子、红枣等等。也有的人家用蜜供和大月饼。蜜供是一种蜜制的面食品，以许多小长条架空连接，色作金黄，顶尖下方，高矗如塔，大者高达数尺，玲珑剔透，真像一种工艺品。月饼则为自来红，大块小块，一块一块地重叠起来，也很好看。那时北京著名的糕点铺正明斋，可以预订过年用的蜜供和月饼。蜜供要多高的，月饼要多大的，共若干斤，顾客与店方当时说妥，由店方出一单据，顾客持以分期付款，每月交一点钱，到年底取货，叫作"打蜜供"。这样，零星交钱，数目甚小，不成负担，对小市民是一种方便。店方先得货款，也有好处。不过拿蜜供放在院内陈列，风过沾土，不宜久置。干果则从腊月二十三日摆到正月十五，去皮冲洗，依然可食。

祭灶的时候，爆竹之声盈耳，非常热闹。从此小孩子开始过年，可以不断地燃放鞭炮，而大人们正在忙着"年事"：买年货，做年菜，给小孩子准备新衣鞋帽等等；把金银箔折叠成纸锭，就是老太太们"忙"的事情之一。到了除夕，就又忙着包饺子，一下子就得包出五天吃的来，由正月初一至初五，每天上午都吃饺子。初一吃素馅饺子，以后四天吃肉馅饺子。这五天的菜饭，也都是预先做好了的。饺子包多了，不好存放，于是有人出主意用薄木板钉成簸箕的形状，装上饺子，一层一层像笼屉一样地叠起来，又有敞口的一边通气，饺子既压不破，也坏不了，这真是为新年存放饺子的一种"创造"。

《京华琐话·过年点滴》

❖ 老舍：新年的高潮到了——元宵节

元宵（汤圆）上市，新年的高潮到了——元宵节（从正月十三到十七）。除夕是热闹的，可是没有月光；元宵节呢，恰好是明月当空。元旦是体面的，家家门前贴着鲜红的春联，人人穿着新衣裳，可是它还不够美。元宵节，处处悬灯结彩，整条的大街像是办喜事，火炽而美丽。有名的老铺都要挂出几百盏灯来，有的一律是玻璃的，有的清一色是牛角的，有的都是纱灯；有的各形各色，有的通通彩绘全部《红楼梦》或《水浒传》故事。这在当年，也就是一种广告；灯一悬起，任何人都可以进到铺中参观；晚间灯中都点上烛，观者就更多。这广告可不庸俗。干果店在灯节还要做一批杂拌儿生意，所以每每独出心裁的，制成各样的冰灯，或用麦苗作成一两条碧绿的长龙，把顾客招来。

除了悬灯，广场上还放花盒。在城隍庙里并且燃起火判，火舌由判官的泥像的口、耳、鼻，眼中伸吐出来。公园里放起天灯，像巨星似的飞到天空。

男男女女都出来踏月，看灯，看焰火；街上的人拥挤不动。在旧社会里，女人们轻易不出门，她们可以在灯节里得到些自由。

小孩子们买各种花炮燃放，即使不跑到街上去淘气，在家中照样能有声有光的玩耍。家中也有灯：走马灯——原始的电影——宫灯，各形各色的纸灯，还有纱灯，里面有小铃，到时候就叮叮的响。大家还必须吃汤圆呀。这的确是美好快乐的日子。

《北京的春节》

❖ 王铭珍：洗三

旧京民俗，还有收生婆为新生儿"洗三"的风俗。何谓"洗三"？就是在婴儿出生后的第三天，由收生婆给孩子洗身。这有其一套特定的礼俗。通常由主人在浴盆中放进预先洗净的百文铜钱和艾叶、姜片等，经煮沸后晾温，再给孩子洗浴。洗毕擦干，再轻轻地按摩孩子的关节和脊骨，能祛百病。然后以染红的鸡蛋在小孩的脸上滚一滚，边滚边念道："鸡蛋滚脸溜溜光，不长虱子不长疮。"随后，还要拿一根洗净的包好的大葱，象征性地打三下小孩的头部。边打边念："打打小儿头，长大做王侯。"寓意孩子聪明。再取四条红布条，系于孩子手足，说是可以使小孩一生老实，安分做人，长大以后不去胡作非为。再取一条红布条，拴在门外钗上，寓意此家有新生婴儿，谢绝客人进入，预防四六惊风。最后一道程序是由主人把洗三盆里的铜钱取出来，递给收生婆，以示酬谢。如果还有姑姨在场，还要在此时添加若干铜钱，酬谢收生婆，谓之"洗儿百岁钱"，寓意祝孩子长命百岁。接下来，由主人家设宴，请收生婆坐于上座，主人和前来祝贺的亲友一起吃顿洗三面，并展示来客送来的喜鸡子(蛋)、喜糖、喜面、芝麻等，谓之四喜之物，以为产妇补养身体。

《从石老娘胡同谈旧式接生礼俗》

❖ 刘殿玉等：见面礼与待客礼

见面：旧时见面行跪拜礼。辛亥革命以后跪拜礼在一般社交场所基本废除，改为初次见面行鞠躬礼，久别重逢行握手礼，暂时告别点头示意或行鞠躬礼。新中国成立后，见面或告别多行握手礼。乡亲邻里见面时要打招呼，晚辈应先开口。问候的语言因时而异，如"您起来了！""您吃了！""您还没歇着呢！"等。陌生人问路应先下车，可使用"劳驾""请问"等文明用语，否则被视为没教养、不懂礼貌。

待客：家中来客人，主人要到室外迎接。旧时多行作揖礼，妇女道万福。新中国成立后多为握手并寒暄一番，尔后为客人掀起门帘、开门，请客人进屋并坐上座，继而沏茶敬烟。斟茶不能太满(有半茶满酒之说)，要双手捧送客人。过去较富裕家庭还要取出花生、瓜子及水果招待客人。陪客人用餐时应先让酒，酒毕才开始用饭。陪客人吃饭时，主人要为客人盛饭、布菜。要等客人吃完，自己才能撂筷。客人告辞时，主人要诚心挽留。客人走时，主人应送到大门外，然后握手告别。忌讳：客人未走扫地；茶壶嘴对人；用餐时问客人"要饭吗？"

《北京文史资料精选：顺义卷·民风民俗》

▷ 清末民初的问候礼节

❖ **文仰辰：** 王府里的"接三"礼

"接三"也叫送三。前两天都是做些准备工作，而这一天才是丧礼的开始，也是比较隆重的典礼。这一天清晨大约7时左右要举行第一次祭礼，叫做"开烟火"。主祭人必须是出嫁的女儿，如果没有出嫁的女儿，未婚的女儿也可以。祭礼的仪式是先摆祭席，把菜肴摆在一个黑漆金花桌面上，一般都用大碗，桌面上要摆20大碗或15大碗菜，最少也要9大碗。菜肴的品种无非是山珍海味，在桌面上还要摆上杯、碟、匙、箸等等。由两名头戴摘缨帽子、身穿孝服、脚穿靴子的苏拉抬着祭席慢慢走到灵床前左侧。前面已说过，灵床前事先摆有一张空供桌。这时供桌右侧已站好一名苏拉来接桌面，把祭席摆在供桌上。摆好后这3个人即退下来。同时另外四名苏拉每人捧着一个像茶几式的木架，用蓝套从上到下套起来，上面各放一个约一尺直径的铜盘子，两盘摆馒头，一盘摆一只小烧猪，一盘摆烧鸭子。这四个像茶几式的祭器叫"墩子"。把4个墩子摆在供桌上，左右各两个。左边里边是馒头，外边是烧猪；右边里边也是馒头，外边是烧鸭。把4个墩子放好，这4个人便退下去。这时主祭人来到奠池前站好，拿开盖在拜垫上的红毡子。因为主祭人是妇女，所以在右侧并排有两名太监面向左跪在奠池旁，里边的一个太监双手捧起执壶，外边的一个太监双手捧起带碟的酒杯，往酒杯里斟一些白酒。主祭人此时已跪下，捧杯人把酒杯双手送与主祭人。主祭人接过酒杯，双手捧着向空中一举，酒杯要举过头，然后回到胸前。左手持碟，右手拿杯，把杯中酒向奠池内洒一点，再把酒杯放在碟内向空中一举，然后把杯碟交与太监，随即叩一个头。这时执壶太监再向杯里倒酒，如此三奠三叩后，开始举哀。这就是开烟火的仪式。以后按相反的顺序撤去祭席。

开烟火以后，约在上午8时才是正式家祭。从这一天开始，直到出殡前伴宿晚祭后方停止，其间不管停灵天数多寡，每天都要设早、中、晚三祭。早祭是上午8时，午祭是中午12时，晚祭是下午4时。早祭和晚祭都是祭席一桌，墩子4个。只有午祭是祭果一桌，用的是干鲜果品，件数是20碟或15碟。碟子是高脚果碟，没有墩子。早祭晚祭后都要举哀，只有午祭奠酒后不举哀。

早祭开始时，从正门到灵堂之间的门层层洞开。大鼓架旁各站一名司鼓人，桲、点前也各有一人站立。8名鼓手各挎金漆大鼓一面，号手持号，其他乐器各由司乐人捧着，一对一对地排列在道路两旁。虽说乐器是设而不奏，但早、中、晚三祭都要排班肃立。司乐人站好之后，这时有人抬来一只大铁箱子。箱子底部和四壁都是铁板制的,箱盖四周用三角铁做框,用铁丝编成网状,网眼形似灯笼锦花纹,箱子前面下部开一个约3寸的方孔。这个箱子叫燎池,是专为烧纸钱、纸锞子用的。燎池放在正院中央,放好后,即开始摆祭席和墩子。主祭人当然是死者的嫡长子,他跪在奠池前面,其他子、侄等一排排跪在主祭人后面。两名男差跪在奠池右边,手捧执壶盏。妇女跪在棺罩右侧,面向棺木。所有人都随主祭人行三奠三叩礼。同时燎池内开始焚化纸钱锞锭。另有本府官员约20人跪在月台上随同行礼,举哀时,他们发出低沉的噢噢长音助哀。举哀后撤去祭席和墩子,开始供茶。这时有人撤去奠池矮桌,改用高茶几,茶几用蓝布套套起来。一名官员手捧盖碗茶来到茶几前,双膝跪下,摆好茶杯,右手打开碗盖,高举过顶,同时起立向左侧退几步,肃立片刻,再到茶几前跪下盖上碗盖,撤下茶杯。早、午、晚三祭后都要这样供茶。供茶完毕后,有人撤去茶几,摆上矮桌奠池。至此早祭礼成,撤去鼓乐。早、中、晚三祭都是这样的排场。

在“接三”这一天,从早晨开始就陆续有亲友前来吊祭。男宾穿蓝袍子,外罩石青褂子,头戴摘缨帽子,夏季戴雨缨帽子。女客梳旗头戴素花穿青褂子。不管是男客人还是女客人,先到客厅小坐待茶,待把客人送来的祭品摆好,再请客人上祭。所有程序和早祭一样,只是不供茶。亲友上祭完毕,便来到丧家面前吊慰一番。丧家要向亲友叩谢,然后再就座。丧家因为跪灵不能招待亲友叩谢,习惯上也不请人代为招待,客人可各自找自己的熟人低声谈话,静候“接三”。因为客人都是为“接三”而来,所以在下午3时左右是亲友来得最集中的时候。

在“接三”之前,也就是在下午3时左右,必须请来和尚,一般为11个或13个,人们叫做11众或13众。和尚在经台坐下,敲起钟鼓木鱼,念二遍经。虽然在丧礼上是设乐不奏,但和尚、道士、喇嘛用的是法器,所以这不在禁止之列。

约在下午4时左右,“接三”的时候到了。孝子先匍匐跪在灵前,由和尚念经转咒后，全家举哀。然后由鼓乐为前导排成长队，队伍的顺序是：鼓乐后边是烧活（2个顶马，1辆轿车，4个跟马，4只墩箱，轿车内和纸箱都放有纸钱及金银锞锭），烧活后边走的是"接三"来的亲友，亲友后边是丧家，最后边是和尚，和尚只打手锣和鼓两种法器。送到门外不远的大街上，把烧活摆好，丧家全都跪下，由孝子行三奠三叩礼，同时将烧活焚化，这时亲友到丧家面前请安告辞。

《清朝王府的丧礼》

❖ 常人春：抓周儿

育儿，满周岁行"抓周儿"礼的风俗，在民间流传已久。宋代吴自牧《梦粱录·育子》载："其家罗列锦席于中堂，烧香秉烛，顿果儿饮食及父祖诰敕、金银七宝玩具、文房书籍、道释经卷、秤尺刀剪、升斗戥子、彩缎花朵、官楮钱陌、女工针线、应用物件、并儿戏物，却置得周小儿于中座，观其先拈者何物，以为佳谶，谓之'拈周试晬'"。宋代孟元老《东京梦华录·育子》谓此为"小孩之盛礼"。

清末民初，北京民间仍然盛行这种小儿"抓周儿"礼。虽然小儿周岁并不搭棚办酒席，也不下帖请客，但凡近亲们都不约而同地循例往贺，聚会一番。一般不送大礼（如贺幛、金银首饰），仅是给小孩买些糕点食物或玩具。另外，在习惯上，凡与小孩初见的长辈们，都用一挂白线，拴上钱币，给小儿套在脖子上，谓之"挂线"（此礼平时也适用）

"抓周儿"的仪式一般都在吃中午那顿"长寿面"之前进行。讲究一些的富户都要在床（炕）前陈设大案，上摆印章，儒、释、道三教的经书，笔、墨、纸、砚、算盘、钱币、账册、首饰、花朵、胭脂、吃食、玩具，如是女孩"抓周儿"，还要加摆铲子、勺子（炊具）、剪子、尺子（缝纫用具）、绣线、花样子（刺绣用具）等等。一般人家，限于经济条件，多予简化，仅用一铜茶盘，内放私塾启蒙课本：《三字经》或《千字文》一本、毛笔一枝、算盘一个、烧饼油果一套。女孩加摆铲子、剪子、尺子各一把。由大人将小孩抱来，令其端坐，不予任何诱导，任其挑选，视其先抓何物，后抓何物。以此来测卜其志趣、前途和将要从事的职业。如果小孩先抓了印章，则谓，长大以后，必乘天恩祖德，官运亨通；如果先抓了文具，则谓长大以后好学，必有一笔锦绣文章，终能三元及第；如是小孩先抓算盘，则谓，将来长大善于理财，必成陶朱事业。如是女孩先抓剪、尺之类的缝纫用具或铲子、勺子之类的炊事用具，则谓长大善于料理家务。反之，小孩先抓了吃食、玩具，也不能当场就斥之为"好吃""贪玩"，也要被说成"孩子长大之后，必有口道福儿，善于'及时行乐'"。总之，长辈们对小孩的前途寄以厚望，在一周岁之际，对小孩祝愿一番而已。当然，也会出现像《红楼梦》里，贾宝玉抓周儿时的情况，贾政对这事倒挺认真，见到贾宝玉抓了女人首饰和脂粉之类的东西，便嗔怪道："乃一酒色之徒耳。"从此"便不甚爱惜"。这乃是个别例子。

通过小孩抓周儿，在客观上检验了生母、看妈、奶妈对小孩是如何带领的，是如何进行启蒙教育的。因此，有些家长并不迷信，但仍主张让小孩抓周儿，也是这一风俗得以持久在民间流传的原因之一。

《老北京的风俗》

❖ 姚二林：端午节与逛水磨

逛水磨是延庆历史上端午节重要的民俗活动。据清乾隆《延庆州志》记载，端午节"市民各以其类，携酒肴寻幽胜处以酒为乐"。可见，在很早之前，相约到幽胜处畅饮，已成为延庆地区一项独特的风俗活动了。那么，

《延庆州志》所说的"幽胜处"又在哪里呢？据调查考证，是州城西北的上水磨村附近。

明万历年间（1573—1620），北京西直门一个姓牛的富商投资，与杜家堡村的杜天明、杜天录合作，共同修建了一座水磨。杜家堡村由此改叫上水磨。水磨也就成了延庆州的一景。水磨建成后，开始只给北京一个制香厂加工原料，用松、柏、椿、榆等树皮，先破碎后，再磨成粉末，后来也搞面粉加工。古代生产力落后，利用水力资源作为动力，省却人畜即能推磨，是人们少见的新鲜事。上水磨村附近清水流淌，树木很多，端午节人们寻幽踏青的同时，又可以看看水磨，开开眼，逛水磨渐渐便形成了端午节的一个风俗。

据当地老人说，每到端午节，州城南关河神庙会唱大戏，好戏的看戏；不看戏的，出南关沿河北上，流连在河两岸那遮天蔽日的绿柳间，踏着柔软的青草，看着清澈见底的碧水，步行三里，即可到上水磨村逛水磨了。后来，花会等表演团体和商品交易的进入，水磨附近就成了娱乐和商品交易的场地了。

端午节，州城附近数十里郊游的百姓大都聚集在这里。孩子们大都全身簇新，胸前佩戴用红布缝制的小三角，有的老人逢旬头年也戴，里面装的是谷、黍、麦、麻、黑豆，以此驱邪避灾。

水磨附近各村花会，高跷、狮子、老秧歌、太平车、龙灯、十二相等，也都到水磨表演，使端午节的气氛更加热烈。河岸边背篓摆摊的农民，把自产的紫红桑葚儿、青黄的杏儿、红珠般的樱桃、玉脂般的凉粉儿，一拉溜儿摆开，招得人们眼馋心动；还有南来北往的外地客商，运来布匹和日用生活品也到这里销售。

民国二十八年（1939），由于州城南妫河发大水，冲坍了南关河神庙和戏台，人们不能再看戏了，每年端午节逛水磨的人就更多了。后来，由于天灾歉收，军阀混战，日本侵略延庆，以及税赋过重，土匪骚扰，逛水磨的人越来越少，先前的节日景象也逐渐衰微。

直到20世纪50年代初，县文化馆组织了当地民间武术、民间艺人和花会端午节到这里表演，才又把逛水磨的风俗恢复起来。

国民经济困难时期，水磨停磨。"文革"期间，逛水磨被迫停止。但是，仍有少数人仍以怀旧的心情到水磨看看。延庆通电之后，电磨代替了水磨，端午节逛水磨的习俗也消失了。

❖ 叶祖孚：腊八粥分馈亲友，不得过午

1月25日，一年一度的"腊八节"又将到来。北京的居民已在准备煮腊八粥，可见我们祖先遗留下来的习俗深入人心。

从史料上看，宋朝已有喝腊八粥的习惯。那时东京（今河南开封）各大寺院在腊八节那一天煮米、果粥，送给人喝。因为腊月初八相传是释迦牟尼成道日，佛成道前，牧女要献乳糜给他喝。所以庙宇都在这一天煮粥，喝了可以避邪、祛寒、去疾病。南宋也沿用了这个习惯，杭州一带叫腊八粥为"七宝五味粥"。那时的史学家周密在《武林旧事》一书中说："八日则寺院及人家用胡桃、松子、乳蕈、柿、栗之类作粥，谓之腊八粥。"元朝这个习俗也保留下来了，还是佛教的习惯，《析津志》说："十二月八日，禅家谓之腊八日，煮红糟粥供佛。"到了明朝，这个习惯却盛行在宫廷里，腊八粥成为帝王、贵族们享受的佳品。因为它是用各种果实煮的粥，所以又叫果粥。明朝的《燕都游览志》就记载："十二月八日，赐百官果粥。"到了清朝，这个习惯已经深入到民间，家家户户都要在腊八煮粥，前一天就拣簸米、豆，忙个不停，三更起煮粥，天亮阖家喝粥，还馈送亲邻。至于宫廷里，腊八粥经过长时期的变迁和发展，已经愈来愈讲究，变成了宫廷的人们在腊八清晨一顿丰富的享受。清光绪时富察敦崇所著《燕京岁时记》一书中就详细记下了腊八粥的食谱以及煮食的繁琐过程："腊八粥者，用黄

米、白米、江米、小米、菱角米、栗子、红豇豆、去皮枣泥等，合水煮熟，外用染红桃仁、杏仁、瓜子、花生、榛穰、松子，及白糖、红糖、琐琐葡萄，以作点染。切不可用莲子、扁豆、薏米、桂圆，用则伤味。每至腊七日，则剥果涤器，终夜经营，至天明时则粥熟矣。除祀先供佛外，分馈亲友，不得过午。并用红枣、桃仁等制成狮子、小儿等类，以见巧思。"我们今天当然不可能采用这样繁琐的做法，但是当你用糯米、赤豆、栗子、核桃、红枣、花生这几样东西，煮成一锅稠稠的粥，掀开盖，异香扑鼻，放上糖，甜蜜可口，你难道不为我们祖国有这样的美食而倾倒么？

《闲话腊八粥》

❖ 孙伏园：带"福"还家

娘娘庙的门外，摆着许多卖花的摊子，花是括绒的，纸扎的，种种都有。一出庙门，我们就会听见"先生，您买福吗？"这种声音。"福"者"花"也，即使不是借用蝙蝠形的丝绒花的"蝠"字，这些地方硬要把"花"叫作"福"也是情理中可以有的。对于所谓"福"，我们在城里的时候已有了猜想，以为这一定是进香以后由庙中赠与香客的。如果真是这样，那够多么美妙呵！但是这种猜想到半路已经证实是不然了。不过我们还想，这种花一定是出在妙峰山上的，如果真是这样，即使是用钱买的，我们带回来够多么有意义啊！但后来一打听，才知道京中扎花铺的伙计们先"带福上山"，然后使我们香客"带福还家"的。经过如此一场大"幻灭"之后，我们宜若可以不买花了，但我们依旧把绒花、纸花、蝙蝠形的花、老虎形的花戴了满头。胸前还挂着与其他香客一例的徽章，是一朵红花，下系一条红绶，上书"朝顶进香代福还家"八字。"代"者"带"也，北京人即使是极识字的，也每喜欢以"代"代"带"，其故至今未明，但"代"字可作"带"字解，已经是根深蒂固，几乎可在字典上加注一条了。

"带福还家"也是一种口号，正如上山时互嚷"虔诚"一样，下山时同路者便互嚷"带福还家"。即使是山路上坐着的乞丐们，也知道个中分别，上山时叫你"虔诚的老爷太太"，下山来便叫你"带福还家的老爷太太"了。山路最普通者共有三条，每条都划分几段短路，每段设有茶棚，并设有山顶女神的行座，大抵原意是如有香客中途不能上山，在茶棚里进香行礼也就行了。在这种茶棚里，所用茶碗茶壶茶桌等都非常精致坚实，镌有某某茶会等字样。而且专请嗓子嘹亮的人在棚下呼喊并打磬，虽然如上面所说，语句非常简单，但他们却津津有味像唱歌般地呼喊着，上山时"先参贺！这边落座，喝粥喝茶！"下山则也嚷"带福还家"。他们在城市中打拱作揖拘拘得一年了，到这里借着神的佑护呼喊个痛快。

《朝山记琐》

❖ 翟鸿起："财运亨通"图的就是这句吉祥话

每逢农历腊月二十四五以后，便有不少十一二岁的孩子，胳肢窝夹着一卷子从印刷作坊趸来的木版刷的财神爷像，沿街挨户去"送"。据说财神爷是殷纣王的宰相比干，被妲己所害，将心挖掉而死。有钱人家给他上供，就保佑有钱的还发财；没钱的上不起供，就总发不了财，真是没了心肝！还有一说财神爷姓赵，天下百姓他打头，曾经当过一任元帅，都管他叫赵公元帅。

这些孩子们每到一家门口，便高声叫喊："送财神来了！"门里若有人来接，就给点钱，给多少呢？较在纸店买略多点。孩子们接过钱，也顺便祝福一句："财运亨通！"图的就是这句吉祥话。这叫花钱买痛快，一年不就是这么一回吗！要是家里已经有了财神爷，也不能说"不要"，那多不吉利，哪有把财神往外推的！可是又不能不理人家，便在门内答应一句"请啦！"意思是说我们已经把财神爷请到家里来啦！若是孩子们还在门外喊，给个零钱也就打发了，孩子们又往下一家跑去。这些孩子孤苦伶仃的，平时沿街乞讨，就是当时人们说的小叫花子。快过年了，就只好借财神爷这股仙气，多挣几个钱。

这财神像还有个说词，叫做"红官绿娘娘"，就是说财神爷必须穿红袍，财神奶奶穿绿袍，要是印错了色儿，也就没有人请了。至于这里边有什么道理，谁也说不清，要不怎么叫迷信呢！迷迷糊糊就信了。

《老北京的街头巷尾》

❖ 张恨水：大街上的年景

我先提一件事，以见北平人过年趣味之浓。远在阴历七八月，小住家儿的就开始"打蜜供"了。蜜供是一种油炸白面条，外涂蜜糖的食物。这糖面条儿堆架起来，像一座宝塔，塔顶上插上一面小红纸旗儿。塔有大有小，大的高二三尺，小的高六七寸，重由二三斤到几两。到了大年三十夜，看人家的经济情形怎样，在祖先佛爷供桌上，或供五尊，或供三尊，在蜜供上加一个打字云者，乃打会转出来的名词。就是有专门做这生意的小贩，在七八月间起，向小住家儿的，按月份收定钱，到年终拿满价额交货。这么一点小事交秋就注意，可见他们年味之浓了。因此，一跨进十二月的门，廊房头条的绢灯铺，花儿市扎年花儿的，开始悬出他们的货。天津杨柳青出品的年画儿，也就有人整大批的运到北平来。假如大街上哪里有一堵空墙，或者有一段空走廊，卖年画儿的，就在哪里开着画展。东西南城的各处庙会，每到会期也更加热闹。由城市里人需要的东西，到市郊乡下的需要的东西，全换了个样，全换着与过年有关的。由腊八吃腊八粥起以小市民的趣味，就完全寄托在过年上。日子越近年，街上的年景也越浓厚。十五以后，全市纸张店里，悬出了红纸桃符，写春联的落拓文人，也在避风的街檐下，摆出了写字摊子。送灶的关东糖瓜大筐子陈列出来，跟着干果子铺、糕饼铺，在玻璃门里大篮、小篓陈列上中下三等的杂拌儿。打糖锣儿的，来得更起劲。他的担子上，换了适合小孩子抢着过年的口味，冲天子儿、炮打灯、麻雷子、空竹、花刀花枪，挑着四处串胡同。小孩一听锣声，便包围了那担子。所以无论在新来或久住的人，只要在街上一转，就会觉到年又快过完了。

北平是容纳着任何一省籍贯人民的都市。真正的宛平、大兴两县人，那百分比是微小得可怜的。但这些市民，在北平只要住上三年，就会传染了许多迎时过节的嗜好，而且越久传染越深。我在北平约莫过了十六七个年，因之尽管忧患余生，冲淡不了我对北平年味的回忆。自然，现在的北平小市民，已不能有百分之几的年味存在，而这也就越让我回忆着了。

《年味忆燕都》

❖ 李善文：娶亲的程序

正式婚有以下几个过程，分纳采、问名、纳吉、纳征、请期和亲迎。

1. 纳采。据《仪礼·士昏礼》载，"昏礼下达，纳采用雁"。"昏"为古"婚"字，纳采是议婚的第一阶段。即请媒人提亲以后，女方同意议婚，男方备礼去女方家求婚，礼物用雁。雁失配偶，便独自生活，取其忠贞。后来雁难得，大都改为果盒、点心之类。

2. 问名。求婚后，拜请媒人问清女方姓名及生辰年、月、日、时，以备合婚之用。问生辰，主要为了占卜，相八字，相阴阳，以决定能否成婚。如"白马怕青牛，羊鼠一旦休，蛇虎如刀锉，龙兔泪交流，金鸡怕玉犬，猪猴不到头"等。占卜之法也有吉利的，为"蛇盘兔必定富"等。从年龄上有"妻大一，抱金鸡"之说，女方结婚日需抱白公鸡当日放飞，婆家不许找。还有"妻大三，抱金砖"之说等等。此习直到今天仍在流传。现在还有议门第、职位、财产、容貌等等，范围逐渐在扩大。

3. 纳吉。把问名后占卜的好结果通知女方的形式，一般是由媒人来办。将女方生辰八字写于红纸上交与男方压在家中灶龛下，称"压庚帖"。三天内不许摔碎器皿，以求顺当吉祥。三日后，由媒换帖，以为婚证。因画龙凤呈祥图样，故又称为"龙凤大帖"。男方卜吉之后，认为合适，要备礼到女方"订盟"，现代称为订婚。纳吉是婚礼中最关键的礼仪，按古时习俗订婚信物仍用雁，现在多用礼盒替代，演变到今天，则用烟、酒、茶、糖四礼。

此仪式又叫"小聘"，也叫"送定""过定""定聘"等。一般礼品为男方送女方戒指、首饰、彩绸；女方送男方如绣枕、荷包等物。送此物也有讲究，一般是男方测试女方针线功夫。

4. 纳征，又称"纳币"。订婚后男方往女方家送聘礼，过去称"完聘""大聘""过大礼"。到现在，农村个别地方还保留，在城镇一般取消了。

这一礼仪，在过去是很重要的阶段，有的地方叫"离娘费"，还叫"抚养辛苦费"，前些年，这一礼仪是必需的。

5. 请期。送完礼之后，男方选择好结婚日期，备礼到女方，一般都是男方父亲亲往。多用红纸写好迎娶日期，俗称"定日子"，古称"请期礼书"，也有与纳征合一办的。

此日，女方要给男方来人叩首，也叫见面礼，意思是正式认公爹。男方来人要给钱，40、80、400、800均可，大都取个四平八稳。

6. 亲迎。前几项是议婚、订婚，亲迎礼便是迎娶女方了。现在大都是男方亲自去女方家迎娶，这和古时习俗相近，也算是"返璞归真"吧。

完成这6个程序之后便是正式迎娶了。

《密云婚俗》

▷　娶亲的队伍

▷　满族婚礼拜长辈

❖ 白凤岐：满族婚俗

满族是同宗不婚、外族不婚。婚前媒人说合，议妥而后"下订"拿帖，过大礼。礼品一般的是整（活）猪、罐酒、斗米、斗面，叫做"四合"；然后下通书，送日子（通知结婚的日期）。礼品也是酒、肉、米、面。第三步是催装，其礼品同前。一切就绪，如期完婚。

结婚时要举行大礼。新娘坐花轿，鼓乐相陪，来男家拜堂。拜堂（又称拜天地）时，女站立，男跪拜三叩，这之后入洞房。入洞房途中必须经过迈鞍、过火（火盆），到炕前必须登高（红高粱）上炕，相对盘膝而坐，饮交杯酒。

新婚当天，新人下地后，夫妇双双和母亲父亲及亲友长辈见面，行跪拜礼，称"见面礼"，受礼者要赏给新妇礼金。新妇过门后，三朝归家，小夫妇双双同去岳父家，女婿要行拜见岳父之礼，并向女家近亲长辈行见面礼。受礼的人对女婿也要赏给礼金，当日双双仍回婿家。

最后要宴请媒人，称作"谢媒礼"，表示对大婚的谢意。

《满族人的风俗礼仪》

❖ 韩文蔚：新式婚礼

紫房子商店的创办人郁炽昌先生，系江苏无锡人，生于1910年。因家境贫困，他16岁经亲友介绍，去上海三友社百货业学徒谋生。20岁时来北平王府井上海三友实业社分号当职员。

郁炽昌为人忠厚老实，聪明能干，善于学习，勤于思考。他常想自己创办一个独具风格的、时髦新兴的商店。在经过几年的细心观察之后，终于设想出要开办一家专营结婚服饰用品的商店。

紫房子店名取意于南宋朱熹《春日》诗句："等闲识得东风面，万紫千红总是春。"万紫千红形容百花竞艳的春景。以紫色代表喜庆，象征吉祥。因此，商店门面全部用紫色油漆装饰，别具一格，引人注目。

▷ 民国时期的新式婚礼

30年代，中国仍盛行封建时代留下来的婚礼习俗，礼仪繁琐自不必说，光是费用也是一般老百姓担负不起的。郁炽昌先生根据我国民间婚礼习俗，结合所看到的外国电影与上海一些留学归来人员的婚礼仪式，设想出了一套婚礼程序与服饰用品：新郎穿着时髦的西式礼服，新娘则身披长纱、手捧鲜花，体现出女性婀娜多姿、雍容文雅的风采。这样的装束很受青年人的爱慕，尤其是女青年。婚礼时，新娘乘彩车（先为马车后改为汽车），新人行简便的鞠躬礼。改庞大的迎亲队伍为小乐队。

郁炽昌在完成了对紫房子商店的设想之后，就多方向亲友借债，加上自己多年的积蓄，于1934年9月在西单绒线胡同西口内正式开业。该店主要经营各种结婚礼服、饰品、床上用品、鲜花、花篮，还出租男女新式结婚礼服，代办花车、乐队，操办婚礼仪式，办理集体结婚。

俗话说万事开头难。由于千年的习俗一时不易改变，紫房子开始时经营不顺，入不敷出。郁炽昌及时检查原因：一是商品品种不多，不能吸引广大顾客；二是倡导宣传不够，文明结婚风气未形成。于是郁炽昌亲自到苏州、杭州采购各种华丽的商品和各种糖果、肉松及小食品，又到上海选购人造金首饰和各种婚礼纪念品、礼品、饰物，还印制了各种精美的宴会请帖、年历片、贺年片以及各种新颖的商品介绍卡片。这样一来，吸引了大量顾客。新增加的商品都具有物美价廉、经济实惠的特点。在北平城当时可谓独家经营，畅销一时，获利不小。后来，北平市社会局将该局制发的市民结婚证书也委托紫房子独家代售。此事亦为紫房子商店增色不少。

《开婚庆新风之先的紫房子商店》

❖ 唐有诗：丧葬的排场

民国初年北京东城钱粮胡同住有满族正红旗人费某，家资富有。费某故时家人欲要丧葬隆重不怕花钱。经人与杠房相商，本来费某过去官职不高，彼时帝制已无，竟由杠房代为死后加封，晋级一品大员，遂按头品预备一切。院内高搭起脊棚，执事常摆，响器不停，天天有经，酒席不断，出殡时由丧家到阜城门路祭棚搭了很多，出手特别阔绰。但美中不足者是缺少来宾，后乃拜恳街坊四邻及附近商家前去白吃白喝，借以助威。此事知者颇多，互相传说"费某棺中放有很多贵重殓物"。不料日后竟发生盗墓惨案，而费某后辈因大肆铺张浪费生活无着，到处借款糊口。

《清末丧葬见闻》

▷ 送葬的队伍

❖ 李宗度、邢大安：拴娃娃

子孙娘娘庙在北京正阳门城楼下，东头为观音庙，其中也有子孙娘娘殿。内中泥塑的娃娃很多，有在案下的，有在娘娘身旁的，有在送子观音布袋里的。这些"娃娃"都是预备被送去投胎的，有的还伴着麒麟。这些娃娃中，有贵族娃娃，也有穷人子弟，当然，脱生在富贵人家的泥娃娃，都是塑得肥头大耳；投胎到贫贱人家，就塑得满面泥、愁眉苦脸，好似没落生就知道自己吃不饱似的。

来庙里拴娃娃的人们都是没有生育子女的人，认为拴一个娃娃将来就会有自己的孩子。说是"拴"，实际等于出高价买。但是对娘娘们来说，却得说"偷"。因为人们本应听天由命，安分守己在自己家里等候送子观音来送。至于送与不送，送多送少，送贤送愚都要"听天由命，半点也不能由人"。哪能随便由人们挑选呢？所以要偷。

▷ 穿虎皮衣的小孩

当然，去到庙里连拴带偷还得买贵的人们，都是富贵之家。多付香资，多许大愿，一准还愿，这些人们，都是庙中的"好照顾主儿"。因此，多年来北京"拴娃娃"的习俗不断。

据传朝阳门外神路街的东岳天齐庙，也有子孙娘娘殿，求子最灵。

盼子女心切的迷信人们，只因为有闲有钱才到前门内观音庙，或是朝阳门外东岳庙，用五彩丝线去连拴带偷地求泥娃娃。也有用预先做好的"毛衫"，边抱、边穿、边走、边喊，叫出什么"福儿""寿儿"等预先起好了的乳名，欢欢喜喜出庙登轿车而去，真仿佛抱到了大胖小子一般。

回家后，也是偷偷摸摸地暗藏在被子里，白天揣在自己的怀里，静候送子观音送子到门。迷信人们是这样心理，自她走后，娘娘们职责攸关，一定会查出丢了几号的上等娃娃。因此，就不得不将错就错地把拴走的高级娃娃照样送到自己的家门。岂不知，庙中的住持早会再照样定做一个胖娃娃，同样放在原处以待第二号的冤大头迷信的人，再来出香资连偷带拴地买了去。

类似这样情形庙人不知做了多少次。不过，那些难看的娃娃总不能再去请工人来塑，因为没人来拴这些穷苦的娃娃。

《旧北京的拴娃娃》

❖ 张恨水：七月十五这一天

"莲花灯，莲花灯，今儿个点了明儿个扔。"在阴历七月十五的这一天，在北平大小胡同里，随处可以听到儿童们这样唱着。这里，我们就可以谈谈莲花灯。

莲花灯，并不是一盏莲花式样的灯，但也脱离不了莲花。它是将彩纸剪成莲花瓣儿，再用这莲花儿瓣，糊成各种灯，大概是兔子、鱼、仙鹤、螃蟹之类。这个风俗，不知所由来，我相信这是最初和尚开盂兰会闹的花样，后来流传到了民间。在七月初，庙会和市场里就有这种纸灯挂出来卖，小孩买了在放着。到了七月十五，天一黑，就点上蜡烛亮着。撑起来向胡同里跑，小朋友们不期而会，总是一大群唱着。人类总是不平等的，这成群的小朋友里，买不起莲花灯的，还有的是。他们有个聊以解嘲的办法，找一片鲜荷叶，上面胡乱插上两根佛香，也追随在玩灯的小朋友之后。这一晚，足可以"起哄"两三小时。但到七月十六，小孩子就不再玩了。家长并没有叮嘱过他们，他们的灯友，也没有什么君子协定，可是到了次日，都要扔掉。北平社会的趣味，就在这里，什么日子，有个什么应景的玩艺，过时不候。若莲花灯能玩个十天半个月，那就平凡了。

《奇趣乃时有》

❖ 付幸：中元节烧法船、放河灯

旧历七月十五日为中元节，又称鬼节。是各家祭扫坟墓、祭奠祖先的日子。据《佛说盂兰盆经》云，目连的母亲死后，堕入到地狱的饿鬼中，目连为救母亲，便出家向佛求救，如来令目连在僧众夏季安居终了之日（即农历七月十五），准备百味饮食和五果（桃、李、杏、栗、枣）放在盂兰盆中，供养十方佛僧，仰仗佛僧的恩光，最终目连之母获救。于是每年七月十五日，各大寺庙皆设盂兰盆会和中元法会。在这一天诵经，做法事，以三牲五果普度十方孤魂。

京城广济寺在这一天夜晚要施放《瑜伽焰口》，这是为亡灵超度举办的，每次都在圆通殿举行，居士们必须参加。

关于"焰口"这一佛教故事，见于《佛说救拔焰口鬼罗尼经》。传说阿难（斛饭王之子，生于佛成道之夜，故以阿难为名，为释迦如来十大弟子之一）在半夜三更看见一饿鬼名焰口（因身形焦枯、口内燃火、咽细如针而得名），他对阿难说："汝明日为我等百千个饿鬼及诸婆罗门仙等各施一斛饮食，并为我供养三宝，汝得增寿，令我离于饿鬼之苦，得升天上。"后来称僧徒设斋，向饿鬼施食，使其超度为"放焰口"。

广济寺放焰口以僧众歌唱为主，以钟、磬、鼓、木鱼、铃等法器伴奏，叫作禅念。还加上笙、管、笛、九音云锣以及大铙、大钹等打击乐器的，叫作"音乐焰口"。它是有音调韵律的。有独唱有合唱，一般开头是独唱，或者有对话，到后来是反复合唱，还分几段，唱完一段后，钟鼓齐鸣。

北京中元节的重要活动还有烧法船和放河灯。据《燕京岁时记》载："中元日，各寺院制造法船，至晚焚之……"烧法船仪式中的法船，由冥衣铺匠人以木、竹、秫秸做船架，用彩色纸糊成船形。小的一丈数尺，大的数丈。船头为猛虎图案，上站着持叉的开路鬼，其身后是一对"黑白无常"鬼，站在对面。船舱内有十殿阎君。船的桅杆上挂着一面旗子，正面写"盂兰圣会"，背面则写"慈航普度"。另外，还要糊一个掌舵人，划船的数人至十数人。僧众、居士们念完经后，一起祭送法船。一般在附近广场焚化，如附近有河渠湖泊，就将法船底部涂上桐油，放到水面上焚化。传说，北京最大的法船是宣统二年（1910）中元日为慈禧所焚烧的。船为五彩绸所糊制，长六丈高丈余，舱楼层出，中竖彩坊，船头一巨鬼，船上绫制宫女高与人等，中元节晚焚于景山东门外。《京都竹枝词》曰："烧过法船无剩鬼。"就是说，不得善终的人变成鬼，天不收地不留，成为孤魂野鬼到处游荡，人们遇见它便不得安宁。烧法船就是要这些孤魂野鬼，乘法船到阎王爷处报到，人间即可太平。

放荷灯，亦作"放河灯"。荷灯的式样多种多样，最多者为莲花瓣形，一般是用彩纸做成莲花，底下用半个茄子做托，在中心点上一支小蜡烛，放在水中任其漂移。有人也会用西瓜、南瓜和茎蓝半个，将其中心掏空，当中点上蜡烛，送入河中，顺水漂流，排成一队"水灯"，随波荡漾，灿若繁星。《京师竹枝词》："绕城秋水河灯满，今夜中元似上元。"当时，京城凡有河渠湖泊的地方，都有放荷灯的活动。如护城河、通惠河、积水潭、北海、什刹海、运河二闸等，最热闹的是水关，次为泡子河。游人云集，几无立锥之隙，竟有被挤下水者，可见当时之盛况。除放河灯外，岸上也有孩子提着莲花灯、蒿子灯、茄子灯边跑边唱："莲花灯、莲花灯，今日点了明日扔。"据《旧京琐记》载："中元亦有灯，多做莲花形，或折为莲瓣，集成禽鸟状，或采巨蒿悬香于上，燃之密如繁星，灿如火树，谓之蒿子灯。昔人有作蒿灯曲者，里巷小儿百十为群，各持莲花灯而舞，亦颇有致。"

《七夕乞巧与中元河灯》

❖ 金受申：涤除旧污迎新年

北京过年，最注意的是送旧迎新，一切都在涤除旧污，刮垢磨光上用功夫，像那贴"宜春帖子"改变成写春联，一到二十日以后，通衢大道两旁，纷纷贴了"书春""换鹅""墨缘"的招贴，一般善书的朋友，都挥笔伸纸大显身手，却多半是消遣性质，不在赚钱。但也有落拓文人，希望用十日辛苦，换得三十晚上的一顿洋白面饺子的。更是多有的，是一些学书的青年，借纸学书，未尝不是一件好事啊！我在民国十三年时，曾邀同学伴卖过一回对子，三十日结账，共赚铜元三百九十枚，每人分一百三十枚。我买了一对树根花盆，至今还种着石菖蒲，作案头清供。又像扫房，擦饰件，都是求洁的意思。北京房子的纸糊承尘顶棚，是全国第一，一平两切（斜）式、平棚式、船篷式，都各具精妙。万字莲、牡丹花的银花纸，糊得光白悦目，历久不黑，灯亮花香，心地为之光明。一年来棚壁积有尘垢、塔灰，在新年将到时，必要打扫一下。北京扫房多半在腊月二十四日，但也有时改个日子，一般老太太们必要查查历书，一有"土王用事"，以后就不能扫舍了，所以必要提前一些。又如今年腊月十七日立春，过了立春就是明年，焉有尘垢搁过明年的，因此大部分人在今年都提前了。旧式家庭的家具的木器上，大半都有铜饰件的，一年来烟熏火燎，黑黯无光，要过新年，也必须擦个亮光。擦铜饰件的，都是先用白菜头蘸细炉灰末打个糙，然后用唐布香灰擀光，近年来擦铜水盛行，多半改用新法了。以外为点缀新年，买几件水仙花，素妆妩媚，除夕守岁时如对淡妆美人，令人魂销。红梅花、六安绿梅、迎春、蜡梅，都能粉饰年华的。爱青葱的，有天门冬、万年青，云片草（文竹）也不坏。近年洋花传入，价格低廉，更属易办了。

至于一两银子买一朵牡丹花的，既非根生，又少陪衬，手把美人，未免唐突国色。

《老北京的生活》

❖ 张淑媛、张淑新：二闸泛舟驴儿拉纤

漕运停止，运粮的船夫，看闸的闸夫，巡漕的河兵以及那三千六百无头鬼、三千六百嚎丧鬼，总之，一切靠漕吃饭，赖漕穿衣的大众和他们的后代，不得不寻找新的生活出路。

二闸，地近帝都，一脉碧水，两岸野趣，景致幽美深远，早在明代就是京城人泛舟览胜的风景区。当时文坛公安派颇有名气的三袁之一的袁宗道，曾有诗描绘这初夏放舟通惠河上的情景：

御水落曹渠，淙淙流一发。

凡目未经先，虽少亦奇绝。

何况集棠舟，游遨似吴越。

菱蒲得水长，凫鸳避沙热。

朱碧好亭子，稀疏出林樾。

双航无定质，随波作周折。

遇树即停帆，因风或舟楫。

闸水高十仞，百斛量琳屑。

骏马下危坡，疾雷震空碣。

这是一幅多么壮观而优美的通惠胜景。

有漕运时节，风景尚且如此吸引游人慕名而至，那么漕运一旦停止，通惠河便更吸引得游人纷至沓来。时"都城昆明湖长河，例禁泛舟，什刹海仅有踏藕船，小不堪泛，二闸遂为游人荟萃之所。"这是清代《天咫偶

老北京 _ 161

闸》记录的二闸成为游览区的原因。

漕运停止后，二闸人利用得天独厚的技术和条件，将运载漕粮的气力用到了运送游人游览通惠河的游船上。驴儿也跟着改换了门庭，由拉漕改为拉人。

这便也成了二闸人谋取生路的一个机会。

游人在东便门外上船。有钱者可包一只大船，邀朋请友，并预先在城内饭庄定下酒菜，届时叫伙计送上船。船在水上缓缓滑行，河风送爽；人在船上推杯换盏，猜枚划拳。日影西斜便乘舟返城，这种消夏纳凉的方式，常被京城里那帮好讲排场摆阔气的大爷们所采纳。

更有携艺优伴坤角舟泛二闸的，游船缓去，留下一河妙曲小调。

为省船资，也可坐散客大拨儿轰的载客游船，至二闸闸口赏玩"水虾子"——光着屁股的小孩儿由大榆树上跳下，鱼似地氽进水里捞制钱儿的把戏，或去游览佛手公主坟。

河中乘小舟卖鲜藕、菱角的络绎不绝，游船上的人不必下船，就可于舱中购得鲜品入口。

二闸泛舟的旅游旺季为每年二月二至七月十五，这期间少林、五虎、狮子、高跷等各档花会汇集二闸，陆地上走会，船头上表演，围者如堵，观者似海。船里的莲花落子、京腔大鼓更是日日不断，城内落子馆里的有名气的女艺人都往二闸来赶场。

七月十五中元节，既是通惠河娱乐将结束的最后一日，也是最高潮的一天。这一天白天，船里岸上弦乐喧天，花会表演幡翻狮舞，气氛热烈，到了晚上更是灯火灿烂，几乎将河水点燃。闸口支起高高的九莲灯如灯塔闪烁，两闸坝子之间架起巨大的纸糊渡船，举火点燃，熊熊烈火映红半边天。水面上无数盏茄子灯汇成河灯的海洋。张家花园、乐家花园的大花船与满载游客的渡船灯火绚丽，交相辉映，舱内笙歌缭绕，不绝于耳。岸边，荷叶灯、莲花灯、蒿子灯星星点点，如银河移动。游人如织，看客如鲫，直至夜深北京城门将闭，崇文门敲起第一遍钟，人们才恋恋不舍，急急归去。

《二闸泛舟驴儿拉纤》

❖ 石继昌：六月廿三祭马王

阴历六月二十三，是旧京民间以及太仆寺衙门、内务府上驷院等马政机构祭祀马王的日期。北京市井俏皮话有云："马王爷三只眼。"盖调侃其人性情古怪，不与人同的意思。马王爷的全称是"水草马明王"，传说是保佑民间骡马肥壮平安的神灵。其实，据《七修类稿》载，马明王本来是古代的蚕神，女身而马首，所以又称马头娘，后世张冠李戴，附会之以为主宰马匹之神，一何可笑！

从前老北京的中产以上之家，几乎都有轿车；有车自然有骡马；有车有马就要有人饲养驾驭，于是"车、马、人"成了王公府第和一些大宅门儿缺一不可的必备条件。最讲究的要属王公府第，存放轿车的地方称轿屋子，饲马之所另有马厩，俗呼马号。王公府第规制森严，内外有别，轿屋子和马号都不设在府内，而是在府第的斜对面，或离府较近之处，以便主人随时呼唤。

每逢六月二十三，有车马的人家照例要祭马王。祭前先到南纸店或大油盐店买一张马王神像。神像系用木板刻成，彩色刷印于东昌纸上，北京称神像为神码儿，如八月中秋节供月时的神像就叫月光码儿。买神码儿时要说"请"，不能说"买"，说"买"对马王爷有大不敬之嫌。马王像赤面长须，三只眼，中间的一只竖立额头，六臂各执兵器，披甲，神码儿上书"水草马明王之位"，供品除了千张、元宝、蜡之外，另供清水一小碗、草料一小斗，以表精心饲养之诚。

祭马王和祭其他神灵不同之处是：其他神灵的与祭者为本宅主人及其眷属；祭马王则是仆役的事，主人概不参加。马夫车夫的地位低下，不得

▷ 老北京重要的交通工具——马车

擅自混入内宅，故祭马王的地点不在内宅的佛堂或庭院，而是在宅外的马号。另一方面，马夫车夫们也唯恐拘于礼数，乐得偷闲一日，在马号呼五喝六，自在逍遥。

赌博是清末轿夫的通病，常常结伴在轿屋子里聚赌，虽屡经官方禁止，但收效甚微。轿夫倚主人之势，强调"家主外出时间难定，上朝多在午夜，临时召集实属不易，吾辈藉赌博群居一室，随时待命，不致误事"云云。如此轻而易举地将聚赌合法化了。

《六月廿三祭马王》

❖ 宋家玲：卖金鱼

老北京人都记得，过春节时，街上常常传来"卖大小金鱼儿"的叫卖声。那前后，走街串巷的小鱼贩子特别多。他们肩上一副挑子，前边是一个盛水的筲，里边搭上夹板，把不同品种的金鱼分开，后头是一个大条筐，筐里装有琉璃厂吹制的极薄的玻璃鱼缸，大小不等。开春，人们图个兴旺、吉利，花一角多钱，买个鱼缸，里面放上五六条色彩鲜艳的小金鱼，再装入几枝绿色的杂草，看起来就很活泼痛快。"吉庆有余（鱼）"，这也许有点迷信色彩，但在那个年代里，新春伊始，人们盼望能有一个好兆头，这心情也是可以理解的。

赶会、逢集，是贩卖金鱼的好时机。隆福寺、护国寺、白塔寺等地赶庙会、花市赶集，都有卖金鱼的。平日，天坛、厂甸、后门、鼓楼等地，也有摽地摆摊的小金鱼贩子。

《金鱼池和北京金鱼》

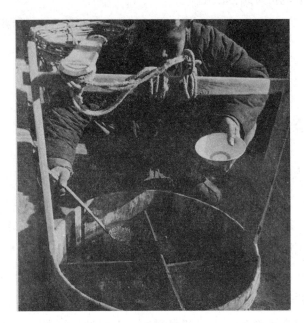

▷　卖金鱼的小贩

第五辑

馋嘴美食，汤汤水水都有宫廷味

❖ 纪果庵："嘎嘎儿"味

　　观察北平的特点，总是在细微地方着眼才有发现。如吃饭，北平人是不愁没米没面的，有小米面、棒子面（即包芦）、黄米面等等，小米面可以蒸"丝糕"，名字蛮好听，吃起来也不难吃，道地的北平人可以在里面放了枣、赤糖，格外甜美；还有一种街头摊子，专用小米面做成厚约半寸的饼，放在锅边烘熟，上面是软的，下面有一层焦黄皮，很好吃；棒子面可以煮成粥，蒸为"窝头"，又可以切成小块，煮熟加一点青菜，好像我们吃汤面似的，北京叫"嘎嘎儿"。老实说，在北方，只有这些才是"人间味"，大米白面只有付之"天上"了。不过是像这些琐屑的食品，北平人也要弄出一个"谱儿"，使它格外适口些、好看些。从先我常看见贫苦的老太太到油盐店买调料及青菜（北平每胡同口皆有油盐店、肉店，而油盐店都带卖青菜，或带卖米面。不像南方之买小菜动辄奔走数里以外也），一个铜板，要香菜（即芫荽），要虾米皮，要油，要醋，要酱油，都全了，回家用开水一冲，就是一碗极好的清汤。普通常叫这种汤为"神仙汤"，一个铜板而包罗万象，真是"神仙"！吃韭菜饺子必须佐以芥末，吃烤羊肉必有糖蒜，吃打卤面必须有羊肉卤，吃炸酱面之酱必须是"天源"或"六必居"，抽烟要"豫丰"，买布则八大"祥"，烧酒须"东路"或"涞水"，老酒要"绍陈"，甚至死了人，杠房要哪一家，饭庄要哪一家，执事要全份半份，都要细细考虑，不然总会给人讪笑，这就是所谓"谱儿"，而我们在旁边的人看了，便觉得有味儿。

《北平的味儿》

❖ **崔小旺：**仿膳饭庄清宫风味的糕点

　　1924年冯玉祥将军率领的国民军把末代皇帝溥仪驱逐出宫以后，原宫中的御厨也就散落到民间。1925年，原御膳房菜库当差的赵仁斋和他的儿子赵炳南，约了御膳房的厨师孙绍然、王玉山、赵承寿等五六人，在北海公园北岸找了五间房子，仿照宫里的膳食，制作一些糕点，办起了仿膳茶庄。

　　每到夏季，园内游客增多，仿膳茶庄就在房外搭一个大棚，既扩大了营业，又为更多的游人提供了休憩的地方。当时，仿膳茶庄除卖茶水之外主要经营清宫的传统糕点，如芸豆卷、豌豆黄、小窝头、甑儿糕、奶卷、肉末烧饼等。这些小吃用料考究，做工精细。以豌豆黄来说，一定要用京东四眼井的白豌豆，而在将豌豆煮烂、晒干、磨粉后，又要用马尾箩来筛过，再经多道工序，做出来的豌豆黄才称上品；又如肉末烧饼，烧饼要用炭火来烤，烤出后黄白鲜明，外酥里软，肉末则煸炒得不腥不腻，香嫩可口。相传，慈禧在头天夜里做了个吃烧饼的梦，第二天的早点中果然有肉末烧饼，慈禧非常高兴，问是谁做的烧饼，太监说是赵永寿，慈禧就赏给他一支尾翎和二十两银子。赵永寿做的肉末烧饼从此便出了名。

　　在经营茶点的同时，仿膳茶庄还恢复了一些宫中的传统炒菜，像"四抓""四酱""四酥"和黄焖豆腐、栗子扒白菜等等。其中"四抓"是抓炒腰花、抓炒里脊、抓炒鱼片、抓炒大虾，这是被慈禧封为"抓炒王"的王玉山老师傅的拿手菜。"四酱"则是炒黄瓜酱、炒胡萝卜酱、炒榛子酱、炒豌豆酱；"四酥"指的是酥鱼、酥肉、酥鸡、酥海带。

　　仿膳茶庄虽小，但其清宫风味的糕点和炒菜是独一无二的，很多到仿膳茶庄品尝过清宫风味的游客，都交口称赞，很快仿膳茶庄便出了名。

从1925年到北平解放，几十年的风风雨雨，仿膳茶庄的几位清宫御膳房的老师傅，有的死了，有的走了。渐渐地，仿膳茶庄失去了清宫风味的特点，成了一个一般性的大众饭馆。

《宫廷风味的仿膳饭庄》

❖ 季羡时：雪香斋的螃蟹

20世纪30年代，前门外一带有两家卖螃蟹的店铺。一家是肉市的正阳楼，一家是西观音寺西口的雪香斋。正阳楼铺面较大，平时以卖羊肉为主，秋季也卖螃蟹。它卖的螃蟹，是用大笼蒸出来的，卖的时候论斤约，蒸一屉能接待很多人。雪香斋则是一个小铺子，它和另一家越香斋都是绍兴人开的小酒店，平时专卖绍兴黄酒，另外卖些下酒小菜，就像绍兴的咸亨酒店一样。秋季它也卖螃蟹，不过规模很小。后来，雪香斋从前门外迁到了长安街六部口附近。只几个月时间，由于业务不景气，就关张了。那时，我同报界同人曾一起去雪香斋吃过螃蟹。由于雪香斋的做法讲究，吃法也讲究，再加上服务周到，因而时间虽短，却给我留下了深刻的印象。

雪香斋买进活螃蟹来，先用凉水冲刷污泥，然后用清水过净。上笼蒸煮之前，用细麻绳将螃蟹两侧的腿和大钳子分别捆起来，这样可以使螃蟹蒸熟后黄子不散。雪香斋用来蒸螃蟹的笼很小，每屉只蒸一至两个，吃一个拿一个，现吃现拿，都是热的。

吃螃蟹本来比较麻烦，但雪香斋却为顾客备有一套小巧的工具：一块薄薄的小砧板，一把木制的小榔头，一把小刀，一个很小的刮子，一共四五件。当你看到这些小巧的工具，便会产生浓厚的兴趣，促使你去亲手操作一番，扳开螃蟹的脐盖儿，金黄的蟹黄香气扑鼻，诱人口腹。而当你敲开螃蟹的大钳子，取出大块的蟹肉，或破开蟹腿，剔出细长的蟹肉时，心里就别提多痛快啦。

雪香斋的主人是个绍兴老头，个子不高，人很热情，他备有上好的镇江香醋和生姜末，任你泼醋擂姜，一快朵颐。主人还将装满绍兴老酒的马口铁制作的桶形酒杯放在滚水中烫好。你可以一边喝，一边吃。如果酒喝完了，螃蟹也吃完了，你还有饭量，也可以要米饭、炒菜或点心。不过，一般人吃上一两个螃蟹也就不想吃饭了。螃蟹的价钱平均算起来每个要五六毛钱，但尖脐、团脐却又不同。九月份尖脐的价钱高些，十月份团脐的价钱高些，即所谓"七尖八团"（夏历七月吃尖脐，八月吃团脐）。

螃蟹吃完，主人还为你预备干菊花，用来搓手抹嘴，然后洗手擦脸，以去掉腥味。

螃蟹还有一种比较讲究的做法，就是在捆螃蟹之前，将紫苏叶碾碎，加盐和花椒，放在锅里炒，晾凉后擀成细末，把螃蟹的脐扒开，将末子撒在里面。据说这样做，既可以去毒，还可以去腥，吃起来特别有味道。老北京的文人墨客和江浙一带的人多喜吃螃蟹，常从市场上买回活螃蟹自己回家这样做。有一次，我去看齐白石，就见他的两个儿子从后院端来四五只不大的螃蟹，呈给老人品尝。白石老人以画螃蟹著名，他也爱吃螃蟹。

过去北京市场上的螃蟹，大部分来自天津的胜芳，余外就是白洋淀的。听说是赵北口的。螃蟹上市，一般都在前门外西河沿卖。那时卖螃蟹，都是一个一个串起来，让人挑。价钱不算高，几毛钱一斤。要是挑好的，就论个儿，三毛钱一个。当时西河沿有一个卖螃蟹的人姓魏，据说他买回活螃蟹还要用小米喂两天，使螃蟹更肥，然后再拿到市场上去卖，所以人们称他为"螃蟹魏（喂）"。他也当仁不让，接受"螃蟹魏"的称号，以招徕顾客。

《雪香斋的螃蟹及其他》

❖ 老舍：美国的橘子遇到北平的玉李

好学的，爱古物的人们自然喜欢北平，因为这里书多古物多。我不好学，也没钱买古物。对于物质上，我却喜爱北平的花多菜多果子多。花草是种费钱的玩意儿，可是此地的"草花儿"很便宜，而且家家有院子，可以花不多的钱而种一院子花，即使算不了什么，可是到底可爱呀。墙上的牵牛，墙根的靠山竹与草茉莉，是多么省钱省事而也足以招来蝴蝶呀！至于青菜、白菜、扁豆、毛豆角、黄瓜、菠菜等等，大多数是直接由城外担来而送到家门口的。雨后，韭菜叶上还往往带着雨时溅起的泥点。青菜摊子上的红红绿绿几乎有诗似的美丽。果子有不少是由西山与北山来的，西山的沙果、海棠，北山的黑枣、柿子，进了城还带着一层白霜儿呀！哼，美国的橘子包着纸，遇到北平的带霜儿的玉李，还不愧杀！

是的，北平是个都城，而能有好多自己产生的花、菜、水果，这就使人更接近了自然。从它里面说，它没有像伦敦的那些成天冒烟的工厂；从外面说，它紧连着园林、菜圃与农村。采菊东篱下，在这里，确是可以悠然见南山的；大概把"南"字变个"西"或"北"，也没有多少了不得的吧。像我这样的一个贫寒的人，或者只有在北平能享受一点清福了。

《想北平》

❖ 张恨水：风飘果市香

"已凉天气未寒时"，这句话用在江南于今都嫌过早，只有北平的中秋天气，乃是恰合。我于北平中秋的赏识，有些出人意外，乃是根据"老妈妈大会""奶奶经"而来，喜欢夜逛"果子市"。逛果子市的兴趣，第一就是"已凉天气未寒时"。第二是找诗意。第三是"起关"。第四是"踏月"。直到第五，才是买水果。你愿意让我报告一下吗？

果子市并不专指哪个地方，东单（东单牌楼之简称，下仿此）、西单、东四、西四。东四的隆福寺，西四的白塔寺，北城的新街口，南城的菜市口，临时会有果子市出现。早在阴历十三的那天晚半晌儿，果子摊儿就在这些地方出现了。吃过晚饭，孩子们就嚷着要逛果子市。这事交给他们姥姥和妈妈吧。我们还有三个斗方名士（其实很少写斗方），或穿哔叽西服，或穿薄呢长袍，在微微的西风敲打院子里树叶声中，走出了大门。胡同里的人家白粉墙上涂上了月光，先觉得身心上有一番轻松意味，顺步遛到最近一个果子市，远远地就嗅到一片清芬（仿佛用清香两字都不妥似的）。到了附近，小贩将长短竹竿儿，挑出两三个不带罩子的电灯泡儿，高高低低，好像在街店屋檐外，挂了许多水晶球，一片雪亮。在这电光下面，青中透白的鸭儿梨，堆山似的，放在摊案上。红戛戛的枣儿，紫的玫瑰葡萄，淡青的牛乳葡萄，用箩筐盛满了，沿街放着。苹果是比较珍贵一点儿的水果，像擦了胭脂的胖娃娃脸蛋子，堆成各种样式，放在蓝布面的桌案上。石榴熟得笑破了口，露出带醉的水晶牙齿，也成堆放在那里。其余是虎拉车（大花红）、山里红（山楂）、海棠果儿，左一簸箕，右一筐子。一堆接着一堆，摆了半里多路。老太太、少奶奶、小姐、孩子们，成群的绕了这些水

▷ 卖水果的货郎

▷ 吃烤鸭

果摊子，人挤，有点儿，但并不嘈杂，因为根本这是轻松的市场。大半边月亮在头上照着，不大的风吹动了女人的鬓发。大家在这环境里斯斯文文地挑水果，小贩子冲着人直乐，很客气地说："这梨又脆又甜，你不称上点儿？"我疑心在君子国。

《风飘果市香》

❖ 杨奎昌：全聚德的烤鸭外焦里嫩肥而不腻

全聚德在先祖父杨寿山经营时期，为了发展业务，取得社会信誉，从原料的选购到烹调烤制，都严格把关，一丝不苟。主要原料——鸭子，是由几家预约的填鸭坊按时供应，决不向市上的摊贩手中采购。鸭子购入后，立即送到自己设立的填鸭房重新填喂，非使鸭子达到一定重量不予宰杀。一般来说，鸭子由蛋孵出到宰杀之日，要填成五至七斤重，不能超过百日。喂养时间太短，烤出来的鸭肉不够分量，喂养时间过长，烤出来的鸭肉则不鲜嫩。其他作料的购进，也无不经过严格的选择。鸭子宰杀去毛之后，在右膀下挖一个洞，直径三四厘米，由洞口伸进食指和中指，将鸭子的内脏，心、肝、肠、胰等取出。内脏取出后，整个鸭子便成了空筒形，然后将内外洗净，用嘴把鸭皮吹鼓（后因嘴吹不卫生，改用气泵），再从膀下洞口灌入清水，并用一段七八厘米长的秫秸插进鸭尾处，堵塞水的流出。最后将鸭子挂在铁钩上入炉烤制。这样就形成外烤内煮，烤熟后当然是外焦里嫩，肥而不腻了。

全聚德烤鸭用的是挂炉，与便宜坊、六合坊以及杨梅竹斜街内祯源馆的焖炉不同。挂炉烤鸭是用木头烤的，一般用枣木等质地坚硬有果味的果木，这样的木头烧起来有底火；焖炉则是用秫秸烤。挂炉的炉门口是拱形的，而且不要炉门；焖炉炉口有个门，烤时要关上门。鸭子烤好后，外皮的颜色呈红褐色，通体要颜色一致，不能有的地方是红褐色，有的地方是浅黄色。如果不是这样的话，这只鸭子就没烤好。实际吃起来，烤成红褐色的鸭子皮是酥脆的，浅黄发白色的就不酥脆，甚至嚼不动。所以，鸭子烤得好坏，主要是掌握火候的问题。

鸭子烤好，到吃的时候，先拔去鸭尾处的秫秸，放出鸭体内的水，然后将鸭肉片成若干薄片，要片片带皮。烤鸭决不能剁成小块或撕拆碎了吃，只能片成薄片，佐以大葱、甜酱或烂蒜蘸酱油，配上烧饼或荷叶饼（即薄饼），确是别具风味的可口美味。

烤鸭和各种以鸭子内脏为原料的炒菜，是独树一帜的美味佳肴。这些佳肴为讲求质量注重信誉的全聚德所特有，因此全聚德的生意蒸蒸日上，兴隆旺盛，店门前常是车水马龙，应接不暇。达官要人，遗老巨商，皆经常光顾全聚德。当时社会上的酬酢，亦必以在全聚德请客为最排场、最阔气、最能显示出东道主的情意。

《全聚德烤鸭店的百年沧桑》

❖ **李连邦：**王致和臭豆腐——"中国的起司，味道不错！"

民国初年，在贩卖臭豆腐的小贩中有一位显赫一时的人物，他就是清皇室的大阿哥溥儁。此人当年饭来张口，衣来伸手。清室败落后，他穷困潦倒而身无一技之长，不得不挑起"八根绳"（指挑担前后各一筐，每筐用四根绳系在扁担上）卖臭豆腐。他经常在地安门、鼓楼一带叫卖。那里上年纪的老住户可能还有印象，溥的吆喝声真是别具一格。据说他这样吆喝："臭豆腐、酱豆腐、卤虾小菜、酱黄瓜……买臭豆腐饶香油。"他特别高声喊出："我这是前门外延寿寺街路西，门牌23号真正老王致和的臭豆腐。"这几句话，几十个字，吆喝得抑扬顿挫，有声有色。此人在抗战初期因贫病交迫去世。《实报》的记者王柱宇采访了此事，并来到王致和南酱园参观，参观后题了四个字："腐臭神奇"。

王致和的臭豆腐也引起了一些外国人的兴趣。1947年，北京燕京大学有几位美国教授曾慕名来到王致和南酱园参观，并拍了许多照片，品尝了臭豆腐的味道，最后还买走了一些回去进行化验。不久，他们又来到酱园，连声称赞说："中国的起司，味道不错！"

王致和的臭豆腐从康熙年间到清末民初，早已大名鼎鼎。人们不吃臭豆腐便罢，要吃便非是王致和的不可。因此后来的同业很难与之竞争。于是便出现了类似"真假王麻子"以假乱真的现象。据笔者所知，过去在宣武门外有一个王政和；在延寿寺街南口有一个叫王芝和；在兴隆街有个致中和；在广安门内有个同致和等等。他们有的是借音，有的是借字，也有的干脆用同一个商标（王致和以金狮为注册商标）。最可笑的是菜市口有一家姓汪的，他也经营臭豆腐，取名汪致和。以10000元现大洋做资本，开业一年，因技术欠佳，将所有的臭豆腐都制成了奇臭无比不能食用的东西。结果是一败涂地，关张了事。原因是他只在字号上做文章，而不讲求制作臭豆腐的技术。

《王致和与臭豆腐》

❖ 王永斌：都一处的马连肉、晾肉

到了1931年，都一处传到李德馨的父亲这辈儿。他认为饭馆不像钱庄那样，钱来的又多又容易。因此，他就让年轻的李德馨去钱庄学徒。李德馨三年零一节的学徒期满，他父亲病故了。这样，他就不得不回到都一处来继承祖业，支撑门面。可是这个年轻人，在钱庄看到的是摆阔气，接触的都是大商人。回到都一处后，不愿意做饭馆的生意，而成天在外边瞎混。

不是今天去八大胡同嫖妓，就是明天去赌博。钱花光了，就到都一处取。李德馨每天花天酒地，任意挥霍。可是他对待店里的学徒、伙计，却非常刻薄。不仅工钱少，年终馈送少，而且伙食差，天天是窝头、白菜。学徒、伙计对李德馨敢怒而不敢言。辞柜不干吧，又没地方去。怎么办？为了泄怨气，红案的厨工，炒菜多搁油，做烧麦馅的多放作料，打酒的多给。他们想用这种办法，把都一处搞垮，以解心头之恨。可是，过去饭馆的利钱大，利钱有"倒三七"之多。一两勺子油是搞不垮的。相反，来都一处吃饭的客人，却越来越多。人们都说：都一处的酒、菜、饭，质好量多。这样，不仅都一处的马连肉、晾肉名传全城，而且炸三角、烧麦也成了都一处的别具特味的美食了。

《都一处烧麦馆》

❖ 张恨水：松柴烤肉——"掌柜的，来两碟！"

有人吃过北平的松柴烤肉吗？现在街头橙黄橘绿，菊花摊子四处摆着，尝过这异味的人，就会对北平悠然神往。

据传说，松柴烤牛肉，那才是真正的北方大陆风味，吃这种东西，不但是尝那个味，还要领略那个意境。你是个士大夫阶级，当然你无法去领略。就是我在北平作客的二十年，也是最后几年，变了方法去尝的，真正吃烤肉的功架，我也是"仆病未能"。那么，是怎么个景呢？说出来你会好笑的。

任何一条马路上，有极宽的人行路，这路总在一丈开外，在不妨碍行人的屋檐下，有些地方，是可摆着浮摊的。这卖烤牛肉的炉灶，就是放置在这种地方。无论炉灶属于大馆子小馆子或者饭摊儿，布置全是一样。一个高可三尺的圆炉灶，上面罩着一个铁棍罩子，北方人叫着甑（读如赠），将二三尺长的松树柴，塞到甑底下去烧。卖肉的人，将牛羊肉切成像牛皮纸那么薄，巴掌大一块（这就是艺术），用碟儿盛着，放在柜台或摊板上，当太阳黄黄儿的，斜临在街头，西北风在人头上瑟瑟吹过，松火柴在炉灶上吐着红焰，带了缭绕的青烟，横过马路。在下风头远远地嗅到一种烤肉香，于是有这嗜好的人，就情不自禁地会走了过去，叫声："掌柜的，来两碟！"这时炉子四周，围了四条矮板凳，可不是坐着的，你要坐着，是上洋车坐车踏板，算来上等车了。你走过去，可以将长袍儿大襟一撩，把右脚踏在凳子上。店伙自会把肉送来，放在炉子木架上。另外是一碟葱白，一碗料酒酱油的掺合物。木架上有竹竿做的长棍子，长约一尺五六。你夹起碟子里的肉，向酱油料酒里面一和弄，立刻送到铁甑的火焰上去烤烙。但别忘了放葱白，去掺合着，于是肉气味、葱气味、酱油酒气味、松烟气味，融合一处，铁烙罩上吱吱作响，筷子越翻弄越香。

你要是吃烧饼，店伙会给你送一碟火烧来。你要是喝酒，店伙给你送一只杯子，一个三寸高的小锡瓶儿来。那时你左脚站在地上，右脚踏在凳上，右手拿了长筷子在甑上烤肉，左手两指夹了锡瓶嘴儿，向木架上杯子里斟白干，一筷子熟肉送到口，接着举杯抿上一口酒，那神气就大了。"虽南面王无以易也！"

趣味还不止此，一个甑，同时可以围了六七个人吃。大家全是过路人，谁也不认识谁。可是各人在甑上占一块小地盘烤肉，有个默契的君子协定，互不侵犯。各烤各的，各吃各的，偶然交上一句话："味儿不坏！"于是作个会心的微笑。吃饱了，喝足了，在店堂里去喝碗小米稀饭，就着盐水疙瘩，或者要个天津萝卜啃，浓腻了之后再来个清淡，其味无穷。另有个笑话，不巧，烤肉时，站在下风头，炉子里松烟，可向脸上直扑，你得时时闪开，去揉擦眼泪水儿。可是一面揉眼睛，一面夹长筷子烤肉，也有的是，那就是趣味吗！

这样说来，士大夫阶级，当然尝不到这滋味。不，顺直门里烤肉宛家的灰棚里，东安市场东来顺三层楼上，前门外正阳楼院子里，也可以烤肉吃。尤其是烤肉宛家，每到夕阳西下，喝小米稀饭的雅座里，可以搬出二三十件狐皮大衣，自然，那灰棚门口，停着许多漂亮汽车。唉！于今想来，是一场梦。

《风檐尝烤肉》

❖ 季臣阁：吃烤肉，最好是自烤自吃

烤肉的吃法，多年来没有什么太大的变化，只是随着年代的演变和顾客的要求，在肉料加工和作料调配方面日益细致罢了。前面说过，烤肉是蒙古族传来的。蒙古族人的性格比较粗犷直爽，喜吃羊肉，且以火烤为主。北京的烤肉，也体现了蒙古族人的这种性格和习惯。吃法是在一张大圆桌上放一口板沿大铁锅，锅沿置一铁圈，再放上铁条炙子，铁圈留一火口，以便投入木柴。木柴最好用松塔、松柴或柏木。因为松烟和肉味混在一起，随风飘散，香闻四邻，挺有意思。用其他杂木当燃料虽也可以，但是没有松烟那股香味，就差点劲。

在我幼年时，烤肉吃法和作料调配与现在略有不同。过去是先配好作料，放在一只碗里，另盛一碗凉水，把羊肉片在凉水碗里蘸一下，就放在炙子上翻烤，稍变颜色后用长筷子夹下，再蘸配料吃。这同吃涮锅子、水爆肚相仿。现在的吃法是在配好作料后，先与肉片搅拌在一起，然后放在炙子上烤，还可以往肉片里加生鸡蛋同烤。这样烤出来，滋味要浓厚得多。过去所用作料一般有切得很碎的大葱末、香菜末，以及卤虾油、高酱油、料酒等。现在除上述作料外，又增加了一些，如香油、醋、姜汁、味精、白糖、辣油等。顾客可以根据自己的口味自行调配。另外，现在吃的时候还配以清口的冰黄瓜、冰西红柿、糖蒜、大蒜等。总之，比以前古老的吃法，更为丰富多彩了。

吃烤肉，最好是自烤自吃，边烤边吃。这样，肉的肥瘦、烤的老嫩、味的咸淡，都可以随意选择，自己掌握，更觉可口。如果让服务员代烤，拿到餐桌上吃，那就不仅减低了风味特色，吃起来还会不太合口。吃烤肉，一般都要喝些酒，既助消化，又能利口。还有许多顾客喜欢把一只脚踩在炙锅桌旁的板凳上，边烤边吃边喝，别具一格。吃烤肉喝酒，早年间不使酒杯，用的是砂酒壶，嘴对嘴喝。尔后讲文明了，才逐渐用锡壶、酒杯代替。吃烤肉时的主食，早先是吊炉烧饼，近年来多改用芝麻酱烧饼和牛舌饼。烤肉伴米饭却不好吃。这好比吃烤鸭要吃薄饼或荷叶饼一样，已经由习惯变成固定的款式了。

烤肉最要紧的是精选羊肉。张家口以西的绵羊为最好，其形状是黑头团尾。别的地方的羊，如北道羊，即北口外热河等地的长尾羊、大山羊，也可以，但不如西口羊肉嫩味鲜。羊肉的部位要用后腿、上脑。后腿又分几部分，名称不同，有三叉、黄瓜条、元宝肉、摩裆等。老内行的顾客会点名要。也有客人专爱吃羊的内外腱子，并且要求切得稍厚一点，烤出来另有一种风味。早先烤肉就是羊肉，以后逐渐增加了牛肉，形成现在的烤牛羊肉。牛肉，选槽牛味牛为适宜，耕牛不行。出过汗的耕牛，肉太老。牛肉要用上脑、排骨、里脊，其他地方不用。

肉来之后，还有个加工过程，也很重要。一定要精剔细选，把筋膜、碎骨、肉枣等剔选尽净，不能马虎。然后用小算帘布包好，压冰肉。要压24小时后，才能用。其肉更加鲜嫩，彼时有"赛豆腐"之称。这虽是夸大其词，但鲜嫩可口则是一般顾客皆知的。压好后，再切片。这需要有较高的技术。切肉片的刀是特制的，约一尺五寸长。切的时候，肉要选横竖丝，左手按紧，右手持刀，切成薄片，比涮肉片较窄小，宽二至三厘米，长七至十厘米，薄的程度要求透亮，至少半透明。刀口工夫是烤肉的关键。如果切得不薄，或者选的肉筋膜不净，烤后吃时会嚼不动，而且会有膻腥味。

为什么烤肉季百余年仍然存在，还能保持盛誉呢？其中没什么奥妙，就是货真。一个是用肉不凑合。我们每天清晨起来就到各处去找好的羊腿，北京城各大羊肉铺差不多全有过来往。一个是加工不马虎。力求把筋膜剔净，压好切薄。因此，烤出来的肉，香嫩可口，不腥不腻，紧嚼慢咽均相宜，很受顾客欢迎。每人吃一二斤，常常不能尽兴。许多不吃羊肉的人，吃后也赞不绝口。所以不仅一般顾客回去之后，一传十，十传百，还有些文人墨客投稿报纸，夸耀一番。因而烤肉季就逐渐扬名了。

《银锭桥畔烤肉季》

❖ 王孟扬：西来顺的爬四白和鸭泥面包

在30年代，在西城新兴的商业区——西单，崛起一家新型饭庄——西来顺。

顾名思义，西来顺是与东来顺相对立的，含有旧俗所谓"打对仗"的意思。由于西来顺经营得法，另开蹊径，这个后起之秀，居然与老牌号的东来顺势均力敌，浸假有后来居上之势。

叙述西来顺的创业史，首先要介绍一下创办人褚祥。褚祥是北京南城牛街地区的回民，世业厨师，幼时随父兄替人包办筵席，被培训掌握了烹调技术。但他不以墨守旧规为满足，立志要改进清真范围的烹调技术，于是他就毅然打破回民惯例，先后投入汉族经营的大饭庄学艺，后来他又别有慧心地投入汉族西餐馆去学西餐的烹调技术。经过数年之后，他全面掌握了过去所谓满汉以及西洋的烹调技艺。壮年的褚祥，看到东来顺的创业成功，也看到新兴的西单商业区，正缺一个具有规模的清真饭庄，于是醵资在西长安街迤西著名天源酱菜铺隔壁购置一所宽敞的房产，创办一个新型的清真饭馆——西来顺。

西来顺一经开业之后，营业迅猛展开，不但声誉超过了前门外的老牌号两益轩、同和轩和萃芳园，甚至和东来顺平分秋色。这固然是由于地势的关系，而主要是它以一种新的姿态出现，在菜肴方面，除沿用过去的汉、满、回各族的高级品种并加以改良提高和特重色、香、味三个要素之外，同时还增加了很多新的品种。过去几乎所有旧式饭庄，对于近代从外国引进的菜蔬如西红柿、土豆、莲花白和生菜等，一律拒绝使用，至于新的调料如味精、胡椒、辣酱油、咖喱，特别是番茄酱和牛奶等，更是坚决抵制，他们说是用了这些东西，就会破坏传统风味。而褚祥则决心打破旧的条条框框，大胆而富有创造性地把西餐和中餐调和起来，取人之长，补己之短，做到兼收并蓄，众美齐臻。但他并不是把西餐原封不动地照搬过来，因为那样就必须兼用刀叉，形成不中不西的场面。他利用新的菜蔬和调料，参酌西方的烹调技术，创造新的品种，增加食品花色。兹仅举出几种著名的新菜谱如下：

1. 茉莉竹笋。竹笋就是幼竹内部的一种类似海绵的物质，烹制时先把干竹笋用温水泡开，然后截成适当的寸段，用上好的高汤（即鸡鸭汤）以文火清炖，一俟够了火候，立即盛入带盖的细瓷耳盆中，撒上一层新鲜茉莉花，立即将盆盖盖严，以防走味，俟端到席前时，再将盖打开，顿时迸发出一种清香气息，用瓷羹匙舀食，其醇浓清冽之感，是任何中西菜从未具有的。

2. 爬四白。法用高汤和特种调料按不同的火候，分别煎炖中国大白菜心、茭白、鹿角菜和龙须菜，然后再煨以鲜牛奶汁。由于这四种菜和牛奶都是白色，好似一盘雪练，注于醍醐玉浆中，色、香、味前此未有，俱臻上乘，迥非旧菜所能企及。

3. 鸭泥面包。制时将新鲜面包切成高厚半厘米的碎块，然后用香油炸透，务使其脆而不焦，并要保持高的温度。另将鸭脯捣成烂泥，用极热的高汤煨好，盛于纸盖的盆内，服务员一人端鸭汤盆，一人端面包盆，放到桌上，立即将盖打开，然后将炽热的炸面包块倒入滚烫的鸭泥汤中，因高温油水相遇，立即发出"嗤拉"一声，引起顾客的惊奇和笑颜，马上用勺食用，其味新颖醇浓，最博食客欢迎。每有生客慕名而来，点菜时说不上原名，只是说：我要那个"噶拉"。

举此三项，可概其余。正因为创制出一系列新的菜肴品种，褚祥成了北平的名庖师，而西来顺也成为与东来顺并驾齐驱的名牌字号。

为了和东来顺树立不同的作风，西来顺不卖涮肉，而于院内凉棚下，支炙架火，专门供应烤羊肉，其做法及吃法同于一般，不过认真供应精选羊肉及上好调料，做到货真价实，决不欺人，这是一般名牌生意所共同遵守的原则。

褚祥于1947年7月间因病逝世，当时北平各家报纸，都以"名庖师褚祥逝世"为标题，追述其创建西来顺饭馆和打破常规创造各种新奇菜肴的事迹。

褚祥去世后，西来顺由其子褚慈良和其他股东继续负责业务，因经营不善，不久倒闭。

《北京的回民饮食业》

❖ 刘文治：全素刘的素菜

旧时各大寺院的僧尼和信佛茹素的人，吃素菜讲究清素，从主料到辅料都要用素品，不能掺杂半点荤腥。全素刘的素菜就严格保证清素，绝对不用鸡鸭汤，而用香菜吊汤或用豆苗汤、黄豆汤、口蘑汤等；不用葱蒜，只用鲜姜；油是香菜油（用小磨香油渍香菜而成）。烹调制作时，都是用小锅烧透，使香味深厚，有甜有咸，甜咸兼备。

全素刘由于做工精细，质量可靠，保持了宫廷风味，而又物美价廉，因而很受顾客欢迎。我们为保证质量，保持信誉，制作时从不贪多图快，粗制滥造。但因家庭人手有限，所以每天在市场只能卖40斤左右，卖完为止。常常是货未到市场，顾客已在那里等候。货一到，两个钟头就卖完。

那时东交民巷的国际俱乐部照例每月四次向全素刘定购素菜，招待外宾。所以每逢年节，我们全家人都要忙起来，通宵制作，仍是供不应求。全素刘的名声广为传扬。有一次一位港商来京，慕名到东安市场找全素刘买素菜。当他见到我家货摊时，惊讶地说："我在香港就听说全素刘的素菜很有名，我想一定是一家素菜餐厅，原来竟是个小摊子。"

在旧社会，寺庙做佛事，初一、十五唪经，大户人家办丧事开"大棚"（在寺院治丧，斋僧宴客）以及茹素人士举行宴会等，都要吃素席。我13岁就跟着父亲到各寺院和顾客家中跑大棚，打下手。广化寺、广济寺、贤良寺等处都常去，那里的和尚们多是全素刘的熟顾客，有两位叫悟性和玉宗的法师同我们建立了深厚的友谊。

全素刘自我祖父创业到我父亲接手经营，生意越做越兴旺，以20世纪30年代中期为最好。但我家人口多，耗费大，资本小，经营规模并没有得到发展，东安市场那个小摊子的日销货量始终保持在40斤左右。所获利润情况大体上是：素席和高档菜60％左右；中档货如香菇面筋、素火腿、素羊肉等约40％；低档的大路货如饹炸盒儿、素什锦、豆腐干等平均在25％—30％之间。

北京当时还有功德林、菜根香等几家素菜馆，资本都比我们大，彼此之间也有竞争。有一次，我们到打磨厂一家商号去做素席，正好有人从功德林也要了两桌素席送来，一比较，功德林的素菜不是真正清素，四大件也都不成型；用料比我们的差，价钱还比我们贵。从此打磨厂和崇门外一带商号定做素席，基本上都由我们包了。1939年，功德林曾请我祖父去当厨师，祖父谢绝了，原因是他不愿把技艺传给外人，他对我们说："咱家的技术不外传，你们小哥儿们多，家口大，没点养家本领不行。你们要好好地学。"

《全素刘及其宫廷素材》

❖ 靳麟：名不副实话小吃

风味小吃与珍馐大菜，如同稗官小说与正史，虽然巨细不一，但在口腹享用上都是不可或缺的，语云："虽小道必有可观者。"实在不无道理。

北京的小吃多种多样，美不胜收，介绍这方面的读物较多，不待赘述。这里要说的是：有些小吃的名称很特殊，或是本末倒置，或是名称与所售之物毫不相干，名不副实，而相沿多年，习以为常，直到今天依然如故，这就是所谓约定俗成吧。笔者略举数种，以见梗概。

▷ 民国小吃摊

茶菜 茶菜既不是茶，又不是菜，实际是炸白薯片，浸拌蜜糖，略加青红丝、山楂糕条，鲜艳夺目，撩人食欲。茶菜是清真食品，过去庙会的年糕摊上有售。庙会年糕摊是常摊，地点已经固定，白塔寺、护国寺一进东门，第一个就是年糕摊，出售黄白年糕、豌豆黄、驴打滚、江米藕、元宵、粽子、凉糕、蜂糕、卷果、茶菜等。

熏鱼儿、炸面筋　熏鱼儿、炸面筋是沿街小贩的叫卖声，所卖不但没有鱼，也没有面筋，而是猪头肉。卖者肩挎小木箱，漆作红色，上盖长方形木板以防尘，兼作切肉案板之用，所售除猪头肉外，尚有猪肝肺、粉肠、口条、鸡什件、熏鸡蛋、白面火烧等。每当夜阑人静，深巷传出"炸面筋哟"的吆喝声，"哟"字其声近"曰"，余音悠长，闻之倍觉凄楚。

梨膏　此梨膏不是治咳嗽痰喘的秋梨膏，根本没有梨，也不呈膏状，盖用饴糖加芝麻熬制凝固而成，压扁，上画小方格，如围棋棋盘状。卖者先用矾水在纸条上写好"二十块""五十块""一百块""五百块"等字样，以绳穿之。买者以一小枚铜元拈一纸条，卖者将纸条浸入水罐中，纸条上立即显出若干块的字迹，卖者如数付给买者梨膏。此亦旧日北京街头抓彩得糖之一种，卖者多为少年，借以牟取微利。梨膏上的方格甚小，每块不过半厘米见方，一百块梨膏仅如豆腐干大而已。

炒肝　名为炒肝，实际上是猪大肠煮烂，和以芡粉汁，烹调技法上也不用炒，至于肝，多者每碗一片，有的根本见不到肝。其实炒肝味美与肝无关，全在大肠烂而不碎，芡汁稠稀适中，调料多寡得宜。30年代西单牌楼东拐角有一间门脸的小楼，字号已忘，所制炒肝极佳，犹记店伙叫卖："盛上一碗肝儿，要肥的！"语尾"的"字音如"搭"，高昂悦耳，迄今不忘。

❖ 刘九如：喝豆汁儿

"粥喔，豆汁儿粥喂！"挑子前面放置一大方木盘，盘下用木棍架支撑着，约二尺来高，周围放着小板凳，以备客坐下来喝豆汁儿。大木盘中有大瓷盘子，一盘是爆腌的水萝卜丝，另一盘是老腌萝卜丁或片，其中一盘是有辣椒油的咸菜。木盘中还搁着一个长笸箩，垫盖着一块白布，放有焦圈、薄脆、糖油饼、马蹄烧饼、驴蹄烧饼、螺丝转等。同时，也代卖小酱萝卜、小酱黄瓜、八宝小菜。木盘上还放着一摞碗和一个放筷子的竹筒。木盘架下放着刷家伙的水桶。后挑儿圆笼中放着火炉，坐着口大砂锅，熬着稠和的豆汁，总是滚锅开着。木制的两半拉锅盖，当盛豆汁时才开半拉。用的是长竹柄槟榔勺，把豆汁盛在蓝边瓷碗里。咸菜用小碟盛放，任吃主选用。边喝豆汁，还可就着焦圈、薄脆、烧饼等。

卖熟豆汁的小生意人，有的也是一早卖烧饼、馃子，下午再出挑子卖豆汁，不沿街串巷，只是将挑子固定停放在胡同口或道边上。除坐下喝豆汁的，还有附近人家拿着小盆、大碗和盛咸菜的小碟，来端这酸甜味的豆汁回家去喝。

《走街串巷卖小吃》

❖ 刘东生：清真豆腐脑

豆腐脑是老北京著名的小吃，回民与汉民制作的豆腐脑迥然不同。过去卖豆腐脑的都是挑担在固定地点的个体劳动者，新中国成立后才进入小吃店。挑担的扁担一头是铜制的大口鼓肚铜锅放卤，下边有火盆，四片竹板做的竹笼边上有木制窄盘放酱油、蒜汁、辣椒糊的小罐，以及碗、匙；另一头的竹笼放有棉套的豆腐脑桶，用棉垫当盖，带有水盆或水桶洗碗，有的还带有佐餐的芝麻烧饼。清真豆腐脑最著名的，也是北京最著名的是"白记"，人称豆腐脑白，他家有几份挑子多处售卖，各庙会、春节的厂甸、火神庙（珠宝集市）都有豆腐脑白的足迹。豆腐脑的制作现在都是用豆腐粉熬开用石膏点入凝成，过去则用盐卤，也不用豆腐粉，而是用拐磨把黄

▷ 牛街售卖清真食品的商贩

豆加水湿磨成浆。豆腐脑实际是比豆腐更软的半固体，"白记"所以出名是在卤上。卤必须是上好的口蘑，发好，去泥和根，切成丁，过滤出没有泥沙的口蘑汤，把水烧开，放入盐、酱油、姜末和口蘑汤及口蘑，最后放入用香油拌好入味的肥嫩鲜羊肉片，淀粉勾芡成卤。做出的卤浇在豆腐脑上是半透明的，无疑，淀粉的质量要好。当然，有的小商为减低成本，不可能都用口蘑，而是用口蘑渣提味，使用一般蘑菇；酱油则是为照顾到食者口味调整咸淡滋味。至于今天有的制作者用酱牛肉汤或切上酱牛肉作卤，则已失去传统豆腐脑的味道。说到豆腐脑就联想到老豆腐，这也是老北京价钱最便宜的小吃，点好凝固的豆腐脑放在微火上炖靠，就成了老豆腐，所加的佐料是酱油、芝麻酱和韭菜末或韭菜花和辣椒糊，或者不加芝麻酱。来碗老豆腐，以玉米面贴饼子或烙制的玉米面两面焦为主食，在收入低微的体力劳动者来说也是美味了。这与豆汁配以辣水芥丝吃贴饼子是一样的。现在豆汁还有小吃店供应，老豆腐利润低微，似乎已经绝迹。

《北京清真小吃和面点》

❖ 金受申：土法冰棍儿

众多的冷食中，冰棍儿最为方便，不论是坐、立、行，一枝在手，盛暑毕消。晚间无事，乘凉街头，孙辈人手一棍，吮得正在开心，小孩遇事每爱刨根问底："北京什么时候有卖冰棍儿的？"笔者自愧不是考据家，姑就记忆所及，略述西城早期的冰棍儿。

《温热梨汤王宝山》文中，记下了河北河间人王宝山30年代在西单临时商场设摊出售梨汤，以加意选料，注重火候，赢得顾客的好评。就是这位摊主王宝山，在夏天缺梨的季节，曾制作土法冰棍儿，以维持生计。据笔者所知，他是北京西城制作土法冰棍儿的第一人。

土法冰棍儿做起来非常简单，先将整块的天然冰砸成碎块，置于大木盆内，码放均匀；再把数十个用白铁做成的直径两厘米、长约十五厘米的圆柱状冰棍模子，插进碎冰块中间；把预先做好的冰棍儿原料，也就是糖水加香精，一个一个地灌入冰棍模子，每个模子中放一根小木棍或竹扦，借助四周冰块的寒冽，不久模子内的糖水就凝固成形，土法冰棍儿就这样做了。顾客购买时，摊主从木盆中取出一个冰棍儿模子，用手将小木棍或竹扦轻轻一拧，冰棍儿便由模子脱颖而出。这种土法冰棍儿吃起来有如嚼冰，远不如今天冰棍儿的味美适口。只是由于刚刚问世，透着新奇，吸引儿童争相尝新；至于长衫阶级，怕失体统，自然不敢问津。笔者曾多次和摊主闲谈，知道他每天午后要卖冰棍儿一二百枝，当时北京人口稀少，这个数字也就很可观了。摊主还说就怕阴天下雨，做好了冰棍儿没人来买，冰块一化，冰棍儿也就糟蹋了！古人有过"长安居，大不易"的慨叹，小本经营如王宝山，更是戛戛乎难哉！

《王宝山土法冰棍儿》

❖ 常锡桢：特色小吃"羊霜肠"

老北京有句土话："少吹、慢晃、不要开锅头。"解释这句玩笑话之前，先要介绍一下北京特有的小吃"羊霜肠"。

"羊霜肠"就是羊血灌猪肠。小贩们先要处理好猪肠，除去一些油脂，还要把猪肠里外翻转，再灌满羊血，扎成一大段一大段的盘放在大砂锅里。锅的中间留出下勺的空间，清水煮熟贩卖。煮好的猪肠好像敷上一层白霜，还有一小块一小块的白色凝脂，所以取名叫"羊霜肠"。

热锅经小炭火烧开时，中间的热汤滚滚就是所谓的"开锅头"，因为不断翻滚，所以浮油都被推到四周。换句话说这"开锅头"的地方是最没油水了。而小贩在切好霜肠要添汤入碗时，不是用嘴吹一吹，就是用铁勺晃一晃，等浮油散开，然后下勺，盛的汤也就不肥了。所以熟悉的客人就会在小贩添汤下勺前说一声："少吹、慢晃、不要开锅头！"意思是要掌柜的"多给点油水"！

《城南忆旧》

❖ 李庆堂：白水羊头

立秋后，作坊从北平的羊肉铺里进羊头。进来羊头后，晚上伙计们就开始焌毛、洗、煮、拾掇。然后下锅煮，一锅最多能煮一百二三十个。煮羊头的锅上口是缸，下边是铁锅。一是装的羊头多，二是缸煮比锅煮好，煮出来的羊头干净，漂亮，不黑。锅里就用清水不放任何作料，要不然怎么叫白水羊头呢！煮时直接把羊头码在锅里，码的时候把羊头鼻梁骨靠脑门儿部位贴着锅，不粘锅也不会煮黑。煮得用手一按脸子是软的，就跟发面馒头刚出锅似的；羊肉发绵软，那火候最合适，拆的时候骨头上保证不粘肉。煮完羊头后就拆骨，拆完后再重新洗一过儿，晾凉后，用刀子刮净，去毛。自己分的羊头，自己拆骨处理，各人拾掇各人的。

吃白水羊头时撒的椒盐也很讲究。我们李记白水羊头撒的椒盐是用几味中药配制的，吃着又香还特对白水羊头的味。我们配制的椒盐中最主要的是盐和花椒，还有丁香、豆蔻、砂仁、肉桂、甘草等十来味中药。配制椒盐时，先用灶膛的火灰把沙锅烘热，在沙锅里的盐中间留个窝窝，把选好的中药埋在盐里边，用灶膛火灰烘一个来钟头。这样烘出来的盐特别好，焦里透黄，挂着糊头儿。椒盐味道特别香，与众不同。这是因为椒盐里含有丁香、砂仁等中药成分，还具有健脾开胃的功效。当时，磨椒盐的方法比较原始，用两块特制的石头互相擦，把椒盐磨得特别细。

以上介绍的是我家生产制作的白水羊头的过程以及白水羊头、椒盐的加工制作方法和特点。

《百年老字号李营白水羊头》

❖ **袁祥辅：谭家菜**

谭家菜主人谭祖任，字瑑青，广东南海人。民国初年曾任湖北省武汉电政监督，为清末学者。爱书画，擅颜、欧书法，有作品流传于世。谭氏家族历来讲究膳食，曾重金聘请各地名厨师为之烹调佳肴。谭家女主人郭丽凤老人，擅长做广东家乡菜。她汲取各地厨师之长，与广东菜烹调方法结合起来，经多年改进提高，创出一种风味独特的谭家菜，至今已有百余年的历史。

谭家系清末官宦世家，交往素广，在京同乡亲友常相互宴请。各家每遇生日、聚会，都愿借用谭家地方请谭家女主人代做筵席。而凡请谭家备宴者皆给谭家主人留一席位，邀请参加，以表谢意。谭家菜最初并不对外营业，但谭家菜口味之鲜美却远近流传，南方人北方人都爱吃。特别是鱼翅、鱼唇、海参、鲍鱼等海味名菜更加清鲜适口，胜过当时各大饭庄。常到谭家作客的人赞扬说："谭家菜、周家酒，吃完不想走。"意思是指谭家的菜肴好吃，周家的陈绍酒好喝。凡吃过谭家菜的人都这样交口称赞。因此前来品尝谭家菜的人越来越多。在日寇占领北平期间，是谭家菜名声最盛时期。

　　谭家菜原来的地址在宣武区米市胡同四十七号，广东南海会馆旁边的一个小院内，门前不设招牌，就餐者都是经人介绍而来。院内迎面种有绿竹、花草。前院是客室，后院是主人住宅。客室内挂有古代名人书画，陈设各种名花、盆景，显示出古朴文雅。谭家菜位于偏僻小巷，又无招牌，而却如此出名，这正如俗话所说："货高招远客。"络绎不绝的顾客，都是慕名而来，满意而去。

《著名的家庭菜馆谭家菜》

第六辑

说唱叫卖，听的就是那一嗓子京腔京韵

❖ 闻国新："大书"和"小书"

我曾经听过许多种的"大书"和"小书"，但以《聊斋》一种给我的印象最深。说书人的姿态，快要到"卖关子"时候那种剑拔弩张的紧张神气，这些都永久存留在我的脑膜上。连有些故事的内容如《田七郎》《云萝公主》等等，如今大略还都想得起来。

说书的规矩是无论大书小书，都说三个月，按旧历算一天也不多，一天也不少。有的书馆是白天晚晌两场，说书的人不同，所说的书也不一样，目的当然为的是多一点吸收听众。白天的我始终没有正式听过，至于路过那里偶尔一驻足却是常有的事。晚上的都是从下午7点钟开始10点钟截止。但若遇见一个有名的说书人，或是所说的是书中最精彩最热闹的一段时，你还得早去。否则便没有你的座位，瘾大的只能站在玻璃窗外遥遥领略而已。

书场中代卖清茶，也和听京戏一样，是一边品着旗枪的滋味，一边品着说书的滋味的。据说，最初原是以吃茶为主，听书为副。但现在没附设书场的茶馆，生意是颇称萧条的了。

说书人所占的位置大半是在壁墙的前面，长桌头里匀出一块见方丈把的地方，只一只小桌，桌上有给说书人预备润嗓音的茗碗，和一块长方形木橛，仿佛是从前衙门里审问官司的"惊堂木"一样。这是"卖关子"时不可缺少的工具。还有一只小凳，是给说书人说到一个节目时休息用的。

所谓"卖关子"便是一回书说到惊险处，引起听众急于想知道下文是怎么回事的心理，却忽然顿住了不说的意思。譬如《儿女英雄传》，叙十三妹弹打恶僧，说到"三儿将刀只一划，便听哎哟一声，红光迸现，鲜血直流……"，完了，"惊堂木"一响，说书人脸上带着昂然的表情坐下来喝茶了。究竟安公子死了不曾？这逼迫你非听下去不可。

在这时候，茶馆中另外有一个专管敛钱的伙计提着小藤筐箩沿着听众的行列进行，他把小筐箩递到你的面前，这必须要投进几个铜板去才行。这种钱名为"书钱"，一晚上照卖关子的回数的多寡约可敛上十几次。至于茶钱，有限得很，临走时搁在桌上就可以了。

《北平的说书》

❖ 侯宝林：第一次说相声

值得一提的是，我在鼓楼市场那儿学会了相声。这是我以后转变成为相声演员的基础。

鼓楼市场就是现在钟楼前面、鼓楼后面这一块地方，原来用铁蒺藜围着，它有东南西北四个出入口。进南门挨着鼓楼这一块，有卖破烂的、算卦的和卖扒糕、炸丸子、豆汁、馅饼、烧饼、锅饼等的小摊儿，还有小酒摊。有三个茶馆：路北的是鲁记茶馆，路东的是石记茶馆，路西这家茶馆我忘了它的名字了。西门外边有个落子馆。鼓楼市场别看地方不大，卖艺的场子可不少，一进南门有两份儿说书的，东边这个说书的说《七国》；还有个说书的说什么书记不清了，只记得说书人的外号叫"冯小辫"。说书满赚钱，比我们唱戏的强多了。再进去一些，东边有块场子，那是说相声的，有时摆在西边大槐树底下。我们这场子没有固定的地方，有时也在那唱戏。还有个唱喝喝腔的大棚，那也是很穷的戏棚，没有什么大戏，有几件行头，随便乱穿着。喝喝腔据说是沧州一带农村的剧种，我到沧州时有人向我提起过。现在这剧种已经消失了。再往北走，还有两块地，常在那儿演出的，一个是"全家福"，不知道姓什么叫什么，老夫妻俩带着两个儿子、两个儿

▷　侯宝林表演相声

媳妇、闺女，大家一块儿唱，唱的大概是花鼓之类，人家就管他们叫"全家福"。还有一摊是父子俩带一个徒弟，唱莲花落。这家姓崇，老头的名字不知道，儿子叫崇佩林，他们时常唱些太平歌词。太平歌词这名词有个来历。据说北京当初有个出名的艺人，外号"抓髻赵"，他到宫里给慈禧太后唱了莲花落，慈禧没听过这东西，听完了就问这叫什么名字？"抓髻赵"说叫莲花落。莲花落本来是高尚的人不大接触的东西，属于跑江湖、要饭行乞的玩艺儿，慈禧嫌这名字不好听，就说改叫太平歌词吧！因此这名字是"御赐"的。后来一传两传就传错了，把唱太平歌词时打的小竹板错叫做"玉子"（是"御赐"的转音了）。太平歌词用的小竹板跟二人转用的小竹板本出于一个传统。二人转叫小竹板为"四块瓦"，演出时演员一手拿一件两块瓦样的板，来回翻打，叫"四块瓦"，这是劳动人民起的名字。莲花落自从被慈禧"御赐"名字以后，起初竹板也叫"御赐"，后来叫别了，就叫成"玉子"了。实际上不是竹板叫做"御赐"，而是太平歌词这名儿是"御赐"的。后来北京很多唱莲花落的班子就把莲花落改叫太平歌词。

我除了唱戏之外，有时到鼓楼市场的各场子里转转。这么多场子中待我最好的是崇家，我常到那坐一会儿。老听太平歌词，我就想学，后来真学了几段。我第一次唱太平歌词就在崇佩林家这场子。我和另一人合唱《韩信算卦》，应该是韩信做错了五件事，要减寿，这个说法当然带有迷信色彩；我唱了四件事就结束了。第一次唱就唱错了词儿，想给人帮忙，帮了倒忙。这一场演出没法向人家要钱了，唱错了词儿怎么好向人家要钱哪？只好算了。这是我第一次唱太平歌词。

我第一次说相声也在鼓楼后边。我爱听相声。鼓楼那儿有几个说相声的场子，有些老艺人在那说相声，像常宝臣先生、聂文治先生。常宝臣先生带两个徒弟：一个叫郑祥泰，一个叫王世臣。王世臣那时还刚刚学徒。这些人在那儿待的时间不长就走了，换了一些年轻的艺人，像张兆新、张书元，还有个小李，他们的岁数都比我大。他们说相声，我老听，老听老听就想说。有一次开场，我看见场子里就一人在那儿，我说："我给你帮忙吧！"他说："好吧！来吧！"我第一次说相声说的是《戏剧杂谈》，那时不叫《戏剧杂谈》，叫《杂学》。我估计我这第一次说相声说的并不太差，我把那个段子圆满地说下来了。但是收钱收得少。第一，这是上场第一个节目，人上得不多；第二，大家认得我，都知道我是唱戏的，不是说相声的，所以不大愿意给钱，好像不值似的。我第一次唱太平歌词，第一次说相声，全在鼓楼市场那儿。

《卖艺生涯》

❖ 高凤山：八不语

北京的吆喝声是从什么时候形成的，现在很难断定，因为它不是一天形成的。俗话说："卖什么吆喝什么。"这句话大约是明代以后流传下来的。但原先的吆喝很简单，卖包子的就吆喝"包子——包子——包子"，卖馒头的就吆喝"馒头——馒头——馒头"。到了后来，随着城市商业的繁荣，各行各业的小贩多起来，吆喝声也越来越复杂，一年四季都有吆喝声，不仅要嗓音洪亮，隔老远都能听得真真儿的，而且要生动风趣，让人爱听，爱买你的东西。

可是也有一些买卖不吆喝，号称"八不语"，它们是：卖掸子的、修脚的、绱鞋的、劁猪的、锔碗的、行医的、剃头的和粘扇子的。其中，有些是不好吆喝的。像卖掸子的，要是吆喝："买大掸（胆）子嘞，好大的弹（胆）子！"那不把人都吓跑了吗！修脚的要是说"给您修修"，锔碗的要是说"给您锔上"，这些都不大礼貌，所以这些都不吆喝。"八不语"里面还有一些买卖虽然不吆喝，但它带有敲打的响器（也叫"报君知"），叫人一听就知道。像行医的郎中，他手里拿着串铃，剃头的，手里有唤头；粘扇子的，有挎铃等等。

"八不语"到后来也有变化。像卖掸子的，他不吆喝，住家主瞧见了不知他是给铺户做的，还是给人家送的，也就不买。于是，他也有了吆喝："大小掸子发行价。"以示便宜。

《四季吆喝声》

❖ 蓝士林："辣菜"当头炮，夜唱"干烧酒"

1938年冬，我家刚搬进乐善里26号院住。一天清早，听到胡同里有一声洪亮的吆喝："辣——菜！"我好奇地跑到门外去看：是一位40多岁的"老头儿"，把一副柳筐小挑子撂在地上，有一头放着个黑瓷坛。我问："什么是辣菜？"他没有因为我是孩子随便问问而不予理睬，而是认真地对待我这个关心他的"商品"的小孩子，很乐意地哈下腰，把坛子盖拿起来叫我看。顿时，一股强烈的辣气从坛子里飘出来，直扑我的鼻孔，呛得出不来气，眼睛也刺得流下泪来。再往坛子里看，原来是一些芥菜片，泡在发酵的白汤里。

接着，挑担儿进入胡同的有卖臭豆腐的，卖江米粥的，卖小豆粥的，卖老豆腐的，行行有高招。卖臭豆腐的以低音吆喝，像背书一样："臭豆腐、酱豆腐，王致和的臭豆腐。"坛子上贴着印有"王致和"三个字的红纸标签，让人相信是真货。卖老豆腐的以作料吸引人，有芝麻酱、辣椒油、韭菜花、臭虾酱、大蒜汁。卖薄荷凉糖的最洋气，头戴有檐高帽，身穿白色制服，好像马戏团的吹鼓手。他吹完洋号，吆喝一声："薄荷凉糖，香蕉糖！"我买过一块薄荷凉糖，剥开两层包装纸，凉糖像今天的一粒"感冒清"片，薄荷味还是较浓的。他的全部货物都放在身上斜挎的小皮包里。

一天当中，来胡同里最晚的，是卖"干烧酒"的。这是一位身材较高的中年妇女，挎着一个柳条篮子，里边有糖球、花生米和油炸的吃食。中间放一个"酒嘟噜"（肚大口小的黑釉粗瓷坛），篮子外侧挂着一盏四方形玻璃煤油灯。她家住乐善里西南的毗卢庵胡同，我经常见到她。夜黑人静之时，她把篮子放到胡同中部24号院的台阶上，以独有的清脆女高音，吆喝："干——烧——酒——"美妙的叫卖声便传送到各家的炕头上。她的油炸食品素鸡和饹馇盒儿价钱不贵，都很好吃。饹馇盒儿是用绿豆面配调料，摊成特薄的饼，卷成卷儿，再切成宽一分的小段过油，形状似座钟里的盘条，酥脆香咸。晚上，掰一小块，放到嘴里，细细咀嚼，慢慢品味，会是一天中难忘的"享受"。

《宣外乐善里的叫卖声》

❖ 蓝士林：手举"财神爷"，肩扛"傀儡戏"

在叫卖的人流中，有稚嫩的童声吆喝："开胃的蜜柑橘！"先闻声后见人，有两个小孩子，他们双手托着白柳条盘，上边放着一些熟透了快要脱皮的橘子，挨门叫卖"快来买呀！"

夏天，用两根木棍夹一个轮，推一个比西瓜还大的冰块，上边覆盖几张蓖麻叶子，叫卖"冰核儿，多给！"的，也是儿童。

年根底下的那些天，一伙儿一伙儿的半大孩子，手举夹着染有红绿色纸的高粱秆，兴冲冲地跑进各家院里，急促地喊叫："送财神爷来啦！""送财神爷来啦！"给院里增添了过年的喜庆气氛。他们的"财神爷"，是在纸上印有一个三绺胡须的大胖子面孔，袍子上涂红着绿，显示了民间手工艺术的特色。我对他们说："不要！"母亲制止了我："不能说不要，财神爷能说不要吗？要说我们已经请到啦！"

在乐善里，比过年还要热闹的，是来了独角的"傀儡戏"。当年小孩子们都叫它是：耍"无丢丢"（音）的。演傀儡戏的扛着一根杆子，杆子的一头是木制的戏台，下边是蓝布幔帐，嘴里吹着哨："无丢丢！无丢丢！"孩子们欢快地奔跑着，喊妈叫姐，拉爹找哥，一片忙乱。演戏的选好一个墙根，立好杆子，放下幔帐，随后钻进帐子里，敲锣打鼓一通，说："下边演出《王小打老虎》。"孩子们叫好，拍着巴掌儿。围上来的大人小孩，足有50多人。

他是独角儿演全活：敲锣打鼓吹口哨，连说带唱表演老虎和王小，老虎要摇头摆尾吼叫张开血盆大口，王小要奔跑跳跃举棍猛打虎头。演得活灵活现。演完，耍傀儡戏的从幔帐里钻出来，满头大汗地给在场观众鞠躬，说："婶子大娘，小兄弟们，您带着钱的给个零钱，没带钱的给拿个窝头也可以，谢谢您啦！"给一个窝头，他就满意地称观众是"衣食父母"，尽心尽力地伺候着。于是，有的人给一两分钱，有的跑回家拿来一个窝头。

接着又开演《猪八戒背媳妇》。

《宣外乐善里的叫卖声》

❖ 张夙起：乡村叫卖声——"贱买贱卖喽！"

旧时，一些挑担售货的或手艺匠人揽活的，都要走村串户沿街叫卖，叫卖声因销售的东西不一样，内容和声音也不同，但共同的特点是尾音都拉得很长，尽量使声音传送得远些。最多是卖日用小百货的，他们把销售的货物编成顺口溜唱："顶针锥子针头线脑，烟袋火镰绣花荷包，镜子油盒梳子剪刀，洋袜子手巾随便挑……"最后拉一个长声喊："贱买贱卖喽！"见有人出来，就一边招手一边唱："来来来，您瞧一瞧看一看，您瞧瞧，开开眼，随便挑来随便拣，不买瞧瞧也不烦！"围得人越多，就唱得声音越高。

卖炸糕、火勺、油炸鬼等小吃的，担子两头各挑一个草编的椭圆形带盖的"笼帽"，喊："热乎炸糕、火勺、油炸鬼喽——"可以单买一种，也可以论套——一个火勺夹一块炸糕或一个火勺夹一个油炸鬼叫"一套"。

卖水萝卜和小葱的担子两头各挑一个"架筐",架筐下面是个类似笤筐的浅筐,上面是用4根细木条做成的架子,架上有绳套用来拴扁担。为了使带水的新鲜蔬菜露出来好看,水萝卜和小葱一层层码在架筐上。进村就喊:"小葱水萝卜喽——"

香瓜用笤筐担,有意思的是,卖香瓜的大多戴着草帽,只喊:"挑瓜喽——"旧时,出产不多,生活也困难,遇有熟人就把草帽压下去,把头低下,不打招呼,是怕熟人认出来而白吃白拿。

挑担卖砂锅、药吊子的,喊:"卖沙锅沙蛋壶喽——""沙蛋壶"是煎中药的药吊子。之所以把药吊子叫成沙蛋壶,是因为叫"药壶或药锅子"不吉利,会引起人们反感。

昔日,由于交通不便,离城镇稍远的村庄经常有各种小买卖人进村叫卖,而且各自叫卖的内容和声音也不同,那些高高低低长长短短抑扬顿挫的叫卖声,一回回唱来,只把人唱得嘴馋心动兀自不肯罢休。它的诱惑甚至超过一阕优美的诗词或一段动听的小曲,听来是一种享受,尤其是孩子们,总爱围在一旁看热闹,听新鲜。那些叫卖声不仅能把那些买卖人的神态心境表现得淋漓尽致,而且还能诱发人们诸多的联想,成为融入妫川人生活的一种多彩的艺术。

《乡村叫卖》

❖ 郑建山、常富尧: 运河号子

通州的运河号子有许多特点,这是由运河的"性格"决定的,运河是人工河,与黄河不同。黄河是中华民族的摇篮,它奔腾、咆哮、一泻千里,代表了中华民族不畏强暴、英勇抗争、前仆后继、不屈不挠的品格,有阳刚之气。因此,黄河号子是呐喊,是悲壮,它雄壮有力,浑厚高亢。运河

▷ 北运河风光

是一条人工开凿的河，曾担负着沟通南北交通的重任。它水势平稳和缓，像母亲一样坦然安详、温柔善良。它滋润着两岸人民，体现着一种阴柔之美。因此，运河号子也有运河一样的"性格"，虽然有些号子也高亢浑厚、雄壮有力，但不像黄河号子那样激烈高昂，平缓、优美、抒情、如歌，可以说是运河号子的主旋律。

运河号子的另一些特点与漕运有关。漕运及南北的经济交流不仅"漂来了北京城"，为通州的经济带来繁荣，而且南北文化互相融合撞击，形成灿烂的运河文化，运河号子就是其中的一个重要组成部分。据今天运河号子的演唱者小时候听老人说，通州的运河号子是和南方漕运的河民学来的。此外，"自潞河南长店四十里，水势环益，官船客舫骈集于此，弦歌相闻，最为繁盛。"有人说，客舫上的"弦歌"对北方的运河号子也产生了影响。这种说法是否有理，笔者没有研究，但运河号子和南方民歌，确实有着千丝万缕的联系。

运河号子有自己一整套适合各项行船活儿路的曲目。如起航前的"起帆号子"，平水时喊的"摇橹号子"，上水时喊的"拉纤号子"，船搁浅时喊的"推船号子"，卸货时喊的"出仓号子""上肩号子""搭跳扛粮号子"等。

运河号子的演唱形式是一领众合。领唱根据劳动情况即兴编唱指挥劳动动作的"行话"，目的是统一劳动步调，增加劳动兴趣，提高劳动效率。

运河号子多为联曲体结构，这是因为悠悠四千里的大运河水势情况不同，所用腔调较多的缘故。也有单曲体结构，音调多与语言声调相结合，自由行腔，节奏速度都视具体活路而定。"号"者，"大呼也"，号召、召唤众人共事一致之意。号子是呼喊、呼唤之声，它与人民的劳动生活紧相伴随。运河号子当然也是如此。

光绪末年，国运大衰，朝廷改征粮为折征银两，漕运废除。水运衰败，陆路兴起，通州码头的重要地位逐渐消失。运河号子也失掉了它的原有功能，但它那富有特点的音调，至今在人们中间流传。

《谈运河号子》

❖ 石继昌：京华遥忆吆喝声

"小楼一夜听春雨，深巷明朝卖杏花。"多么富有诗意的货声！

货声一称市声，就是街头巷尾小贩叫卖之声。北京人常说"卖什么吆喝什么"，"吆喝"是大声呼唤的意思，小贩吆喝其所售物品，广而告之，以招揽主顾。"吆喝"实际是货声的同义词。

北京一年到头，由春至冬，三节一年，时间不分晨夜，天气无论晴雨，货声不绝于耳，四季食物，应时用品，应有尽有，居民足不履闹市，就可从容置办。老北京对于种种货声，耳熟能详，倍感亲切。不仅小贩是这样，一些百工技艺也莫不如此，如修理桌椅板凳的、磨剪子抢菜刀的、锔盆儿锔碗儿的、收拾雨伞旱伞的，都各有其货声。其中磨剪子抢菜刀的除吆喝外，还用手拍打铁片"串头"，以招引顾客。粘扇子换扇面的在其肩挎小木箱上缀以铜铃，行走时起到"报君知"的作用，是无言的货声。

货声基本上都是开门见山，卖什么吆喝什么。但也有些小贩的货声，并不吆喝其所卖之物，而是经过一定的艺术加工，或揭示其形状，或突出其特点，夸张渲染，听者闻声而知物，不直呼其名而所售之物已呈现于主顾的心目之中，这种叫卖招揽顾客的效果，较开门见山式的货声，有过之而无不及。略举数例，以破岑寂。

密云陈穆卿先生（鸣銮），一字牧青，别号黍谷山樵，风雅能诗，晚年息影京华。其咏蜜桃诗云："不将根叶渡扁舟，隐却真名语用瘦。喝了水来喝了水，令人心醉到深州。"又咏柿子诗云："督师惭败柿园中，秋老忠魂到处逢。涩了换来涩了换，卖时天气近初冬。"前诗根叶指桃根桃叶，后诗督师惭败指明末孙传庭事，都是诗人的用典，和货声无关。唯有诗中的

"喝了水来喝了水""涩了换来涩了换"两句，诗人不加雕饰，直接以货声入诗，不言桃柿，而深州水蜜桃与不涩的甜柿子，已经跃然纸上了。

又如蒋癯叟先生咏萝卜桃儿诗："隔巷声声唤赛梨，北风深夜一灯低。购来恰值微醺后，薄刃新剖妙莫题。"卖水萝卜的小贩，寒风凛冽中彳亍街头，一声"赛梨咧辣了换"，不言萝卜，而萝卜的妙处已表白无遗。

入夏玉米新熟，小贩煮之而卖，每当日长昼永，午睡初觉，忽闻一声"五月鲜儿来！活秧儿嫩的来！"不言玉米，玉米馨香已扑入鼻端。

❖ 靳麟：听戏听轴子，听书听扣子

开书时，拍一下醒木，先念四句开场词，再接着说书。开场词念什么都可以，有的念红模子上的"一去二三里，烟村四五家，亭台六七座，八九十枝花"，有的念四句唐诗。开场词，有的人一天一换，有的人一转儿老是念那四句。

说书讲究驳口和书扣子。驳口是每一个小段最后的那两句书词，必须说得响亮有力。例如，打了胜仗，有的驳口就说："鞭敲金镫响，齐唱凯歌还。"说《聊斋志异》，驳口大多是引用本段的原文，比如说一个年轻貌美的姑娘骑着驴慢慢地走来，驳口就说："一妙龄丽姝跨黑卫款款至。"有的驳口是抖个包袱，双厚坪、袁杰英、杨云清、品正三就常用这种说法。

书扣子，就是这段事情的结局如何，主要人物究竟是生是死，说书的总是把书紧紧扣住，不立即说出，而且故作惊人之笔，东引一桩事，西出一个岔，围绕着书胆（书胆就是这段书中的主要人物，像《精忠传》"岳云锤震金蝉子"中，岳云就是书胆）往一起攒，攒到最高潮，才把这件事情说破，解开这个扣，这就是书扣子。书扣子必须说得精彩生动，曲折紧凑，一点也不能松懈。听书的都聚精会神，要听个水落石出。所以说："听戏听轴子，听书听扣子。"

《北京的评书》

❖ 石继昌：说书与听书

按旧社会北京评书艺人的演出，有所谓"窑口"和"撂大地"之分。在书馆演出的为"窑口"，是比较高级的，每次演出期限为两个月，演员先期和茶馆主人订有合同，说书收入除首末两日的所得全归演员本人外，演员平时一般和茶馆主人按七三成分账。书馆演出的时间，分白天和晚间两种，白天演出的叫"说白天"，晚间演出的叫"说灯晚"。书钱零付，另收茶资。西安市场内的三处书馆，都是"说白天"，不带"说灯晚"。一般说来，在书馆演出的评书艺人艺术水平较高，"撂大地"的艺人则稍逊一筹。茶馆主人为了多卖茶水，多方物色著名评书艺人，以期能够吸引听众，增加营业收入，这是可以理解的。

北京评书艺人有说"大件"与说"小件"之分。《三国志》《精忠传》《东汉》等，书中人物穿袍挂带，马上征杀，类似京剧中的长靠戏，这是"大件"；《包公案》《大宋八义》《五女七贞》等书，讲说绿林豪杰，短衣相扑，类似京剧中的短打戏，这是"小件"。以上两类，各有千秋。其实，老于听书的内行，对于这些书的故事情节，早已了如指掌，他们所欣赏的，在于某些高超演员在说书时的插科打诨，随意发挥，而意有所指，妙绪环生；有时不免涉及时政，言在此而意在彼，说者有意，听者会心，至于书的内容关目，反成为次要的了。

《西安市场述略》

❖ **靳麟：** 说书人嘴里得有词，脸上得有戏

说评书必须北京口音，有时也可以改变，如书中人是山西人，就可用山西口音。一般说，《列国志》《西汉演义》《东汉演义》《精忠传》，都不变口。有的是变嗓音。

吴阔瀛原是个军人，去过不少地方，会些各地方言。他说《三国演义》，到关羽说话时，应用山西口音，司马懿说话时，就用河南口音，孙权说话时，就用江苏口音，可谓别具一格，听来倒也另有趣味。

说评书必须口白清楚，粗细音都得有，既要学男，又要学女，生旦净末丑，都由一个人来演。嘴里得有词，脸上得有戏，喜怒哀乐，要声情并茂。书中人物的脸谱穿戴，全是按照京剧的样子说，可是对白不能用京剧的腔调。

结巴说不了书，可是张虚白有点轻微的结巴，他说《西汉演义》，说到楚霸王的时候，有的书座和他开玩笑："张先生，你说霸王霸字的时候，千万可别结巴呀。"

《北京的评书》

❖ **马铁汉：** 湖广会馆里唱京剧

清末民初，湖广会馆是名人荟萃之地。一些京剧票友在此组成"赓扬集"票房，不时地在大戏楼内排练、演出。许多京剧名家也应邀前来献艺。

如"伶界大王"谭鑫培、"老夫子"陈德霖，以及田桂凤、时慧宝、王君直都在这里留下了历史的足迹。据沈太侔《宣南零梦录》载：某公在湖广会馆演戏庆寿，由田际云主办的玉成班为班底，邀请谭鑫培等演出。日场上演《桑园寄子》，其精湛的唱、做，把战乱中的邓伯道背井离乡，携弟妇、子、侄逃难的情景表现得淋漓尽致。晚场演《碰碑》，又将一代名将杨继业被困两狼山，孤立无援，冻饿交加，仰天长叹，壮烈殉国的情景刻画得入木三分。当时作者观后评曰："戏以哀而后工，叫天之工，工于哀也。"其唱腔苍凉、悲壮，感人至深。

又据梅兰芳《舞台生活四十年》载：一次"赓扬集"在湖广会馆彩排，大轴戏是《空城计》，主要演员为谭派名票王君直，不料他突然因病不能登台，于是临时改为约请名伶演出。计有时慧宝演《上天台》；陈德霖演《彩楼配》；大轴是谭鑫培、田桂凤合演的《坐楼杀惜》。当唱到"听谯楼打罢了初更时分，眼前坐的是对头人。我本当向前来抱定，公明岂是下贱人？啊……下贱人！"这段唱腔时，谭鑫培将后两句改为："她往日待我恩情重，为何一旦变了心？啊……变了心！"然后双眉紧皱，两手微搓，归座。并删去了原剧中欲搂抱的动作。当时名票言菊朋、关岳森在台下观剧，认为这两句改得好，合乎宋江的身份。以后言菊朋演出此剧，就按照谭的唱法，受到观众称赞。

在另一次堂会上，被梨园界称为"老夫子"的陈德霖在湖广会馆加盟演出《孝义节》，该剧为青衣唱工戏，演孙尚香投江后，为母后托梦的故事。戏中除孙尚香外，吴国太也很吃重。陈德霖演孙尚香自然是驾轻就熟，当行出色。是日，有人建议由谭鑫培的鼓师李五和琴师梅雨田为其伴奏。谭鑫培听后，表示全力支持，立即将乐队借与陈德霖使用。同时由著名老旦演员谢宝云配演吴国太，自然更是锦上添花。此剧一般演出时，孙尚香都照例站在高台上唱《西皮导板》，随着《慢长锤》锣鼓走下来，再接唱《西皮慢板》。而陈德霖唱六句《二黄慢板》，唱腔悲凉、哀婉，将孙尚香的沉痛心情表达得十分妥帖，唱到第五句时，在过门中缓缓走下高台；此时，鼓师李五在胡琴过门中，配以堂鼓和大锣，奏出凄风瑟瑟的音响效果，冷然动听。琴师梅雨田琴音悲凉，托腔保调，严丝合缝，三人配合十分默契。观众为之动容。

《湖广会馆的修复》

❖ 翟鸿起：卖木炭打的鼓像唱大鼓书的鼓

　　早年间大户人家，冬季取暖是用炭盆烧炭，一来干净，二来不是燥热。后来木炭供某些小贩用来保持所售食品的温度，如卖老豆腐、豆腐脑、糖画、吹糖人等等。用量较多的是涮羊肉馆。秋后，殷实人家吃涮肉，也得用炭。小贩一进胡同，就将他那大拨浪鼓"嘣咚嘣咚"地打得山响。他打的鼓像唱大鼓书的鼓，安上一个把，鼓身对称安上两个皮条带的鼓锤，小贩手提着鼓左右一抡，便出响声。听到这个打鼓的声音，便知道卖木炭的过来了。小贩手推双轮车，车上大扁筐，装满了木炭，烧得透，大小块均匀。

　　相声大师侯宝林先生说的《三棒鼓》中，两位老太太在天桥听戏，被那要钱的鼓声吓怕了，走到家门口，刚要进门，又听到"嘣嘣嘣"的鼓声，就说："哎哟！追到家门口要来啦！"这里所说的鼓声就是卖木炭小贩所摇的拨浪鼓的声音。只有知道这是两种毫不相干的鼓声巧合了的人，才是真正会心、开心地一笑。

《老北京的街头巷尾（二）》

❖ 张恨水：北平的小贩吆唤声

我也走过不少的南北码头，所听到的小贩吆唤声，没有任何一地能赛过北平的。北平小贩的吆唤声，复杂而谐和，无论其是昼是夜，是寒是暑，都能给予听者一种深刻的印象，虽然这里面有部分是极简单的，如"羊头肉""肥卤鸡"之类，可是他们能在声调上，助字句之不足。至于字句多的，那一份优美，就举不胜举，有的简直是一首歌谣，例如夏天卖冰酪的，他在胡同的绿槐荫下，歇着红木漆的担子，手扶了扁担，吆唤着道："冰淇淋，雪花酪，桂花糖，搁的多，又甜又凉又解渴。"这就让人听着感到趣味了。又像秋冬卖大花生的，他喊着："落花生，香来个脆啦，芝麻酱的味儿啦。"这就含有一种幽默感了。

《市声拾趣》

第七辑

戏曲杂谈，
追忆民国红尘往事

❖ 刘荻：京剧大评选

1918年后，京剧人才辈出，流派纷呈。"四大名旦"崛起，又是京剧史上划时代的大事。1927年6月20日至7月23日，《顺天时报》登载征集五大名伶新剧夺魁投票启事。投票结果，梅兰芳以《太真外传》，尚小云以《摩登伽女》，程砚秋以《红拂传》，荀慧生以《丹青引》夺魁。"四大名旦"之誉随之被人们所公认。梅兰芳的端庄典雅，尚小云的俏丽刚健，程砚秋的深沉委婉，荀慧生的娇昵柔媚，不同的艺术流派，开创了京剧舞台上以旦角挑梁的格局。

武生杨小楼继其父杨月楼、俞菊笙之后，将京剧武生演唱艺术推向一个新境界，被誉为"国剧宗师""武生泰斗"。

同期老生行当中的余叔岩、高庆奎、言菊朋、马连良誉为20年代的"四大须生"。30年代又有马连良、谭富英、奚啸伯、杨宝森"四大须生"。

1936年，又评选出李世芳、张君秋、毛世来、宋德珠为"四小名旦"。而贯大元、时慧宝、王凤卿、尚和玉、金少山、侯喜瑞、李万春、李少春、高盛麟、裘盛戎、叶盛兰、叶盛章、袁世海、筱翠花、徐碧云、姜妙香、新艳秋、雪艳琴、言慧珠等，均为享有盛名的京剧名宿。

《诸腔竞技唱在宣南》

❖ 梅兰芳：源于生活，高于生活

中国戏曲的表现手法是现实主义的，它是从生活中经过艺术加工提炼

▷ 1925 年四大名旦合影：程砚秋（前一）、尚小云（左一）、
梅兰芳（后中）、荀慧生（右一）

▷ 梅兰芳演出照

出来的。因此，概括精练，合乎舞台表演的原则。例如演员在台上转一个圆场，就代表走了几百里、几千里路；四龙套、四靠将可以代表千军万马；《三岔口》戏中，演员在几万烛灯光下表现黑暗中对打，观众被那种逼真的表演艺术所吸引，相信这真是在黑夜中。

戏曲里有一套表演程式，大部分是用虚拟也就是象征性的动作来代替实物的。例如上马、下船、登山、涉水、开门、下楼，以至穿针引线，都不用真东西而用手势、身段表现出来。这些程式和动作，都是从生活中提炼出来，经过艺术加工而成为戏曲表演艺术的重要部分。这里牵涉到艺术真实与生活真实的问题，二者之间有矛盾而又是统一的。我想引用毛主席《在延安文艺座谈会上的讲话》里面的几句话来说明这个问题：

"人类的社会生活虽是文学艺术的唯一源泉，虽是较之后者有不可比拟的生动丰富的内容，但是人民还是不满足于前者而要求后者。这是为什么呢？因为虽然两者都是美，但是文艺作品中反映出来的生活却可以而且应该比普遍的实际生活更高，更强烈，更有集中性，更典型，更理想，因此就更带普遍性。"

这段话已经把艺术真实和生活真实的关系讲得非常清楚，非常透彻，抓住了根本所在，对于我们戏曲表演的创作实践。有着很高的指导意义。从这里可以体会到，艺术真实不等于生活真实的翻版；可是艺术真实不仅不能脱离生活真实，还应该比它更集中、更丰富，反过来影响生活，促进生活。因此，在我们创作的时候，必须要注意它们之间的辩证的统一关系。今天广大工农兵所要看的，就是这种既精且美、既反映现实又充满了美好的理想、有说服力、能够感动人的好戏。我们演员就应该深入钻研，努力提高思想性、艺术性，以满足他们的要求。

我演过《打渔杀家》里的萧桂英，里面有摇橹的身段。我曾经在坐船时观察过女子摇橹的动作，前俯后仰，两脚叉开站定不动。我觉得演戏时只能吸取她的部分姿势，不能照样摹仿。尽管萧桂英是有武艺的，可是那样做，就不符合舞台的要求。舞台上要求把生活里的动作加以概括并舞蹈化。桂英摇船表现在脚底下是来回换丁字步，所以我们传统的身段和实际生活中的动作不完全一致，可是却能很美地表现这个摇船的形象。又如，上马的动作，真实的生活是左脚认镫，右腿跨上去。京剧武生这一身段，比较接近真实，并且有很多不同的上马姿势；且角上马却不能认真的跨腿，因为那样做并不美，她可以用趟马等其他马上动作表现婀娜的姿态，来发挥舞蹈的效果。

《中国戏曲的表演艺术》

❖ 尚长春：严厉的尚小云

父亲对待艺术极认真。他虽是老板，但他不是往那儿一坐只听汇报，而是经常去看老师教得怎么样，学生学得怎么样，如果发现教师教法有问题，他会不客气地提出来。他讲这个理儿："我花钱请你，你得实授，你不实授，学生们将来到外头演出，人家一问，哪儿的？荣春社的。谁起的荣春社？尚小云。我挨这个骂？"

他自己给学生上课是很严厉的。学生们没有一个不怕他。

为了演出能够达到高质量，父亲一辈子都没有放松过对自己的要求。他常常对我们讲："咱们是干什么的？咱们是唱戏的。人家花了钱，你台上就得对得起人家，尤其是遇上刮风下雨还来看戏的观众，我们更得使出全身的力气来唱，否则不但对不起观众花的票钱，更对不起人家的这点精神。"

父亲对于舞台上出现的任何差错都是不容忍的。一旦出了错，那么散戏后，谁也别想卸装休息，乐队也别走，重新排戏，从头场排到末场，他坐在台下看着，一直到排好为止。出了严重的错，还要另外责罚。

一次演《武文华》，我一看再看，以为父亲今儿没来，就稍微偷了点儿

▷　尚小云（中）在《虹霓关》中饰演东方氏

油，原规定走30个旋子，我只走了25个。

一散戏父亲就说："都别卸装，从头来一遍。"

"怎么了，今儿晚上我没出错啊？"我心想。

当戏排到走旋子时，我按规定走了30个。

"等会儿。"我刚要继续往下排时，父亲把我叫住了。

"走了多少？"

"30。"

"刚才你场上走多少？"父亲又问了一句。

我还是说："30。""啪"的一声，父亲狠狠地扇了我一个嘴巴。

"你们大家伙都卸了，你再走旋子。"父亲非常生气，他要惩罚我。

我只好再走旋子，左一个三十，右一个三十，这可把我累着了。

还有一回，李世芳演《昆仑剑侠传》，身上的裙子掉了，那还了得！父亲非要打李世芳五板不可。当时，许多人出来讲情。有人说："他现在有点名气，别再打他了。"

父亲说："不行！是听你们的？还是听我的？十大款（指舞台上的十大忌讳）你们懂不懂啊？"

最后，萧长华先生也出面讲情，可是父亲仍不让步，对萧老先生说："二叔，您这可不应该，您是懂得十大款里台上掉裙子该当何罪的。我打他对不对？如果不对，我趴在那儿，您打我，谁让我管您叫二叔呢？"

父亲的这番话，使萧老先生也没词了。

李世芳，这个小名角，到底没逃过老师的板子。

有不少人认为舞台上龙套的标子举得齐不齐没什么要紧的。可在我们这还就是要紧的很。有一回演《大回朝》，在"五马江儿水"曲牌里，龙套的标子没举齐。回到驻地，父亲说："今儿个《回朝》都是谁的龙套？都过来。"大伙儿忽啦啦地站了一大片。

"今儿个你们的标子为什么不齐啊？怎么回事？"大伙儿你看看我，我看看你，无言答对。

"把你们的大棉袄找出来，拿藤杆把大棉袄挑起来，举齐了。"

等大伙儿挑着棉袄举齐了，父亲上头院了。好几排人就这样站着。举得大伙儿直打哆嗦。

那时散戏晚，我们回到家怎么也得1点多钟。再这么一折腾，半夜过去了。有的老师看着差不多了，便到头院去说情："您饶了他们吧，他们下回不敢了……"父亲来到后院，把大伙儿骂了一顿之后说："收了吧。告诉厨房，给他们一人弄碗热汤面吃。"

父亲对学生们保护嗓子和身体的要求也很严格，平时不许乱吃乱喝。演完了戏一身汗，谁想脱了衣服往风口那儿一待，再吃点凉的图个痛快，甭打算！

有一回，演《大破黑狼山》，前面是《卧虎沟》，讲的是艾虎招亲的事。头一天我的嗓子还是当当的，可第二天刚刚帘内念一句"走哇"，嗓子就变味儿了。

下场后父亲生气地问我："你嗓子怎么回事？""我也不知是怎么回事。"我的话音还没落，父亲的巴掌已落在了我的脸上。"说，吃什么来着？""什么我也没吃啊。""趴下！"父亲打了我十下。可我扮着戏呢，有眼泪也不敢流。这时，有人说："来了来了。"我立即上场去。等从场上下来，父亲还是继续追问："说，吃什么来着！""什么也没吃啊。""趴下。"又是十下板子，这时又有人催我上场……

就这样，我下场了几次，父亲就让我趴下了几次，直到打得我无可奈何，只好"招认"就吃了点瓜子为止。

在荣春社，有人以为我的父亲是社主，我就可以享受特殊待遇，实则不然。我的特殊待遇无非就是每顿饭可多要一个菜，或两个菜；其他特殊的地方，就是挨打时，别人挨五下，我挨十下。

作为一个旧社会科班的班主，父亲是爱学生的。在可能的情况下，他为学生学习和生活创造一些好的条件。尤其值得一提的是，父亲革除旧科班的一些旧规矩。

如旧科班学生入科，学生家长与科班都要订立"生死合同"，俗称"写字儿"，其中总要有"悬梁自尽、投河觅井、打死无论……"等内容。荣春社也订合同，但以上那些使人胆战心惊的字眼，父亲经过考虑，决定一概除去不要。他自己是坐科出身，他的一个胞弟就是在科班挨打致死的，因而他深深厌恶这些旧规矩。

《尚小云与荣春社》

❖ 齐如山：梅兰芳义演

梅兰芳的艺术，人人知之，且谈者已多，此处不必再赘，所以只谈他之为人。他之为人不但谦和，且极讲信用而仁慈，又自爱而讲气节。兹在下面大略谈谈。他讲信用的地方很多，最浅显最常见的，是演义务戏。北平的风气，为办慈善事业或学校等等，常常找戏界人演义务戏，演员无报酬，又可以卖大价，倘办得好，颇能赚钱。不过戏界人，虽明处是不要钱，但他开账时，场面、跟包、配角等等，所开之价，总比平常加倍还多，暗中自然就把主角应得之数，开在账里了。就是主角不是自动如此，他的办事人，也要这样做。因此闹得开支很多，赚钱有限，且有赔钱而很狼狈的。这种情形，戏界人人知之，常当戏提调之人也都知道，此外知道的人，就很少了。梅则不如此，规模太小之义务戏他不演，他既答应演义务戏，则一文不要，自己跟包人，自己给钱，其余配角，由义务办事人自己接洽，以昭信用。以上这段话，并非讥讽他人，其实我就不赞成白找人家演义务戏，我的思想是，戏界人之艺术，也是花钱学来的，如同店铺的货物一样，白找人家演戏，就与白搬人家的货物一样，自然倘遇重要事情，则另当别论。所以几十年中，没有找兰芳白演过戏，只有一次，是蔡子民（元培）、李石曾两先生创办中法大学，曾由我约梅演过一次义务戏，就是未受分文的报酬。前边所说规模太小之义务戏者，系指办一小学等等，他如果答应这种，则他一年之中，只能专演义务，无法再演买卖戏，因为求他之人太多，且有许多借端图利之人，所以无法答应也。至于大规模或本戏界之义务戏，则他永远站在前边，盖民国六七年后，老辈如谭鑫培等去世之后，叫座能力以梅居首，所以他永远倡头举办。

他到上海之后，也要赶回北平出演，后几年不能回平，他便在上海约各角合演，所得之款，一半给上海本界贫人，一半汇寄北平。

《我所知道的梅兰芳》

❖ 沈祖安：盖叫天

盖叫天，原名张英杰，河北省高阳县西演村人。生于1888年11月，卒于1971年3月，终年83岁。弟兄五人，大哥张英甫，是演武旦的，艺名"赛阵风"；盖叫天排行第五，小名"小五子"（行称他"老五"和"五爷"）。他出生在一个上无片瓦，下无寸地的穷佃户家里。9岁就随着逃荒的人群，从老家走120里来到天津，进了隆庆和科班当学徒。十二三岁，为生活所迫，在天津一带唱"撂地戏"，过着半乞讨的生活。

起初，盖叫天没有正式以行当分科学艺，生旦末丑都跟着学，如武行中的"开口跳"（即有几句唱念的武行角色，以翻筋斗、打出手为主），尤其是扮演男女儿童的"娃娃戏"，他学得很快。因此起初被取名为"小紧斗子"。13岁始正式分行，改学老生。那年第一次到杭州，在拱宸桥的老天仙戏院演出《天水关》中的诸葛亮，取得意想不到的效果。原来他没有正式学这出戏，是跟着师兄们在旁边看老师教的。班里认为他个子较矮小，脸颊也比较窄，演老生戏"本钱"不够，对他并不寄以希望。恰巧有一位演老生的演员，因故未能赶到，前台已经贴出戏码，后台想临时改戏，引起争执。他就自告奋勇地要求让他试一试。教他戏的老师对他有七分信任，因此保举他去顶戏。班主把他提到一边问道："小子，这不是闹着玩的，你能行吗？"他眨眨眼睛说："你让我演吗？"

▷ 盖叫天演出照

谁知演完时，台下连连叫好，都说："这个小诸葛亮有点味道！"尽管后来他还是串演各种行当的戏，但基本上定为学老生了。科班里要取艺名。旧社会艺人取名有个陋俗，都是跟着名演员的艺名来取的，在前面加个"小"字、"赛"字或者"盖"字。当时最有名的须生是谭鑫培，艺名"小叫天"。有人建议说："叫小小叫天吧！"但是有人就挖苦说："他也能和叫天连在一起？不配！"盖叫天一生气，说："我非得和叫天紧挨着，我要叫'盖叫天'！"当时不少人夸他有志气。老师认真地对他说："孩子，取个名字没啥大不了，主要看你有没有这股子劲儿？"盖叫天回答说："老师，我有，我一辈子也有这股劲儿！"

可是令人遗憾的是，他15岁就"倒仓"（嗓子变声后嘶哑，不能再演唱功戏），只能再转学武生。好在他自幼打好基础的是武戏多，并没走多大弯路，而几年演唱老生戏的实践，倒为他日后的武戏表演，提供了良好的条件。

《我所了解的盖叫天》

❖ **夏长贵：** 程砚秋隐居青龙桥

程先生为何搬到青龙桥住？与日伪汉奸的压迫有关系。

程先生是个很有民族气节的人，对为富不仁、为虎作伥的人疾恶如仇。有一次京剧界组织"义演献机"运动，在日伪势力的压迫下，别人都不敢不演，有人还出面劝他看在同行的面儿上，请求他演出，免得敬酒不吃吃罚酒。程先生表示："献机义演的事，我程某宁死枪下，也决不从命！"这下惹恼了日伪汉奸特务。一次程先生应上海剧院的邀请演营业戏，演出完毕，剧团从上海回到北平。程先生刚一出前门火车站，就上来几个便衣特务找茬儿，还动手打人。程先生从小学过武术，三下五除二就把几个特务打翻在地，抽空子跑回家。日伪特务吃了亏，屡次找程家的麻烦。常言说"惹不起还躲不起"，就这样，程先生决心蓄须辍演，来青龙桥务农隐居。

程先生来青龙桥务农，一点儿不带假的，他买了百望山下的一块山坡地，雇人耕种，他自己也身穿黑色布衣布鞋，腰系搭布，眼戴墨镜，下地锄草耥地，有时还带着二儿子永源、三儿子永江一起劳动，教育儿子要懂得劳动人民的艰苦，知道粮食来之不易。

为了种好庄稼，程先生还买了一辆大马车及耕犁等农具。其他农户没钱买马车，便向程先生借马车使用，程先生总是有求必应。

程先生来青龙桥住的第一个春节，曾在街门贴出一副春联：

蓄须事耕耘，杜门谢来往；

殷勤语行人，早作退步想。

这副对联是程先生自书自撰的，字写的是魏碑张猛龙体，很受乡亲们的赞赏。至如今，青龙桥的书法家刘汉春先生还时常赞美这副对联写得好呢。

穿堂门3号前面，原是一处大空场，平时鸡刨狗挠的，又脏又乱。为了解决村里人推碾子磨面的困难，程先生就把这块空场买了下来，盖了一座碾房，本村人来磨面，分文不取；外村人来磨面，只收工本费，不求赚钱盈利。

这座碾房，后来程先生送给了管家范兰亭。如今碾子已不存，碾房还在。

程先生常常走访当地父老，了解风土人情，以及百姓生活情况。那时当地只有一个农村小学，附近温泉、太舟坞、槐树居的农村子弟都来这里上学，毕业后无中学可上，只得回家务农。程先生为了使这些学生继续深造，决心办一所农村中学。中学就建在元代古庙功德寺遗址上。一切开销费用都是程先生自己掏的腰包，程先生自任董事长。他的老管家范兰亭负责做饭看门。考虑到山北温泉等村的农家子弟上学路途遥远，又在董四墓买下一座金家花园，修缮后作为学生宿舍。

学校的名字叫"颐和中学"。学校只办了几期就因故停办了。以后，学校交公，金家花园变成了程家花园。此后，程先生间或在青龙桥穿堂门3号、董四墓程家花园两地居住。

程先生每次从城里到青龙桥来，轿车一到青龙桥大街东头（今颐和园北宫门前），程先生就下车步行。有一次，我不解地问："四爷，青龙桥大街这么长，您为什么要走着回家呢？"他回答："街上尽是父老乡亲，见面都和我打招呼，我坐在车上大不敬，下车是表示尊敬父老乡亲。这也是中国的古风嘛！"

《程砚秋先生在青龙桥》

▷ 程砚秋演出照

▷ 孟小冬与杜月笙

❖ 王叔养：孟小冬的爱情

约在 1930 年，梅兰芳从美国回来成班演出，当时孟小冬也正在北京演出，她和梅兰芳形成了打对台的局势，双方的营业难分上下，故此孟小冬的声望更是红极一时，被誉为全国驰名的女老生。同时由于不断地和梅兰芳在堂会中同台演出生、旦并重的剧目，如《梅龙镇》《四郎探母》《红鬃烈马》等戏，彼此不但在艺术上有所羡慕，就是在相互感情上也更加深厚，最后终于同居生活了。然而好景不长，一场触目惊心的杀人案件拆散了这一对名伶。梅兰芳南下暂居，孟小冬也避居北京没有出演，只是专心学习余派剧目。

1933 年，杜月笙在杜家花园为杜家祠堂举行入祠典礼时，曾给孟小冬下了请帖，请她去上海为建祠典礼演堂会。孟小冬到了上海，就看见报上登载着杜家祠堂演堂会戏的报道，使她踌躇不安的是其中有梅兰芳演出的消息，于是她只在露兰春家住了两天，就悄悄地离开了上海，返回北京。此后两年多的时间里，她继续学习余派戏。1936 年，孟小冬被上海黄金大戏院邀走，在上海演出了一段时期。不想后来因病辍演，又回到了北京。回京后，她一直没有演出。

1938 年，孟小冬学习余派戏已经有些基础了，于是经王君直介绍，正式拜余叔岩为师。她拜余叔岩还有另外一层原因，即余叔岩是老伶工吴连奎的徒弟，后拜贾丽川，贾丽川和当时的名女伶小桂芬相识，小桂芬又是孟小冬的舅母，所以她拜余，也有些关照。拜师后，余叔岩常在他的"范秀轩别室"给孟小冬说戏。嗣后余叔岩到拈花寺拜佛，孟小冬有时也同去，因为余叔岩是拈花寺老方丈全朗的徒弟，当时拈花寺的方丈叫量源。与余叔岩同去的，还有北京名票宁襄扬等，都是佛教信徒。

自此孟小冬即以余派自居而演于三庆园及新明大戏院。每次演出均得到余叔岩的大力支持，余并亲自为她把场。

1947年孟小冬又接到了杜月笙的太太姚玉兰的信，请她去上海演堂会戏，随后杜月笙又派他的管事金廷荪到北京来接她。她情不可却，只得随金廷荪来到上海。杜月笙住在上海迈尔西爱路十八层楼茂名公寓，孟小冬就下榻在杜家，等待演出。因杜月笙办六十大寿，非常隆重，所有的京角几乎都到了。这次孟小冬的戏安排在第五天，是和裘盛戎、魏莲芳、赵培鑫合演余派名剧《搜孤救孤》。十天的义演，孟小冬只演了一出，就离沪返京了。她临走时，杜月笙送了她一大批珍贵首饰和金银物品等，都被她婉言谢绝了。

1948年底，她又接到了姚玉兰的一封信，劝她为了躲避战乱，速到上海。她见信后，便急整行装，离开了北京。到上海后，她仍旧住在杜月笙家里，杜月笙对她无微不至的关怀，并经常十分亲切地安慰她，叫她以杜宅为家，免遭灾乱。杜月笙的太太姚玉兰，对孟小冬也是万分的亲热，孟小冬感到有生以来，从来没有人对她这样的温暖，这样的深情厚义，使她颇受感动，自此她对杜月笙照顾得十分周到。

1949年北京解放后，杜月笙见大势所趋，自知上海解放后他是不会有好结果的，于是便征求孟小冬的意见，可否同他去香港"躲避战乱"。孟小冬当时也听到解放军即将渡江的消息，于是决定随杜氏夫妇去香港。在香港一年左右的时间里，她和杜月笙朝夕相伴，感情更为加深。孟小冬决心放弃几十年来煞费苦心所学来的多少出余派戏，而专心致志地陪伴在杜月笙的身边。在香港，每逢杜月笙精神颓丧的时候，孟小冬便主动地唱段余派戏，为杜解闷。据闻孟小冬在香港时，因友人恳切相烦，曾录了一段《搜孤救孤》。据说这次录音是马连良为她操的鼓，不知确否。

孟小冬到港后，与杜月笙互相照顾、体贴相待，尤其姚玉兰对孟小冬也是百般关切，因此孟小冬和杜月笙便在1950年5月正式结婚了。婚后的一年光阴，在杜月笙卧病期间，孟小冬一直不离左右，直到杜月笙64岁逝世而止。杜月笙死后，孟小冬又由香港飞往台湾，以教戏授徒消磨岁月。据友人说，她一直过着忧患苦闷的生活，直到1977年5月26日病死台北。

《追忆名伶孟小冬》

❖ 侯宝林：我的童年

我不知道我原来姓什么，到这一家来以后姓侯。我们家住在地安门里织染局路北一个门里，里院的一间东房。这时父亲在警官学校庶务课当课员，其实，这不是他的本行。这个差事是舅舅帮他找的。因为舅舅给唱戏的当伙计，老年间的名词叫跟包。舅舅当时给朱琴心和程继先两个人跟包。程继先是有名的小生，中国近代最有名的小生像俞振飞、叶盛兰等人都拜他为师。程继先是京西蓝靛厂人。为什么说这个地名？这与后边有关系。舅舅从17岁起就给程继先跟包，一直到干不动了回家，一辈子就是个跟包的，是个大家都信得过的跟包。他的名字叫张全斌，可是一般人都称他"张二"。后来我听说是舅舅央求朱琴心介绍父亲到警官学校庶务课当课员的。这个时候家里吃饭还不成问题。我小的时候有两个外号：一个是我换牙时人家管我叫"豁牙子"；另一个外号叫"小麻子"。因为我出过天花，脸上的麻子不大，小时候明显，长到20多岁，就一点也看不出来了。但身上、手上的麻子比较大，所以后来我在天桥跟"云里飞"搭班儿唱戏的时候，有一个阶段人家管我叫"小麻子"。我出天花就是在织染局这个地方出的。出完天花后，母亲带我到庙里去烧香还愿，我还记得是坐着人力车去的。我只觉得昏昏沉沉的，和尚过来给我念了一通什么经，我就昏过去了。我还做了个梦，梦见那个和尚拿着个五寸长、直径有四公分粗的铁管子，一下子按进了我的脑袋。……从庙里还愿出来后，我还记得母亲买了个"格档"做的玩意儿，上面扎着石榴花似的红色纸花，套在我的脖子上，我好奇地瞧着。……这些零碎、片断的印象离开现在已近60年了，可是奇怪得很，现在一想起来还很清晰。为什么？我也说不清楚。北京人给老年人总结了四句话："坐着就想睡，躺下睡不着；新的记不住，旧的忘不了。"也许我就属于这种现象吧？这可能就是衰老的表现。父亲在警官学校庶务课干了顶多一年就失业了，我们的生活就困难了。看来父亲当那个事务员，日子也不宽裕，因为他只住一间东房嘛！而且面积不大。母亲也只有出嫁时带来的两只箱子。老年间姑娘出嫁讲究带什么箱子、匣子的，我没见她有一般姑娘出嫁时那么多的嫁妆。至于我，我的童年时代没有什么玩具，不像现在小孩一讲起玩具来有多少种，我没见过玩具。我只玩过炮台烟铁筒里的烟碟儿。因为父亲在庶务课当课员，当官的招待完客人，剩下一些香烟筒没有用处，父亲就捡回几个小铁碟儿给我玩。给小铁碟凿三个眼，拴上三根线，把这三根线拴在筷子上，再捡个铁玩意儿当秤砣，这就是杆小秤。这就是我的最高级的玩具，也是我的唯一的玩具。我是挺喜欢这种小秤的。

《我的童年》

❖ **高盛麟**：坐科

过去，一提起坐科，就说蹲几年"大狱"，意思是说科班很苦，如同蹲大狱一样。旧科班的生活确实很苦，不过，我们富连成比那些最苦的科班要好得多，没有发生过学生中途逃跑的事。富连成是私人办的科班，东家给予的经济并不丰厚，多亏了我们叶师父艰苦奋斗，撑持了30多年，前后办了那么多科，培养了大批人才，他为京剧事业的发展所做出的贡献，可以说是卓越的、巨大的。

▷ 科班里练功的男童

我们的伙食是由科班供给，每日三顿都是窝窝头带棒子面糊糊，吃的是菜帮子和咸菜。只有端午、中秋两个节日打牙祭，能吃上大白菜熬肉和黑面馒头，每个人管饱。这些节日可是我们师兄弟发"洋财"的时候，除了饱餐一顿之外，还偷偷地拿几只馒头，把它压得扁扁的，掖在裤带上带回宿舍吃夜宵。我和裘盛戎、杨盛春、李盛斌、马盛龙几个人的家庭景况还不错，每隔十天半月，家里还给我们烧好菜送来，先交门房，再通知我们去领取。我们这些小哥们还挺讲交情的，一人有菜，大家分享。虽然每次送来东西并不多，但我们都实行"利益均沾政策"，总要让大伙都能尝上一两筷子。我和盛戎的关系要更深一些，因为他父亲裘桂仙先生和我父亲是老搭档，感情很深。科班里给每一个学生发一件长大褂，其余的衣服都是自备。裘桂仙先生要是给盛戎做大褂，就给我也做一件；我家要给我做大褂，也必定给盛戎做一件。我们睡的是大通炕，一间房内要睡好几十号人，都是一个挨着一个，挤得很紧。到了冬天，晚上起夜上厕所是个大难题，尿桶都放在门外，小便一次，浑身上下冻得冰凉，直打哆嗦。有个别的小同学还尿炕，把左右"邻居"的被子也弄湿了，清早起来，老师问是谁尿的，真正尿炕的主儿不敢承认，最后只好三个人一起挨揍了事。还有个别既怕冷又怕鬼的小同学就更绝了，他干脆就在被子里尿，凡是做这事的人嘴更硬，怎么审问他也死不招认，其结果还是同他左右"邻居"三人一起挨揍。那时候不管你是学哪一行的，一律剃光头，旦角也不例外，我们富连成只招收男生，所以远远看去，就像一群小和尚似的。我们平时没有休假制度，只到过年时才放三天假，其他时间一律不许回家。

《艺无止境》

❖ **高盛麟：** 不打不成材

旧社会科班里流行一句谚语，就是"不打不成材"。因此坐科学戏没有不挨打的，我当然不能例外，这是那个时代普遍实行的教学方法。说句平心话，我们富连成在这方面还是比较好的。叶春善师父，萧长华、郭春山等老师比较开明，他们很喜爱学生，所以不随便打骂。萧先生教过我不少戏，可一次也没有打过我。当然，如果学生犯了班规，或者在排演、演出中出了大错儿，那也是难免要挨打的。记得有一次，王连平先生给我排《火烧余洪》，要穿大靠走一个倒扎虎，由于我的范儿没有起好，把靠旗杆全折了，结果挨了一顿打，还罚了跪，我自己气得直哭。我们叶师父在这方面对学生是一视同仁的，而且越是他的儿子、侄子，要求越是严格。记得有一次，我和盛章师哥演《三岔口》，我扮演的任堂惠站在台口喊"店家"，盛章师哥的刘利华从下场门翻上，不料劲儿太大，翻到了台下，掉到一个观众身上了。演出之后，叶师父叫掌刑的大师哥郝喜伦执法，盛章师哥是主犯挨得多，打了20板子。我是陪打的，挨得少，打了5板子。打完之后，还罚我们两人跪在一起不许睡觉。我们私底下就发生了纠纷，盛章师哥埋怨我在台上的地方站得不对，我埋怨他翻到台下，害得我挨打。两人各执一词，谁也不认错。越争越动火，直到你推我一下，我搡你一下地干起架来。不过，这种"交火"方式，是在黑暗的课堂里跪在地上秘密进行的，嗓门都压得很低，谁都怕惊动了师父要再次挨揍。跪了一个多时辰后，值班的老师才叫我们去睡觉。后来，我们出科搭班在一起演出时，一想起这天的事儿，两人就都乐得不得了。我还经历过一次打通堂的大事件。有一次，我们演《长坂坡》，赵盛璧的赵云，叶盛茂的曹操，陈盛荪的糜夫人，贯盛习的刘备，我扮了一个曹八将。戏演到"掩井"一场，陈盛荪的糜夫人中箭上场了，按规定要唱几句散板，然后再坐在土台上。接着就该赵云上场了。在陈盛荪出场之后，正当场面为糜夫人开唱起散板之际，当时扮演曹操的叶盛茂正在后台和几个同学聊天，一位老师过来对他说："嘿！别聊啦，一会儿该你上场了。"叶一听老师这话，心里有点不自在，忽听到场面胡琴起了过门，就糊里糊涂抢在陈盛荪之前开口唱出了曹操的闷帘导板："旌旗招展龙蛇影"；拉胡琴的老师一听不对茬儿，立即收住了。

这一下就把陈盛荪的糜夫人的词儿全给打回去了，等老师再起过门时，陈却愣在那里张不了嘴，在台上急得直哭。赵盛璧比较机灵，一看情形就知道台上砸锅了，他就来了"救场如救火"的应急办法，赶紧在幕后高声叫板："马来也！"紧接着在扭丝的锣鼓声中上场了，这才算把"掩井"这场戏演下来。可事儿还没完。叶盛茂出了这么个大错，心里非常紧张慌乱，等场面上起了西皮导板过门，该他唱"旌旗招展龙蛇影"时，却把这句词忘了个一干二净，也张不开口了。旁人捅他叫他开唱，他还是傻愣愣地呆站着唱不出来。拉胡琴的老师又再起过门，后台一位老师也赶紧跑过来给他提词儿，他这才开唱出了场。等戏演完了回到科班，那还有不打通堂的吗？叶盛茂是主犯，他挨了30大板，其余的人，不论主角配角，龙套马夫，每人都挨5板子。按说赵盛璧在这天晚上救场是立了大功的，应该免打吧，但照样挨了5板子。台上谁出了错就打谁嘛，为什么没有出错的人也要挨打呢？老师的理由是，每人打5板，是为了让大伙好好记住这个教训，下次就不出错儿了。我只举这两个例子，是要说明我们叶师父的为人。叶盛章是叶师父的亲儿子，叶盛茂是叶师父的亲哥哥叶福海的儿子，是他的亲侄子，这俩人在台上出了错照样不能放过，可真是"铁面无私"了。这些做法使大伙都服气。

《艺无止境》

❖ 齐如山：早期的戏园

日前有友人问起北平戏园子的情形来。他们简直是一点也不知道。其实才二三十年的情形，谈起从前戏园子简陋的情形来，有许多人都不相信。从前看西洋的建筑学，一个大的戏园子里演戏及看戏的两个部分，不过占全园建筑面积的七分之一，可惜手下无书，这个数字记不清了，然大致是如此。我们国中现在的新式戏园，已经去此很远，旧式的戏园就更简单了。大致可以说，除了演戏及看戏的地方，也就没什么了。第一它连个卖票的票房都没有，因为它根本不算是戏园，而是一个茶园的性质，所以一直到清末年，各戏园大门之匾额上永远写"某某茶园"。

民国后，第一个新式建筑的戏园才名曰第一舞台。后来建筑的就都不叫戏园了。民国以前的戏园，可以说是没有卖过票，然也可以定座，到演到大轴子（末一出）将上场，由看座的或曰卖座的（上海名曰案目）现来收钱，但绝对没有叫作戏价的，都是叫作茶钱，意思是前来喝茶附带着听听戏。这与现在大茶馆子约票友在馆清唱，任喝茶之客随意听听，是一样的情形。

喝茶花钱，听戏不花钱，所以名曰茶钱，不名曰戏价。在光绪年间，最便宜的茶钱每人不过大个钱六百文，合现大洋六分。最贵者一吊二百文，合现大洋一角。此外再给看座的赏钱大个钱两枚便足。这两枚也叫作赏钱，也叫作茶钱，因为每人都要预备一壶茶也。下边特把戏园子情形分着谈谈，因为这不但知者已少，而也是很有趣味的事情。

戏园的建筑，只长方形的一座房屋，偏一头约占十分之二的地面，截为后台，有隔断隔扇，外边即是见方两丈的一个四方砖台，高约三尺，此即为演戏之台。三面可看，与现在镜框式之舞台完全不同。台前一片，名曰池子，自然是最得看的地方。园中四面有楼，楼两头近戏台之处，各截两间为单间，此名曰官座。这与西洋台边两旁之特别座位有相同的性质。但彼系为阔人或国际的贵宾而设，此则为御史衙门、内务府、升平署而设。因北平之戏园多在前门外，归巡视北城御史管辖，所以给他们备两间官座，一为御史衙，一为巡城御史，俾得随时来看，并稽查有无伤风败俗出规矩之事，此与现在之弹压巡警有相似之处。但此种座位的看戏之人都是御史阶级以上之人员，若下级之公务员则只可坐一张桌，不得坐此。内务府衙门本来不应管到戏界，但宫中往往传各戏班演戏供奉，恐怕班中有不法之人或有行刺等事，故各戏班未成立之前，先要递呈内务府，取具保人等，经内务府查明，确无不法之人在内，方准成班。成班之后，演唱时内务府也常派人来稽查，故亦须给他们预备一官座。升平署乃专管宫中演戏的机构，最高级人员为一太监，名曰总管，内庭想挑选脚色，进内当差，必须南总管保奏，所以他要常到戏园中看戏，看着哪一个人好，他就可以奏明挑选，所以戏园中也得给他预备一个官座，后来多是在内廷当差资格深的老脚，保荐自己的子弟亲友，但仍须先求总管，自己万不许直接向皇帝保荐，此定例也。

《早期的戏园》

❖ 石继昌：京剧票友出名门

票友之称来源于曲艺，本和京剧无关。最初由于清代八旗兵从征西域时，生活枯燥，厌战思乡，唱小曲以自排解，是为"岔曲"。传说乾隆皇帝很爱听岔曲，特准八旗子弟演唱，并给他们颁发"龙票"，告诫他们演唱时不得收取报酬。以后，社会上对这些持有龙票的子弟称为票友，票友演出的场所称为票房。日积月累，票友受时代风尚影响，已不满足于唱岔曲，转而向当时盛行的昆曲、徽腔发展，京剧形成之后，更汲汲研习京剧，因之票友中出现了许多杰出的京剧人才。

票友出身名门，贵族显宦，巨绅富商，生活优裕，自幼受到良好教育，文化素养较高，举手投足，自然得体。为了提高艺术，不惜重金礼聘名师，耳提面命，进步极快，成绩斐然。梨园大师也雅慕票友的高贵气质，教学相长，借收"他山之石可以攻玉"之效。所以梨园界内（演员）外（票友）行的关系，如水乳交融，相得益彰。兹略举名票数人，以资谈助。

载涛，号野云，末代皇帝溥仪胞叔，封贝勒。曾从武生张淇林、花脸钱金福学艺，又私淑杨小楼，功底湛深，以《安天会》《铁公鸡》两出最

▷ 华乐园戏台上的演出

▷ 袁克文戏装照

佳，李鸣举（万春）的《安天会》，即载涛所亲授。

溥侗，号厚斋，溥仪族兄，封将军。生旦净丑无一不精，曾与其兄溥伦（叙斋）合演《连陛三级》，弟扮店家，兄扮王明芳，一时传为绝唱。

袁克文，号寒云，袁世凯次子，以贵公子兼大名士。唱小生，尤精昆曲，曾在宣外大街江西会馆演出。

世斌，号哲生，蒙古族，清代名将伍弥泰之裔，世袭侯爵。唱武生，住北新桥头条。

关铨林，号醉蝉，满族，四川总督奎俊之子。唱老生，住地安门外沙井胡同。

包桂崇，号丹庭，汉族，北京富绅。唱小生，住和平门外大安澜营。

《京剧票友出名门》

❖ 朱家溍：恭王府堂会

恭王府花园内戏台建造在一座船坞式大厅内，观众席中没有柱子。戏台范围（包括后台）约占建筑面积的四分之一，其余面积都是观众席。戏台四方形，有台柱、台顶和上下场门。

1937年春夏之交，我曾在这里听过一次堂会戏。恭王府的前部包括从府门到最后一进院落的宝约楼和瞻霁楼，民国初年由恭亲王溥伟抵押给天主教堂，但花园不在内。1937年前后，溥心畲先生和溥叔明先生弟兄二人仍居住在园内。那一次堂会戏就是弟兄二人为母亲项太夫人七旬大庆祝寿的戏。那一天，我进的是东随墙门。过了山口，到了戏楼，从东隔扇门进去。先到正厅给老太太拜寿，照例主人在旁陪着还礼，然后招待入座听戏。

凡堂会戏，开场必演《天官赐福》。如果是祝寿的堂会戏，则《赐福》以后还要演《蟠桃会》《百寿图》《满床笏》等戏。心畲先生为母祝寿这一天的戏，用的富连成班底，不例外的也有上述几出戏。当时富连成在科的著名学生如叶盛章、叶世长、黄元庆、李世芳、毛世来、傅世兰、刘元彤等都演了戏。灯晚外串有程继先的《临江会》、尚和玉的《四平山》、孟小冬的《骂曹》，中间还夹着一出票友下海的李香匀演《廉锦枫》。听说程继先幼年在小荣椿出科之后，有一个时期在恭王府给贝勒载瀛当过随侍，改名德振庭。到民国成立后才又出来重理旧业，很快"程继先"三字在小生行成为第一把交椅，他和心畬先生弟兄还保持着旧关系，所以这次堂会戏程继先是当然的提调。我听心畬先生说，辛亥以后，他随着母亲在西山戒台寺住了多年，才又搬回府中花园。当恭忠亲王在世时，府里有戏班，唱昆腔和高腔，没有皮黄戏。有个教习叫曹春山（曹心泉之父），还给这个班排过新编昆腔戏，题材是《聊斋志异》中的《大力将军》，曹春山自己扮演大力将军。恭忠亲王逝世后，这个戏班就遣散了。心畬先生并没见过自己府里的戏班，也只听老辈说说而已。但他说，他们弟兄偶然闹着玩，非正式地唱过《四郎探母》。心畬唱杨六郎，叔明唱公主，有个太监唱杨四郎。府里还有些残缺不全的行头，靴子只有一双。"杨四郎"先穿，到"六郎"上场，就把靴子让给"六郎"，"四郎"则换了鞋，逗老太太一笑。

《记恭王府堂会戏》

❖ **翟鸿起：**京剧与电影

电影作为舶来艺术类别，要在中国扎根、开花、结果，就必须顺应国人的欣赏习惯。20世纪之初，一位有志之士敏感地发觉，代表中国戏剧表演艺术的京剧如日中天，雄踞我国戏曲的"霸主"地位，而京剧演员谭鑫培、杨小楼、梅兰芳，代表着京剧三代"宗师"，是响当当的大牌明星，又是最有魅力的顶级京剧演员。如果将这几位大师的表演拍成电影，当是中国电影人

▷ 《定军山》电影拍摄现场重现

▷ 荀慧生在话剧《革命家庭》中的剧照

的一种机智选择。当时北京厂甸附近的丰泰照相馆的主人任景丰，曾给谭鑫培、杨小楼拍过一张京剧《阳平关》的剧照。不久任景丰购买了一架法国制造的木壳手摇摄影机和14卷胶片。任景丰决定用这架摄影机，拍出活动的戏曲影片。便邀来谭老板，就在照相馆内，用自然光拍摄了《定军山》《长坂坡》的片断，镜头里记载下了中国电影史的开篇。尽管当时受条件所限，所有影片都是黑白无声片，而且放映时影片的人物动作有些跳动，但当影片在大观楼影院和吉祥戏院放映时，却大大出乎人们的意料，观众热情无比高涨。人们奔走相告："在黑屋子里能看到谭老板的戏出儿！"人们以看京剧电影而自夸，看京剧影片成了人们文化生活中的大事。说来也是，京剧影片的放映，在当时的中国，毕竟是开天辟地头一回。其盛况大大超过了如今什么歌星唱歌的场面。后来这些影片还在江苏、福建等地放映过。

1906年，又相继拍摄了《青石山》《艳阳楼》《金钱豹》等剧的片断。

中国早期黑白无声影片的放映，最大的贡献在于电影与戏曲的结缘，既推动了电影艺术的民族化，又推动了民族艺术的电影化。这种完美的结合，使两种艺术共同发扬，相得益彰。它还有一层深远的意义，就是电影这一艺术形式，是延长京剧和京剧名伶艺术生命的手段。

《京剧与中国电影百年》

❖ **张伟君：** 荀慧生上演 "改良戏"

北京最早的新剧演出，大约是在清末光绪、宣统交替年间，人们称为"改良灯戏"。到了辛亥革命前后称"新剧"。五四运动前后又称"文明戏"，之后才定名为话剧。

最早来北京演新剧的，是上海的王钟声以及他组织的春阳社。当时新剧尚未实行男女合演，全由男伶登台。

王钟声，原名王熙普，浙江绍兴人。早年曾留学日本，回国后在上海从事戏剧改革活动。后来又组织春阳社，上演"改良新戏"。他倡导新戏的目的十分明确："中国要富强，必须革命。革命要靠宣传。宣传的办法，一是办报，一是改良戏剧。"所以春阳社上演的剧目，大多是宣传革命的讽刺清室官场腐败的题材，如：《宦海潮》《爱国血》《新茶花》《秋瑾》《热泪》等，在社会上产生了广泛的影响。后来他率团北上，在北京、天津两地演出，一时名声大噪。不过，他们当时还不能独挑一个班子专演新戏，而是和"旧剧"（京剧、梆子等）同台演出，这使慧生得以结识革命伶人王钟声，并参加了他们编排的《家庭革命》《黑奴恨》等剧的演出。

春阳社曾与玉成班合作，在北京前门外鲜鱼口里的天乐茶园（后来叫华乐园）演出。天乐这个园子，当时是尚和玉、杨小楼、龚云甫等名角经常演出的地方，而王钟声和另一位名气很大的新剧演员刘艺舟等演出的新戏，却能经常在这里演大轴，足见广大观众欢迎的程度，因此也遭到了清朝统治当局的忌恨。之后清政府捏造所谓"聚赌打架"的罪名，将王钟声拘传递解原籍。辛亥革命爆发以后，王钟声又北上到天津进行革命活动。他潜居租界，秘密召集戏剧界同行故旧酝酿举事。由于事机不密，被清政府密探侦悉逮捕。慧生也因与王钟声交往甚密而被捕入狱，最后慧生以"演戏糊口"的理由被释放出来。而王钟声却为革命献出了自己宝贵的生命。临刑时，他神色泰然，视死如归，并大义凛然地说："革命党人非畏死者。但斩首野蛮，请易以枪击之。"执刑人连击13枪，王才倒下去。

《荀慧生传略》

❖ 石继昌：梅花大鼓柔媚脆

滑稽大鼓是地地道道的北京鼓书。严格地讲，滑稽大鼓本由冀中乡间的木板大鼓移植而来，以吾人的籍贯做比喻，冀中为其祖籍，北京不过是寄籍而已。纯粹发源于北京的鼓书，梅花大鼓足以当之。

梅花大鼓产生较晚，距今不足百年，其创始人已无从考悉，通常的说法是为别号梅花居士的满族文人所创，故名梅花调，后称梅花大鼓，演唱者有满族子弟和民间艺人。当时满族住内城，艺人住外城（南城），因之从地区上分为北板梅花调和南板梅花调。北板梅花调唱腔古朴，50多年前瞽目艺人刘芸臣、王宪臣在北京电台演唱，定名北板大鼓，缓慢舒徐，如怨如诉，两瞽师的沙哑嗓音，更平添苍凉凄恻之感。北板终因节奏太慢，且少变化，所以知音甚少，50年前已有曲高和寡之叹，刘、王两瞽师之外，后继乏人，遂成绝响。

▷ 梅花大鼓演出照

南板梅花调由于艺人头脑灵敏，重视票房价值，在唱腔和伴奏曲调方面有所创新：唱腔悠扬悦耳，荡气回肠，适合表演哀怨缠绵的曲目；伴奏曲调博采众长，加入抑扬顿挫的大小过门，配合唱腔起到红花绿叶的作用。和古朴平淡的北板相比，南板纷繁华丽，细腻清新，风行一时，为听众所喜闻乐见。在曲种定名上，南板梅花调即以梅花大鼓称之，俨然是梅花调的正宗了。

《梅花大鼓柔媚脆》

❖ **靳麟：**说书先拜师

1919年前后成立了评书会，老评书艺人也各立门户，收徒授艺。拜师，必须在饭馆预备酒席，由师父把本门的人请来，徒弟给师父行跪拜礼，送个见面礼（一般都是送几元钱），不立什么字据，也没有三年出师那个规矩，以后徒弟说书挣的钱，全归徒弟，师父一个也不要。拜师之后，师父按本门的字，给另起个名字，如"诚"字的徒弟是"豫"字，"福"字的徒弟是"荣"字，"杰"字的徒弟是"阔"字，"正"字的徒弟是"荫"字。另外，师父给徒弟三件说书用的东西：一块醒木，一把纸折扇，一条白毛巾（有的给手绢）。醒木是在说完一小段时拍一下，扇子是用来代替刀枪棍棒，毛巾当做书信等物。

有的徒弟是带艺投师，有的原来完全不会。徒弟拜了师，就可以到书馆去听师父说书。过一个时期，师父也许叫徒弟上台去说几段，请书座们听听他说得如何。师徒关系好的，师父就把自己的册子叫徒弟抄一份（册子就是他说的那部书的梗概、扣子、人名、绰号以及盔甲袍带、刀枪棍棒的招数等等）。有的师徒感情不大好，师父快说到紧关节要的地方，故意把徒弟支到外边去买东西，等到徒弟回来的时候，这段书已经说过去了。

不拜师是不能说书的，书馆也不邀。如果随便找个地方就说，被评书艺人遇上，可以给他"横家伙"。横家伙就是把他的醒木、扇子、毛巾拿走，送到评书会去。七七事变前，有个吴某，他没拜师，就在鼓楼市场说《三国演义》，被评书艺人刘荣安给横了家伙，不让他说。吴只好拜评书艺人广杰明为师，起名吴阔瀛。

《北京的评书》

❖ 徐元珊：京剧新乐器

30年代，梅先生首排《西施》时，剧中有西施月夜遥望姑苏，切盼越国复兴的"响屟廊"唱段，唱词是"水殿风来秋气紧，月照宫门第几层；十二栏杆俱凭尽，独步回廊夜沉沉；红颜尽有亡国恨，何年再会意中人。"词虽浅显，意境颇深。梅先生感到仅三大件伴奏显得单薄，就和先父商量，是否增加点乐器伴奏，此意恰中老人心怀。先父早有把三大件改为"一、二、三、四"的想法（即：月琴一根弦，京胡两根弦，弦子三根弦，琵琶四根弦），此志也是在他六场通透后，在弹琵琶的轻拢慢捻中悟出来的，它音色优美，善于表达感情，如能在京剧音乐中加入，能形成音套音、有厚度、韵味浓的特点。可惜，当时弹琵琶者多不会京剧，而京剧界的"随手"们又多不会弹琵琶，只好望洋兴叹。

琵琶加不上去，先父又选用四胡试奏，梅先生又觉得四胡音量容易削弱京剧的脆亮音色……几经周折，先父仿苏州滩黄的主要伴奏乐器二胡做了一把担子长、筒子大、用蛇皮蒙面的京剧二胡，又经试奏效果不佳，随逐渐改小，用蟒皮蒙筒，再与京胡合奏，音色果然圆润，丰满好听，终得梅的赞赏，遂决定加用二胡，由王少卿先生演奏。《西施》共二本，全唱西皮，唯有"响屟廊"一段是二黄。当时仅在这段二黄慢板中加进二胡。

二胡第一次在京剧舞台上出现后，众说纷纭，有褒有贬，先父与梅先生坚持使用。没过多久，人们听惯了，耳音换过来了，再撤掉二胡反而觉得别扭、单调，不满足了。之后由先父与王少卿先生多方研究，采用"调面""调底"或老生裹腔的方法用于二胡与京胡的随腔伴奏，在曲调进行中时分时合，异道同归。从此开创了二胡在京剧乐队中的新天地。发展到今天，它已成为青衣唱腔中不可缺少的伴奏乐器了。

后经乐器制造者们的努力，根据京剧的特点和演奏风格，逐步发展改革出音色洪亮的专用京剧二胡，一度曾被称为"梅派二胡"。

《梅腔徐韵 艺坛双绝》

❖ **刘荻：**昆曲兴衰

昆曲以唱腔优美，表演细腻，载歌载舞，谓之诸腔之首，曾一统京师舞台。清廷入京前，由于战乱，昆曲艺人无法在京立足，散入河北民间。康熙执政后，昆曲于京城渐而兴盛。其间，两部名作《长生殿》和《桃花扇》先后问世，作者为洪昇、孔尚任，世称"南洪北孔"。洪昇用15年心血于康熙二十七年（1688）写出抒发兴亡之感的《长生殿》。该剧揭示了唐明皇"占了情场，弛了朝纲"，落了个乐极哀来的结局；歌颂了忠臣义士为了国家社稷"感金石、回天地、昭白日、垂青史"的高尚气节。此剧一经在京演出，观众争先观看。梁廷枏评曰："钱塘洪昉思撰《长生殿》为千百年曲中巨擘。以绝好题目，作绝大文章，学子、才人一齐俯首。"

《桃花扇》是孔尚任历经13个春秋，于康熙三十八年（1699）脱稿于宣武门外海波寺街"岸堂"寓所，演出后震动朝野，各昆曲班争先演唱。孔尚任在《桃花扇本末》文中云："长安之演《桃花扇》者岁无虚目，独寄园（作者注：寄园位于宣武门外下斜街）一席最为繁盛。名公巨卿，墨客骚人，骈集者座不容膝……"

其后，昆曲被宫廷垄断，唱词经文人、士大夫的更改推敲，难读难懂，渐而失去民间特色而远离民众。乾隆时，人们喜听"花部"的诸腔，厌听昆腔。至清道光时，昆曲愈微，观者稀少。"四大徽班"进京后，其中"四喜班"以擅演昆曲而著称。

1917年，河北高阳以演昆弋为主的"荣庆社"进京，常演于大栅栏内的同乐、三庆等戏园。

《诸腔竞唱在宣南》

❖ 石继昌：滑稽大鼓成绝响

一次和朋友们谈起北京土生土长的曲艺，朋友们多举京韵大鼓为代表，原因不外是大鼓名称上有个京字。其实京韵大鼓和京剧一样，都是发源于外地，引进北京后，经过艺人高度的提炼加工，再汲取兄弟剧种的精髓，逐渐发展而成的。京韵大鼓的前身是木板大鼓，初流行于河北河间一带，多唱长篇大书，纯用乡音，故又名怯大鼓。后经艺人不断革新，乡音改为京音，曲目改长篇为小段，地点也由冀中移到燕市，于是乃有京韵之称。综上所述，京韵大鼓虽名京韵，实由河北乡间移植而来；而从京韵大鼓派生出来的滑稽大鼓，反倒是地地道道的北京鼓书，只是滑稽大鼓形成于民初，演员须具有精湛的京韵大鼓功底，方可胜任，习之者难于求工，后继乏人，遂成绝响。

有鼓王之称的刘宝全，在木板大鼓的基础上，吸收京剧唱腔和身段，使这一乡音古调一跃而成为高亢激昂的京韵大鼓。与刘同时的京韵大鼓艺人，尚有以缠绵悱恻著称的白云鹏和以粗犷古朴见长的张允方。张氏出身票友，有一定文化，自以技艺不及刘、白，乃别树一帜，以北京市井风俗、社会新闻为题材，自编自演，仍用京韵大鼓腔调，注重表情动作，刻意摹拟，因其怪声怪调，滑稽百出，故名滑稽大鼓。

滑稽大鼓有如京剧中的丑行，滑稽诙谐，但不能过火，否则矫揉造作，流于粗鄙庸俗，京剧生、旦两行名家辈出，丑行有一定造诣者则不多见。滑稽大鼓亦然，数十年来驰骋曲坛者，屈指不过四人，都是张氏弟子，他们的艺名是老倭瓜、架冬瓜、大茄子、山药蛋。未闻其声，先睹其名，即足以喷饭。

孤陋如我，这四位滑稽大鼓艺人，仅欣赏过老倭瓜、架冬瓜两位。老倭瓜姓崔，名子明，50年前曾在某家堂会聆其演唱《丑妞出阁》，描摹刻画，丑态可掬，唱时更得操三弦的弦师相与配合，或挤鼻弄眼，或随声唱和，默契无间，有相得益彰之妙。

架冬瓜姓叶，名德林，昔年屡在杂耍园观其演出。他的功底深厚，嗓音清脆，韵味似刘宝全，所唱以反映清末民初北京的社会积弊为主，如针砭吃喝嫖赌抽的《劝五迷》，描绘旧社会家庭妇女上娘娘庙烧香拴娃娃求生贵子的《刘二姐拴娃娃》，揭露拆白党骗术的《豆蔻香》，都是旧时代的写照；也有叙述古代爱情故事的如《蓝桥会》。架冬瓜演唱时，弦师没有表情动作，与老倭瓜略有区别。

《滑稽大鼓成绝响》

❖ 靳麟：听书人

听书的一般称为书座，书座们彼此之间互称书友。旧社会听书，既要有钱，还要有闲。虽然花钱不多，可是天天得花；偶尔一去的那又当别论了。听书的哪个阶层的人都有，劳苦大众是很少去听书的，钱是小事，更主要的是没有那些闲工夫。

听书的大都是为了消遣解闷，但也是人恋人。因为书座们逐渐熟识，有了情感，每天都想到书馆去见见面儿，谈谈天儿。所以有的人说，书馆就是大家的外书房。散书之后，有的三五个人一伙到饭馆儿去吃"公东儿"（酒饭钱大家公摊，都是东道主，所以叫公东儿），有时候也邀着说书先生一起去，不让说书先生摊钱，名为"罗汉请观音"。

《北京的评书》

第八辑

五行八作，

老北京人的老行当

❖ 傅惠：老北京城外的野茶馆

"野茶馆"多设在城外四郊关厢附近的三岔路口或靠近大车道的地方。所谓"野"，是郊野的意思。村落中的人家，临街盖上三四间瓦房或草房，夏天在外面搭上简单的芦席凉棚、喝茶的茶座。不论屋内或凉棚下，大多是用砖砌的长方平台，这就是桌子，两边摆上两条长板凳，凉棚的一面围着矮的篱笆墙，这种上一些花草。房檐底下挂着几个鸟笼子。

行人下车下马走到茶馆前，掌柜的迎出递过一把布掸子，给客人掸身上和鞋上的泥土，或者由客人自己抽打干净再进屋找个座坐下。茶馆主人除准备开水、茶叶外，还有老白干烧酒和盐煮花生、豆腐干、暴腌鸡蛋等。喝茶的人同时可以买烧酒和酒菜，剥着盐煮花生或暴腌鸡蛋，边喝边和相熟或陌生的人攀谈。

长期住在城里的闲散人，城市生活过腻了，就想到城外走走，散散心解解闷。走累了碰上茶馆就进去歇歇，喝点茶或酒，领略这里的风光，同时也是和城外人相互交谈的机会。那时的公共场所全都贴有"莫谈国事"的条子，野茶馆也不例外，墙上柱上都贴着这样的字条。虽然都是陌生人，一聊天可以聊上一两个小时，然后进城回家。彼时还没有公共汽车，所以野茶馆之行，在夏秋季节只是偶一为之，换换空气而已。

《老北京城外的野茶馆》

❖ 刘半农：饭庄的买卖

北平本是个酒食征逐之地，故饭庄之发达，由来已久。自从首都南迁以后，各饭庄也倒了一两个月的霉。可是过了不久，各方的要人一批一批的到来，饭庄门口的汽车，又立时拥挤起来了。彼时的要人们，自然每一顿饭时，总有三五顿以至六七顿饭可吃，只恨肚皮太小，容不下许多。便是跟随要人们的次要人们，也无一不吃饱喝足。其理由如何，似乎可以不必细说。

后来要人们来得渐渐的稀少了，一般请吃饭先生们，或者已经找到了饭碗，找不到的，也都被襆而之他了，所以饭庄的买卖，又不免清淡了一些。但是，虽然清淡，比之其余三百五十九行，还强得许多。其原因是北平地方，已成了这样的一个习惯：若要邀集几位朋友或同事商量什么一件事，即使这件事是公事，并非私人的请托，似乎总得先请一顿饭，说起话来才便当些。至于要同阔人先生们谈话，尤非请饭不可。因为阔人先生们是很忙的，今天西山，明天东山，要找也不容易找得着，只有送个帖子请吃饭，或者到了吃时，他不好意思来个电话说"谢谢"，却抽空来坐上三分五分钟。于是乎时机不可失！连忙将他拉至一旁，咬着耳朵说话。虽然这样的话说了不免变做耳边风，过上一年半载无消息，可是说总是说到的了。

《北旧》

❖ 邹祖川：东兴楼

东兴楼饭庄坐落在北京东安门大街路北，面积1000余平方米。其对面路南是后来兴建的东兴楼饭庄礼堂，面积1500余平方米。东兴楼西临东华门、南北池子，东临王府井，地势优越，距繁华街道虽近，却相当幽静。

东兴楼饭庄有两个东家：一个姓刘，一个姓何。传说刘家是侍候宫内梳头的，绰号"梳刘"，其实这是讹传。因为刘家在清宫内廷是管理书籍的官，所以应该是"书刘"。刘家开有许多当铺、银号、绸缎庄和轿子铺，过去的香料店花汉冲（在珠宝市）也是刘家开的。就连他家的管事王少泉，也开了七家当铺。刘家是当时有名的财主。开东兴楼时刘家拿出白银二万两，何家拿出一万两，请邹英臣、安树塘为经理，俗称领东掌柜。邹英臣年老，实际上由安树塘掌管。东兴楼本拟建楼，因为左邻右舍都是大官僚居住，不许盖楼，故东兴楼叫楼而无楼，直到1937年才在路南盖了楼（即东兴楼礼堂）。

当时的大饭庄如东兴楼、福寿堂、福全馆等，都是清廷高官司们上下朝时歇脚休息吃点心用餐的地方。大饭庄的服务对象，也就是达官贵人。一般的商人或有钱的人，不是有重要的事请客，很少来这里用餐。当时皆以在东兴楼请客为荣。

进入民国以后，东兴楼的服务对象又转为军阀政客。当时军阀请客无不在东兴楼，故北洋政府时期是东兴楼最盛的时期。1932年，白崇禧请客要吃中餐份饭，银元14元一份，当时没有一家饭庄敢应，只有东兴楼敢应。

东兴楼经营的风味菜肴属于山东省胶东菜系，特点是清、素、鲜、嫩，油而不腻。不论南方人或北方人，还是外国人，都非常喜欢吃。因此，开业以来业务一直兴旺，每年盈利四五万两白银。

《东兴楼》

❖ 王质如：张一元茶庄

崇文门外大街和花市大街一带，在清末民初虽然很繁华，但最繁华的还要属前门外一带。张文卿为了赚大钱，早就想在前外一带开一号买卖。后来终于在前外观音寺路南买了一座一间门面的店铺，于1908年（光绪三十四年）开办了他的第二个买卖张一元茶庄。"一元"是根据过去"一元复始，万象更新"的说法，用"一元"来象征他的买卖开市大吉，永远兴旺。

这里附带说明一下，新中国成立前北京盛传张一元茶庄是张文卿用一元钱买下一张黄河奖券，巧中头彩发了大财办起来的。其实，不论从时间还是从事实来看，这种说法都是站不住脚的。黄河奖券是七七事变后在北京等地搞起来的，而张文卿的三个茶庄到这时已经营了二三十年之久，而且这时张文卿也已不在人世了。产生这种说法的原因，不过是不了解情况的人看到张一元的店名，望文生义罢了。

张一元茶庄开办不久，就迁到观音寺街路北一处三间门面的宽大店铺营业。观音寺附近的朱茅胡同、石头胡同、王广福斜街、韩家潭、大李纱帽胡同等地是妓院聚居的八大胡同。这些地方每天需要大量中、高档的花、绿茶叶。张文卿在张一元茶庄的经营方针是，既努力做好门市买卖，又下功夫把八大胡同的买卖争过来。当时，八大胡同妓院大都买观音寺汪正大茶庄的茶叶。汪正大茶庄是个多年的老字号，要从它手中夺买卖是不容易的，但张文卿派人去八大胡同妓院，串院走访妓院管事和记账先生，送他们上好茶叶品尝，一送就够他们喝半个月的，到喝光时，又派人送去。这样，张一元就把八大胡同的买卖从汪正大手中夺了过来。

《张一元茶庄》

❖ 王永斌：便宜坊的由来

据原崇文门便宜坊的烹调老技师苏德海（他从1943年就在便宜坊工作）说，过去宣武门外米市胡同最早的便宜坊，具体的开办时间是清乾隆五十年（1785）左右，是一个南方人开设的，当时没有字号，只是个小作坊。这个作坊从市上买来活鸡活鸭，杀宰煺毛后，给饭庄或有钱大户送去。此外，还做焖炉烤鸭和桶子鸡等食品。虽然买卖小，但是由于对生鸡鸭拾掇得干净，烤鸭、桶子鸡做得味香适口，顾客越来越多，买卖很是兴隆。到了清道光元年（1821），创业的老掌柜病故，他的儿子把作坊接了过来。少掌柜年轻能干，心路灵活，自他接手后，生意更是兴旺。家里人虽帮助他做些下手活，但上市买鸡鸭，回来杀鸡鸭，都是他一个人干。因为实在忙不过来，所以他想找个小伙计帮忙。恰好隔壁卖馒头的商贩——山东荣成人，他家中来了个找事做的十四五岁的小老乡，名叫孙子久。他来北京已两个月，正愁找不着事做。这样，一经介绍，孙子久便来到这鸡鸭小作坊当了小伙计。孙子久聪明伶俐，为人老实，干活勤快。他天天早起晚睡，生火、做饭、看孩子、喂鸡鸭、送货……家务活、作坊活，样样全干。因之，深得掌柜的喜欢。时间过得很快，一晃就是三年零一节，孙子久从杀鸡宰鸭到做桶子鸡、烤鸭，全套本领都学会了。虽然已学徒期满，但他没有走，依然为柜上卖力气。这个小作坊在孙子久的帮助下，生意越来越好。又过了六七年，掌柜的独生子得了重病，最后成了鼠疮。掌柜夫妇二人都已年近40，就守着这个独苗，急得不得了，今天求医，明天拜佛，就是不见好。

后来请来一个顶香的巫婆，巫婆坐在炕头上装神弄鬼地唱着说："孩子的鼠疮脖子不好，是因你们整天杀鸡宰鸭，这是老天报应你们。你们今后只要不再杀鸡宰鸭，他的病就会好啦。"掌柜两口子为了儿子的病，一狠心就不做这买卖了，把小作坊让给了孙子久。

孙子久接过作坊以后，积极扩大营业，特别是在提高鸡鸭的成色上、在贱卖多卖上下功夫。要扩大营业，没人是不行的，他很快从山东荣成老家找来四五个14岁的小学徒。这几个小学徒因为都是受苦人，在家里经常吃糠咽菜，来北京后都很安心，能吃苦，勤奋劳作。他们有的跟着上市趸货，有的学杀鸡鸭，有的挑着铁桶给顾客送货，有的帮助师母做饭。为了提高商品质量，孙子久不怕多花钱，从市上买回肥嫩的鸡鸭，精细加工。孙子久制作的生鸡鸭坯和桶子鸡等，尽管货色比别家好，但卖价却比别家低廉。日子一长，不管是王府大户，还是全城的大饭庄、大饭馆，都管孙子久的鸡鸭作坊叫便宜坊。一来二去，便宜坊的名字便传开了。

《便宜坊烤鸭店》

❖ 李彩萍、尚鸿："瞎眼功"的荷包

清代的北京，对荷包的需要量很大，前门东边有条胡同，几乎家家都制作、销售荷包，因而得名"荷包巷"。此外，当时的女子们也都自己绣制荷包。因为"女红"是衡量一个女子是否心灵手巧，能否贤淑持家的重要标准，所以像《红楼梦》里的薛家，虽然在京城里开着几家当铺，堪称富豪，但是薛宝钗也要"每夜作（针线）活"。

清代的荷包主要以绣工取胜，其中又以平金绣和打子绣最为珍贵。妇女们为了使自己的绣活能够争奇斗艳，从选料、配线到精工绣作，真是煞费苦心。如果是为情郎所作，那更是不计工本，一针一线都饱含着对恋人

▷ 不同样式的荷包

的无限情意，人称为"瞎眼功"，意思是说在灯下行针，绣作细密，连眼睛都累坏了。这种绣品，当然具有很高的收藏价值。

辛亥革命以后，人们的衣冠服饰发生了根本变化，西式服装渐成主流，荷包也失去了存在的价值，渐渐在社会上消失了。"荷包巷"也成了历史上的地名。近年来，许多女子把移动电话放在一个小口袋里，挂在脖颈上，这个口袋，叫"手机套"，其实也可以称作"手机荷包"，也算是历史上的某些传统在新的生活时代的重生吧。

《荷包、蛐蛐罐、木偶及其他》

❖ 邵宝元：北京饭店

从1901年到1903年，北京饭店就设在现时东单邮局西边的地方（解放后北京日报社曾设在那里）。西边有个三星饭店，是西班牙人开的。如今东单邮局的地方原是"小白楼"，是美国女人开的洋妓院。旁边是德国人开的宝珠饭店。

这时候的北京饭店，是中国旧式的院落。前院是三合房，东厢房是酒柜，西厢房是客厅，北上房是大餐厅，后院有20多间客房，布置得半中半西，开北京的新纪元。那时还没有电灯，点的是石油灯，也没有专人管理燃熄。大门口有一口食用的井，记得洋兵们喝醉了有失足落井的事。

卖酒的利润最大，整桶的红白葡萄酒随了兵船而来，根本不上税。本钱不过70多元，一桶可灌作500瓶，最低价1瓶1.6元，500瓶就是800元，是本钱的十倍。更何况洋掌柜的叫把一桶酒灌三种瓶子，价钱不一，除1.6元的一种以外，有2.25元的、3.25元的，贴上不同的标签，欺蒙酒徒。

那时饭店门前为旅客组织了洋车，有班头管理，车上都有号码片，为的是客人遗落东西，便于查找。所谓人力东洋车，拉外国人去万寿山，来回是15元现大洋车价。后来有了胶皮轮，定价1.5元一个钟头，再往后才有了四轮马车。

……

1917年，北京饭店再度扩充，向西发展，盖了五层大楼，每层21间，计105间，连前48间，计共153间了。这时已装用电灯，用东交民巷德国电灯房的电。另安设电话机中继线。又安了暖气管以及锅炉，并有20匹马力电滚子，两个水井，附设两水箱，一冷一热，直达屋顶。电梯也直达屋顶花园。屋顶花园有舞场、花厅、餐厅；周末有舞会，能容1000多人。

这时饭店规定客房价单人每天15元，双人22元，带客厅的每天35元，东楼的48间较便宜。以上价格是连饭在内，每天三餐，下午4点茶点，吃不吃照样作价。住包月价钱有250元的，有300元的，有450元的。

饭店有大汽车两辆，能坐20多人，往来车站接送客人。还有自己的脚行，穿饭店衣服，编列号码，中外国籍均有。外国老板自然是不把中国劳动人民看在眼里的，时常对中国伙计和脚行打骂交加，嫌他们干活儿还不够出力。我有时和他们顶几句。他们是欺软怕硬的。

饭店最兴盛的时期，是在民国时期。那时各派上台下台，寿命不过一年多、两年多。当政局变化或兵变的时候，中国阔老权贵们往往来住饭店，方能保险。房间住满以后，就是一块小走廊，也能租住。因为依照条约，外国人的营业中国政府无权干涉，就是警察和侦缉队也不能到北京饭店来捕人。饭店还有规章，身穿制服的军人不能进入，大军阀的马弁也不能穿了制服跟随进入。

英国的通济隆旅行社也在北京饭店租有房间，为旅客办理各国的客运货运，代办火车票轮船票，也能开流通英镑的旅行支票，还代办所要去的那个国家的食宿游览等事项。各国客人来到北京，他们就当向导，介绍游逛北京名胜，如万寿山、香山、潭柘寺、十三陵等处。

法国书铺、古玩铺也在北京饭店内附设。也有花边地毯等货摊。还有一个名叫柏东（Button）的美国女人，起先只在饭店进门处租了一块放一个

▷ 北京饭店内部照

▷ 城外的驼队

桌子的地方，每月15元租金。她在小桌子上摆个摊子，卖些手提包，是她自己利用清朝蟒袍补褂的前后刺绣片子做成的，是些五光十色的孔雀虎豹鸟儿等飞禽走兽。她还用袍服腰带上的玉器别子零件做成手提环，配搭得十分华贵美丽。她的货品按美金定价，非常昂贵。她善作招徕，见到外国妇女，就宣扬自己的货品珍贵，然后送货到各房间兜售。后来她赚了很多钱，就租三楼上301号房间开起店来，大卖其清朝贵族夫人服装以及戏装玉器等。她做的是不要本钱的生意，是代摊贩们卖的，照标价出售，不扣佣金。实际上她赚的比佣金多得多，因为她是照同样定价的美金出售的。

这个美国女人柏东还进一步发展她的"事业"。她招揽了几个中国街坊的姑娘，才十三四岁，帮她工作，她教她们学点英语。有时知道有大帮洋人要从香港或上海来时，她便带了中国姑娘们去天津接船，自称是骆驼铃铛公司的，公司设在北京饭店，欢迎去北京游览。到了北京饭店，她又大事接待，最后是推销她的货品。她后来居然请了一位会计，买了两辆汽车，由一个穷女人变成了一个富商。

《记北京饭店》

❖ 海洪涛：驼户

北京过去有养骆驼的"驼户"，专以运煤、运灰为生。骆驼按"把"计算，八峰（骆驼以峰计数）为一大把，七峰为一小把，通常以六至七峰为一把。驼户中多的养三四把，少的养五六峰。七七事变那年，每峰骆驼价值大洋200元左右，所以那时养三把骆驼的驼户，可以说是个"活动财主"。我家只养骆驼12峰，生活也算不错。驼户的生意多在春、秋、冬三个季节。每到夏季，由于骆驼脱毛，又因夏季雨水大，那时的小煤窑一般不能出煤，所以驼户就歇夏了。驼户大部住在门头沟一带山区村庄里，住的房屋跟一般住户不一样,有特砌的高耸、上窄、中宽的大肚子门,一般不装门扇,为了让骆驼进出。每户的骆驼脖子上都系着自制的铁铃铛,在拉出时,系有铃铛的骆驼走在行列的最后,这是因为怕最后一个骆驼失群。每当夕阳落山的时候,山下铃声悠扬传来,自家人远远一听,就能听出自家的铃声,知道是自家的骆驼回来了。那时有一位冀州姓郑的老修铃人,每年到门头沟山里来为各驼户修铃铛。只此一人,别人不会,也算是个专家。

《驼户和他们的婚俗》

❖ 冯亦吾:什刹海晓市

什刹海晓市从外表看,除食品和水果外尽是些破旧东西,可其中却有宝贝。货源大约来自以下几方面:

一、由打小鼓的买来的。打小鼓是北京旧日的一种行业,原来叫"文武挑儿",本是二人一伙,后来生意单薄,大多改为一人了。这些人每天走街串巷,手里拿着个小鼓敲打着,嘴里喊着:"有金银首饰拿来卖!"……他们专买零星旧货,无论什么珠宝玉器,金银铜锡器皿,买到几宗,就拿到晓市去卖,赚钱养家。倘或遇到京官宅眷回籍,笨重物件难以携带;或者起程有日,不得不贱价出售,打小鼓的赶上这种机会,也不放过。他们兜揽承包,再去转销,可以赚一笔钱。譬如细瓷器皿经过刷洗,可以整旧如新,利市数倍。据说这些人多是从当铺散伙下来的,他们懂行识货,不会上当受骗。当然他们也会弄假骗人,利用别人不识货而高价卖出去。

二、败落人家的旧有物品。有的人家由于罢了官,或者遭了天灾人祸,生活失了依靠,只好变卖家中存物度日。他们怕卖给打小鼓的吃亏,便自己拿到晓市上出售。这其中也有多年收藏的珍品,如名人字画、文物古董、图书碑帖之类。由于后人不善鉴定，往往将祖辈保存下来的贵重物品卖掉。听说名书法家张伯英（勺圃）就在晓市上买到了王羲之的真迹《此事帖》。当时他住在后海南岸银锭桥附近，距离什刹海晓市不远。他做过北洋政府时期的国会秘书长，长于鉴赏。他得到《此事帖》后，经过考证，知其出自金源内府的收藏，乃海内最珍贵的墨迹。后来他把《此事帖》真迹和《十七帖》馆本，以及包世臣的《十七帖疏证》手稿，合印为《右军书范》，由商务印书馆于1927年出版。举此一例，可见对当时什刹海晓市，不可等闲视之。

三、来自做小买卖的制造商和摊贩。什刹海附近有个糖房胡同，住户多是制造糖果的商人。他们每天早上到晓市设摊出售自己制造的糖果。另外也有从外地贩运来的货物，多是些跑单帮的行商，把趸来的货物在晓市出售。买的人有的图方便，有的贪便宜。这类货物虽然大商店也有，可没晓市齐全，因此便容易销售出去。但有时买主也会上当受骗。所谓"漫天要价，立地还钱"，本来值一元的，他可以要十元，你可还至一毛。不懂市价的人，还了他个半数，结果还是吃了亏。有时买来的东西是冒牌货，是赝品，甚至不能使用，也就无从退换了。

另外，还有一些玩具之类的商品，大多为泥人、风车、口哨等等。这些商品都由赋闲的老年人制作，本钱不大，销路很广，大都趸给小贩去沿街叫卖。旧日挑担或推车的小贩，到处都有。他们从晓市趸来各种食品和玩具，便去街头巷尾零售。这种商品吸引不少玩童，也养活了不少病残老弱的人。

上述种种，买的卖的各有他们的方式方法，所以每天早上，人来人往，非常热闹。因之卖早点的也就随之而来，把各种食品拿到晓市上出售。

《什刹海今昔》

❖ 侯凯：荣宝斋与名仕

民国以后，荣宝斋为扩大经营，除大力充实北京总店以外，先后在上海、天津、汉口、南京等大城市开设荣宝斋分号，从总店到各分店，都选派精通业务的干才担任经理。被选派的人都有较高的文化素养，有的在书画方面还小有名气。因此他们能经常对书画艺术界人士提供资料，帮助发掘、收藏珍品，以供研究。他们和许多知名书画界艺术家相处甚密，和文坛艺苑名流多有交往；一些艺坛后进诸生也多以荣宝斋为习艺的课堂，他们或前来观摩所陈列的古今字画与金石篆刻，或购买各种笺谱为习画的范本。荣宝斋提供的文房用品，为多方面人士所喜爱。总之，荣宝斋与社会各界联系广泛，并给不少名士留下了深刻的印象。例如沈钧儒老先生生前就常来荣宝斋写字和欣赏书画，有一回他说："荣宝斋一向享有盛名，我在读书的时候，使用的镇尺就是荣宝斋的，至今还保存着，我用的格纸，也是在荣宝斋买的。著名书画家启功先生，曾对荣宝斋的人说过这样一段话："我尚在刚刚识字的时候，看见习字用的铜镇尺上两行字之下有'荣宝斋'字样，问我的祖父，得知是一家南纸店的名字；约在 14 岁时，我自己第一次到琉璃厂买纸笔，看到荣宝斋墙上以及过道的较高处，都挂满了名人字画……这些人当然不是专为卖钱，实在因为他们和这家文化商店打的交道太久了，感情太深了，并且以自己的笔迹能在这里挂出为荣。……我年轻时从上学到辍学，年长时过着边教书边卖画的生涯，直到今天，都从没有和这里断过联系。如果说，书店是我的'开架图书馆'，那么荣宝斋便是我的'艺术博物馆'。我从荣宝斋的墙上学到多少有关书画方面的技能，又在它的座位间见到多少前辈名家，受到他们多少教导和鼓励！我从当年在荣宝斋拿了几元卖画的所谓'润笔',出门后又送给书店,抱着几本书回家去的情形,到亲眼看到我的笔迹赫然挂在荣宝斋的中堂之上。我得到这个荣誉,怎能不感谢这个起过导师作用的'艺术博物馆'!"齐白石老先生也曾说:"荣宝斋好啊,过去我就好常来。"再早一些和荣宝斋往来关系密切的老一辈书画家还有于右任、陈树人、陈师曾、林琴南、张伯英、张大千、溥心畬、陈云诰等。总之,自民国初年以后,荣宝斋继松竹斋盛名,又树立起很好的社会声誉,一直受到人们的欢迎。

《文化老店荣宝斋》

▷　20 世纪 20 年代荣宝斋南纸店

❖　**李紫宸:** 四处飘香的花木业

新中国成立前,北京的花厂子很多,主要集中在东西两庙(即隆福寺和护国寺两处庙会)和哈德门(崇文门)等地。过去,护国寺有悦容、奇卉、前万升、后万升、丁记、袁记、义顺等八九家花厂子。此外，还有六七个摊贩。隆福寺的花厂子就更多了，有隆兴、万盛、同春、同乐、艺和、德圣源（我父亲开的）、永和、隆和、永和新、聚芳、利和（我开的）、松泉等十几家之多。哈德门一带的花厂子，因为靠近东交民巷，大都是洋花厂子，专养外国花和少量中国花卖给外国人。像郁金香、石竹等花，而且卖的也多是花篮、花把儿（即花束）、切花等，盆花很少。当时洋花厂子有六七家，像世界、欧美、育英、胜新、万顺等等。从名字上也可看出其经营的对象和特点。另外，弓弦胡同有兴隆花厂；广安门牛街北边土地庙有三家花厂子；西单有两家花厂子；劝业场、王府井等地也都有花厂子。除此之外，还有很多的摊贩和走街串巷卖鲜花的小贩。过去，一到晚上就有几百人在北京城里各处街道上，挑着担子卖晚香玉、夜来香等花，使古老的都城四处飘香。

▷ 花市上的花农

过去北京为什么有这么多开花厂子的呢？这是因为明清以来，几百年间北京一直是国都所在地，是皇亲国戚、达官贵人集中的地方。首先皇宫中就需要大量的名花异草、珍奇树木。其次，每逢婚丧嫁娶和年节之时，那些官宦人家也需要大量的名贵花草。例如，过旧历年时，他们要买松竹梅"岁寒三友"；要买"玉堂春富贵"（即将玉兰、迎春、牡丹三种花合种在一个大条盆内）；要买九番石榴花，取其"榴开百子"人丁兴旺之意。此外，很多有闲阶级的妇女，衣襟上平时要别上一串串的茉莉花、栀子花等。再就是妓院也要大量的鲜花。过去西珠市口大保吉巷有一个姓于的，大家都叫他"鲜花于"，就专门卖鲜花给妓院的妓女。还有，各国驻京的外交使团和其他外国人，也都要买大量的鲜花。这些都是北京花木业发展的客观条件。此外，本小利大，也是花木业能在北京发展的一个原因。过去种花的大都兼种菜，花儿卖不出去可以卖菜，所以能有比较稳定的收入。开花厂子的向花农买花大多都是赊账，花儿卖出去后才给钱，所以需要的本钱不是太大。

过去，每年秋分后，山东的花农都要到北京来卖牡丹。他们推着小车，步行1300多里，从菏泽把牡丹运到北京。每六十棵牡丹为一包，一车要推四五包，有几百斤重，是很辛苦的。每年花农来了以后，都住在右安门外三官庙，再把花拿到各个花厂子去卖。花厂子把花买下，当时不给钱，要到旧历年把牡丹花卖出去以后才付钱。这样，开花厂子的每年能赚不少钱，可是花农却受到很重的盘剥。

《北京的花木业》

❖ 张恨水：北平旧书摊

新春厂甸开市，全北京小书商，遂各各列摊于海王村之东偏。计其摊，约在百数外，不啻为一旧书展会也。予每届春节，必在此处有数度之徘徊。经验所得，固知书商为不识货矣。试数事证之。

（一）抄本书，亦彼等所珍视者也。有毛边纸抄本两册，装订整齐、字则蝇头小楷，亦楚楚有致。询其价，则告以十元，予大笑。盖所抄者非他，乃人家窗课，所选古文观止、东莱博议等之文。

（二）清代文人笔记，虽已刻版，至今荡然无存者，为数甚多。苟有残篇，吉光片羽，自可宝贵。予无意中得乾隆年间某文人笔记续篇一本，约三四十页，绝版书也。予度价必不小，姑闻之，则索值一毛五，予铜子二十四枚即得之。真是拿着蜡烛当柴卖矣。

（三）有相术书一部，约十册，予遇一老人持卷把玩爱不忍释。询价，告以十元，还四元而不售，老人怏怏去。越一日，又遇老人在彼议价中，老人出六元，而书贩非十二元不可，老人拂袖而去。此书除此等人不售，虽存十年无人问可也，而竟交臂失之。

由是以言，则北京旧书者之负有盛名，一经研究，技至此耳。于是知经验所得来之本领，究不如书本上所得为佳也。

《北平旧书铺》，原载 1928 年 2 月 5 日北平《益世报》

❖ 白凤鸣：北有王麻子

民国以后，王麻子的声誉盖过了很多同行业的作坊和商店。于是北京的很多地方出现了"汪麻子""旺麻子""老王麻子""真王麻子""老老王麻子"等招牌和字号。广大顾客被这种鱼目混珠、以假乱真的商业竞争搞得真假难分，莫衷一是。处在这种情况下，宣武门外菜市口这家挂着"三代王麻子"招牌的老字号，对剪子的质量要求更高了。

王麻子收购的剪子有三个主要的特点：一是剪轴部位合理，二是剪头长、剪口顺，三是剪把宽、剪轴粗。有了这三个特点，薄厚都可剪，四十层的布可一刀剪开；大头针、曲别针可一剪两段；软的可剪丝绒绸缎，一

▷ 旧书摊儿

▷ 王麻子剪刀铺

剪子到底，毫不挂丝。所以有这样的特点，主要是因为钢材好，工艺严谨，结构合理。譬如，由于刃口热处理合适，硬度提高，刃口锋利，经久耐用；由于表面经过发黑处理，剪子就乌黑发亮，不易生锈，显得美观（有"黑老虎"的称号），由于刃口的内侧有锥形槽，就容易磨削。……凡此种种，就使得王麻子的剪刀在与同行业的竞争中，始终居于领先地位。"北有王麻子，南有张小泉"，这是人们对这两家剪刀店的很高的称赞。只是在七七事变日寇侵占北平和抗战胜利国民党"劫收"北平的两个相连的历史阶段里，它的生意才萧条下来，幸亏它的老本较厚，才艰难地支撑到了解放。

《王麻子刀剪铺的变迁》

❖ 叶祖孚：内联升鞋店的"履中备载"

内联升鞋店是咸丰三年（1853）开设于东交民巷的一家鞋店，1900年后迁到廊房头条，公私合营后又迁至大栅栏。这是一家有名的老字号。道光乙巳（1845）出版的《都门纪略》上载，东江米巷（今东交民巷）内有家缎鞋店叫内长升，可能这是内联升鞋店曾经沿袭的名字，"内联升"要比"内长升"更加吉利好听，有连升三级的意思。同治十三年（1874）出版的《都门汇纂》上也记下东交民巷这家鞋店专卖缎鞋、朝靴、战靴，每双靴价钱昂贵，要卖银4两到14两不等。内联升做的朝靴用料讲究，做工精细，并根据官员脚的尺寸大小亲自量定，反复修改试穿，直到官员满意为止。为了节省官宦们到鞋店往返做鞋的时间，内联升在做鞋时特地记下官员的年龄和鞋的尺寸大小以及其他特殊爱好，以后就根据这些记载定时为官员做好朝靴送去。这个关于鞋的尺寸的资料，内联升鞋店叫它"履中备载"。那时清朝官场盛行礼尚往来，朝靴就是一种贵重的礼品，外省进京的官员为上级送见面礼或门生为恩师送礼，到内联升查一下"履中备载"，特地定做一双朝靴送去，一定会博得对方的欢心。

民国以后，清室倾覆。穿朝靴的人不多了，继之而起的是人们喜欢穿小圆口千层底靴鞋和小圆口千层底礼服呢鞋。这种便鞋又成为送礼的佳品。于是"履中备载"中又增添上了穿千层鞋者的鞋的尺寸，这里记有袁世凯等北洋官员的名字。一时"头戴马聚源，身穿瑞蚨祥，脚登内联升，腰缠四大恒（四家钱庄的存折）"成为时尚。在灯红酒绿的大栅栏里，人们穿戴着这些衣服鞋帽，从泰丰楼、丰泽园等高级饭庄里饮罢出来，又到广德楼、三庆园等戏园子去听谭叫天的《奇冤报》或梅巧玲的《玉堂春》。人们都以穿上内联升的鞋为荣。

这本记载清末民初大臣、官员、军阀、政客等人所穿鞋的尺寸的"履中备载"已于战争离乱中遗失了。

《内联升鞋店的"履中备载"》

❖ 乐松生：同仁堂货高价出头

同仁堂因为资本雄厚，名望高，有很长的一个时期内在药市上占着垄断独占的地位。在过去全国最大的药市祁州（今安国县）药王庙上，每年冬春两季开市的时候，都要等候同仁堂的人到后才开市。这是因为同仁堂出价大，买得多。例如大黄，我们挑选其中最瓷实的买，带泡的就不要。虎骨、犀角等都要挑最好的才买，下脚货就不要。我们每次都能买到最好的药材。有的贵重药材如大山参、鹿茸等就专程到营口药市去采购。麝香由河南杜盛兴专门供应最上等的货色。蜜制药丸所用的蜜也有专门的蜜行供应。有一个时期，上海成为贵重药材集散之地，因为乐达仁在上海，就由他替同仁堂采购。每次进货都在两三万元以上。总之，同仁堂在采购药材方面，不怕价高，但求货好，因此，它生产的成药也就"货高价出头"

▷ 新中国成立后内联升旧照

▷ 同仁堂老药铺

了。这可以说是同仁堂的特点。正因为这一点，1852年、1869年就发现有假冒同仁堂的名义卖假药的，曾经遭到官府的取缔，但后来仍有不断假冒同仁堂的名义卖假药的。他们都以低价可以买到同样的药为号召，也有不少人愿意前往购买的。殊不知同仁堂的药所以出名，在选料与剂量上，特别在选用贵重药品上丝毫不苟，这是别家不能与之相比的。

《同仁堂的回顾与展望》

❖ 高叔平：当铺的建置

当铺房屋是按照业务需要建置的，各家大体相同。计有：

柜房：这是对外营业室，一般占房五至七间。迎门通面栏柜，柜台高达一米五六，外地当铺栏柜竟有高达两米的。柜台高的原因是怕顾客情急殴斗。由于柜台高，故内设踏板，约高40厘米，有的两级踏板，高达60厘米。这样，就把营业员同顾客的关系，在形式上摆在压人一头的地位。柜房是过堂式的，两面设门。从后门绕进，迎门一槽照壁。照壁顶部设一悬龛，龛内供奉三位财神，通称"三财"，即赵公元帅、关夫子、增福财神。照壁前面设一条桌，通称大桌，是放置赎取单据（当票）、登录本（花取）等的桌子，两旁有条凳，备一般店员休息。照壁后面放置一张比通常床铺大而高的木床叫卷当床，床头备有成束的麻绳，这种麻绳叫钱串。这个床是整理叠卷当进衣物用的。照壁两边，一边近墙角摆放账桌，账桌后面是宽大的坐凳。这就是账房先生（帮账）记门账、开当票、签小号、穿号、算账等的办公桌；靠近账桌，另有一张柜橱式的桌子为管钱桌，是管钱的（出纳员）办事地点。照壁另一边设一桌两椅，名曰客座，是经理人的座位。踏板上，分左右设置四个高凳，是营业员按等级固定的座位。此外，在柜台外面门楣上挂有"望牌"，两边墙上挂有"过五牌"和"过半牌"，都是为计算利息用的。

客房：接待来访，接待大宗业务的顾客，经理人休息，兼作经理人宿舍。一般两套或三套，每套占房二至三间。设置略同一般待客室，只是正客房墙上挂有木牌，名曰"小牌"，记载昨日业务数字，是给经理人的日报表，半公开的。

首饰房：在柜房院内单独一间屋，是保管珍贵物品的库房，又是内账房，设有收藏玉件头、瓷器、坐钟等物用的木橱和收藏首饰、表饰等小件珍品用的屉柜，存储银钱的钱柜，算账用的办公桌椅橱等，是银钱重地，是禁区，非指定的人不能擅入。在我国沦为半封建半殖民地期间，当铺收进的一部分贵重金珠等饰物，大都在东交民巷汇丰、华比银行租房存放。

号房：保管当进衣物的库房，存储除珍贵物品以外的全部架货财产。一般占房20多间。建筑设施，要考虑到防火、防潮、防鼠、防虫。基于迷信观点，主号房门旁建有两个小洞即小龛，砖砌门楣。左龛供奉火神，右龛供奉号神（即耗子），都写有牌位。号房内用竹木搭设架子。架子分层分格，名为架眼；两排架子中间是走道，名为号筒子；最底层架底离地约三四十厘米，空隙名为下架子，备存储铜锡器用。另外，库房设置高低梯子、折梯、高凳若干，以便提取物品。晚间号房不能点灯，置玻璃手提灯笼若干盏，放在柜房外专设的灯架上，以备取用。

住屋：即宿舍。由于旧工商业对从业人员都是供食宿的，所以要提供住屋。一般来说，高级店员住屋好一些，伙计及学徒等住屋差一些。有什么掌柜（营业员）屋、包房（伙计）屋、徒弟屋之分，大体占房十间以内。

饭房：即食堂，为集体吃饭房间，占房两三间，设备略同一般工商业。

厨房：炊事房。锅、灶、案、盆，略同一般。

更房：这是当铺所特有的，备值更守夜人员夜间值勤、日间休息的房间，一般要占房两三间。

《典当业》

❖ 雷大受：三善水会

　　水会，是一种民间公益性质的消防组织，在清光绪年间，北京已有15处。入民国后，虽有了消防队及消防汽车，但水会仍起着救火的辅助作用，所以还存在一段时期。三善水会即为其中的一家，它设立在小沙土园西口路南的一个小四合院内。水会拥有的消防器材不过是几台"水龙"（压水机）、水龙带、长柄铁钩、水桶、铜盔等物，遇有近处"走水"（忌讳说"着火"二字）时，就出动水龙协助消防队扑灭火灾，实际上只能起个助手作用，如切断火道，维持维持火场秩序而已。每次"出龙"所需的各项费用，由水会的人员算清后派人到组成这一水会的商户或住宅敛收。

　　水会的任务本是消防灭火，然而那些器材却往往成为讲究排场的摆设。如某家商店新张营业或一些"宅门"在饭庄、寺庙有婚丧大事，往往就请水会去"摆龙"，即在大门口摆出几台水龙，这固然不无出于防火的需要，而更多的则是为显得神气、阔气一些。因为"水龙"上的饰件全是黄铜制成，在车身的正面铜牌上镌有水会的名称并环绕有龙形图案，这些铜活擦得极为光亮，在阳光下闪闪发光；不仅如此，在水龙两旁还有身穿制服、足蹬长靴、头戴铜盔的水会人员在值勤。这种架势，灭火虽嫌不足，但驱散乞丐、赶走顽童却绰绰有余，起着个"二巡警"的作用。

《城南琐记》

❖ 金继德：旧京的杠房

杠房是专门办理殡葬事宜的门店。旧北京的杠房有十几家，其中以东四马市大街的永盛和北新桥东的义茂两家最为有名，因为他们两家都抬过皇杠。其次便是丰盛胡同口外的日升及西安门大街的德兴两家。这些字号，过去北京人都管他们叫做杠房。从前死了人，都要雇人用杠来抬埋，由此便产生了杠房业。杠有大有小，杠的大小是由官衔、地位和经济条件决定的。皇杠（皇帝的殡杠）最大，是一百二十人抬着，杠、罩、捆绳的颜色都是黄的，罩是黄缎子上面绣着龙。其次有八十人、六十四人、四十八人、三十二人、二十四人、十六人、八人及二人杠。两个人的杠叫"穿心杠"，过去穷人家死了人，没有钱办理丧事，只好雇两个人，用绳把杠从那口薄棺上方穿过去，两个人用杠抬走埋了完事。

杠上的罩叫官罩。罩有大有小，越大的杠上边的罩就越大。小一些的杠罩就小。二十四人以下的杠，一般都没有罩。皇杠用的杠和罩都是黄色的，其余人家办丧事的杠和罩都是红色。

1929年，南京政府决定，将孙中山先生的灵柩迁至南京。当时中山先生的灵柩停在香山碧云寺，需抬至前门火车站，然后由火车运往南京。中山先生的起灵事宜，由丰盛胡同口外的日升杠房负责，所用的杠、罩、捆绳为蓝、白二色，都是新制的，杠夫的衣服也是蓝白色的，可能是取其青天白日之意。为中山先生起灵用的是八十人负重的大杠，杠夫分两拨，计一百六十人，彼此轮换。

皇杠最大，用一百二十人抬，换三拨，共三百六十个杠夫。杠夫穿黄色衣服，脚穿黑靴子，头戴小毡帽，中间插黄绸。皇杠是全堂执事，旗、伞、幡等种类俱全。八十人以下的杠多用五堂半执事，或用三堂半执事。殡葬的执事，有满、汉之别。满族的殡葬，在杠前边，有两队计二十人拿着带烟火的香炉。汉族是两队幡伞。所以一看到殡葬执事，就能看出是满人还是汉人。六十四人或四十八人的杠有换两拨的，也有不分拨的。三十二人以下的杠就是一拨了。

在殡杠的前边，有两个穿白袍的，手中拿着大小两根响木，一边走一边打着点儿，人们管他们叫作打响尺的。这两个人用响尺的点儿指挥着杠夫的行走，杠随着响尺的点儿，迈着整齐的步伐行进，一切都显得很有秩序。在灵柩出宅之时，不管棺材有多重，只有八到十个杠夫听着打响尺的指挥，随着响尺的点儿，忽高忽低，忽左忽右，井然有序，四平八稳地把棺材从屋里抬出来，慢慢地放在杠的中间，然后再用绳捆。起灵时，要是在棺材上放一个盛满水的大碗，也不会洒出一滴水来。这全是打响尺的和杠夫的真功夫。

凡是八十人、六十四人、四十八人的大杠，都先用二十四或三十二人抬，出了胡同口再换大杠。大杠就摆在马路的便道上，这叫亮罩。杠夫听着打响尺的指挥，把灵柩由小罩移放在大罩里，然后再抬走。这一切都有条不紊，很有秩序地进行。

那时候的大殡，都雇一个撒纸钱儿的。北京有一位人称一撮毛的人，不知其姓名，只知他的右下颏有一撮黑汗毛，人们便叫他一撮毛。他撒纸钱的技术在北京首屈一指，能把一把纸钱一下子抛得很高很高，而一点不散。待这一把纸钱开始往下落时，才"哗"地一声纷纷然飘落下来。

执事走得快慢，要听打锣的。打锣的穿泮衣，上罩红马褂，头戴一顶又尖又长的红帽子，很像戏台上的小丑，手里拿着大锣，不断敲打着。执事听着锣声，或走或停。杠房的规矩，外行人是听不懂的。由此看来，各行各业都有自己的规矩和学问。

❖ 齐如山：镖局

从前国中无银行，故无汇兑事业，大宗款项则督抚委员解运，其次则由票庄代为拨兑。然各省有票庄之处，仅省会及一二大城市而已，其余城池，则无法拨兑也，一应银钱来往，必须运现。因路间有被劫失落之虞，故须靠镖局代运。镖局者，既非股实商家，又无充裕资本，都是几位武术家（俗名把式匠）组织而成，并雇用把式匠数十人，为之轮流保护运输车辆而已。此种人员，即名曰镖客。其组织法大致只有一本账，收到代运之款项，彼即注于账上，云：某月日收到某号，运交某处某号银若干两。至银子之成色、分两，彼皆不问。交运款时，只将银两包好，外边再用布或麻包封固、缝好，亦无火漆打印，只在银包外面书明银若干两，寄某处，交某号查收，下注某号寄等字样。外再附信一封，一并交镖局带往即妥。运到银时，对方即将信收下，将银包掷堆屋隅便妥。代运之报酬名曰镖礼，大致每年正月镖期总付。动辄数万两或数十万两，因其为上年全年总收入也。镖银 500 两之包[①]，每次可运几十包、几百包，对方收下之后亦不给收据，手续可谓简单已极，然亦很少出错。若果然遗失，镖局亦管赔偿。如数目太大，赔偿亦太难矣。故俗语有云："赔得起的赔。"言外即赔不起时就不能赔了。盖遗失之时亦极少也。其所以不至被劫遗失者，亦靠与贼匪有相当之来往。故有硬镖、软镖之分。硬镖者，路间遇见路劫土匪时，则凭保镖之师傅与之争斗。故每次运镖，都得有相当人数护镖跟随。从前专靠武术，后各有洋枪利器。软镖者，由开镖局之人，每年送各地土匪头目银钱若干。沿自己运镖所经之路之土匪头目皆须送之；各该地土匪头目再

---

① 大致大拨款项多是 500 两一包，因少则太零碎，太多则一人运转不方便。

▷ 北京会友镖局主人及镖头

向匪众分配。故镖车之沿途安全，皆由该地土匪头目负责。镖局运镖车上，皆插有本镖局字号之旗帜。其规矩是，保镖师傅每遇桥、庙、树林、城镇，皆须预先大声呼喊，名曰"喊镖"，亦曰"喊大趟子"。如遇车前有人，亦须招呼，名曰"喊小号"。大趟子、小号之喊法，各镖局皆有其特别之规定，预先通知沿路土匪。届时土匪一听，便知为某局之镖，绝对不会行劫。倘遇有其他未曾得钱之小股土匪截抢，则该地之受钱土匪，亦须帮助镖局，银物不至有失。故平常四五辆镖车，只用一位镖客随往，路间遇事，有人答话便妥。若与官场运饷，或与大商家走专镖，每次或达数十车，则每车必有一人。遇喊镖时，第一车人喊完，第二车接声，以次到末一车为止，往往喊半小时之久，声颇雄壮动听。如今各偏僻地方尚有镖局，内地则交通方便，银行林立，邮局亦带汇兑，所以久不闻此声矣。

《镖局》

❖ 唐友诗：没有组织的乞丐

旧社会，北京的大街小巷乞丐到处皆是。当时把乞丐叫做"花子"，北京土话也叫"打闲的"。这些人相当复杂，有的还有组织，分门户。先说说没有组织的乞丐，他们大致可以分为以下几种情况：

穷迫　因生活贫困而沦为乞丐的。其中有的本来就是穷人，也有家道中落人家的子弟，更有无依无靠的老弱病残者。这种乞丐都穿着破烂，蓬头垢面，携带破瓦罐，拿着打狗棒，挨门挨户乞叫："老爷太太赏碗剩菜剩饭吃。"很容易看出，他们乞讨是"因穷所迫"。

骗取　这种乞丐衣服穿的很齐整，忽来忽去，鬼鬼祟祟，他们紧追着行人说个不停，什么"家乡遭灾，全家数口即将死，来京寻亲不遇，借贷无门，难以还乡，请求救济！"遇有心慈面软的人给他几个钱，然后他换个地方，故意装病，倒在地上痛哭流涕乱滚。有人询问就说另一套假话，把人哄信，于是又得到钱。他们一天不定换几个地方，所到之处总有人受骗。为了不被人识破，他们不但常换地方，讨要方法亦不断变换。

据悉，这种人乞讨并不是生活所迫，而是别有企图。他们家中生活很好，根本用不着讨要，但为了来北京游逛，每年地里没活的时候，就拉上几个人，一起来北京做"乞丐生意"。在北京住店、吃饭以及听戏等花费，完全用的是要来的钱，用不着自己掏钱。到农忙时他们回家，有的竟满载而归。这种乞讨实际是骗取。

恶讨　这类乞丐常常跪在地上，手持方砖连连向自己的胸部击打。胸部被打成黑紫色，随打随喊，哀求"善人救苦救难"。围观者目睹惨状就给点钱。意在使其少打几下。围着看的人越多，他喊叫得越欢，打得越凶。

据说，恶讨的乞丐没有多少，他们不但皮肉要受苦，又要有叫街能力。这种乞丐以盲人居多，俗呼"叫街瞎子"。

撒泼　完全是妇女。"摔打砸刺"什么都不怕，又叫"女拨子"。她们乞讨方式很特殊，硬打硬要，若达不到要求，什么丑恶的举动都做得出来，什么下流话都敢说。这种乞丐与乡间集镇上抓集的"女花子"相同，如果讨钱不给，有的用碗击伤自己的面部，也有的用刀砍破自己的头，借以讹钱，有时还聚众打架，打伤了人一跑了之。她们若被人打坏，必要生出很多枝节，情形更恶劣。她们不经常出来，出来必不空回。

追赶　还有一种专"赶庙会"的女乞丐，穿的衣服并不十分破烂，都用布包着头，有的手拿布掸，有的手拿香头。当时，土路很多，交通不便，一路上尘土飞扬，逛会的游人满身尘污，极为扫兴。此时，女乞丐就赶来与游人掸土或点烟，以此讨钱。游人遇到这种乞丐不但不厌烦，反而很高兴，于是给钱也不吝啬。这种女乞丐在一个庙会内，能讨到很多钱。

《乞丐》

◆　**翟鸿起：换洋取灯儿**

"取灯儿"是老北京人对火柴的别称；因为北京第一个火柴厂是外国人开的，所以又加了个"洋"字，叫"洋取灯"，或者叫"洋火"。现在到商店买火柴的老人还有说"来包洋火"的。"取灯"这个名称细琢磨起来，还真有点道理。过去点植物油灯或煤油灯，划火柴点灯，便叫一声"取灯来"。幼时听人们讲，翔凤牌火柴是英国人开的厂生产出来的，自然是有相当的洋味了，那什么是"中"货呢？那就是火镰、火石、火绒。

做这项生意的，都是中年以上的妇女，较换茶壶茶碗成本低得多，而且不费力气。在我住的西单一带，经常看到一位中年妇女，双肩背一个口

略小、底较大的椭圆荆条筐，筐内放着成包的火柴。这火柴不是卖的，而是要用户用破铺陈、旧衣物来换的，就连做衣服铰下来的布条也可攒到一起，用来换火柴。一般家庭买火柴的很少，都是靠这种方式来换。这位中年妇女蛮足扎腿带，穿一件没膝的大袄，头顶上盘一个大扁纂儿，插一支金属簪子。据说这位妇女是旗人，清朝被推翻后，家道中落，生活无着，又干不好技术活儿，只好靠小本经营，以微薄的收入维持生活。她把回收的布条铺陈整理分类后，卖给打袼褙作坊，再趸回火柴，走街串巷，吆喝着"换洋取灯儿！""破烂我买！"

《老北京的街头巷尾（二）》

❖ 常人春：地安门的古玩行

辛亥革命后，八旗王公以及官宦世家的落魄王孙、公子哥们，由于断了俸禄、钱粮，又不肯改变固有的生活方式，生计困难。因此，常常将所藏的文玩珍宝拿出来，卖给古玩铺。而一些民国的新贵、官僚、政客、军阀，为了附庸风雅也常购买一些古玩文物。北城恰恰是王府、宅门、满族贵族比较集中的地区，故后门一带古玩行的生意特别兴隆。其店铺之多也超过其他行业。据民国二十三年（1934）10月不完全统计，鼓楼、后门一带的古玩铺（座商）有18家之多。

▷　古玩店里的老板

鼓楼前路东高台阶有立文古玩铺（今聚宝斋文物收购处），系曹文铎收买旧货，偶然购得珍贵文物发迹后所开。后门桥南路西有奇陶山房，门前有巨型琉璃佛像为招幌。与此并排的有奇珍斋，系徐茂兰所开设。白米斜街口上有九古斋，系陈子厚所开设。还有一家名双合兴，系张颖泉、赵书斋二人合股所开。后来二人散伙，赵书斋在鼓楼东大街开了书古斋，专吃旧书、碑帖。张颖泉则在原址开了纯古堂，专吃瓷器、玉器。因为张颖泉善于鉴定此类文物。原德颐园澡堂北边有品古斋，专门收买名人字画，系一郑姓所开设，时人称之为"郑大爷"，善于鉴定字画、古书、碑帖等文物。他的大徒弟在桥北路东开了一个三间门脸的古玩铺，名宾古堂。此外，楼前烟袋斜街里有敏文斋、宝山斋等六家古玩铺，俱系收购文玩杂项的店铺。

《地安门琐记》

❖ **胡道生：**算卦的把戏

算卦相面要赚钱，先要引人上钩。如何引，要有一套方法。最普通的卦，是算兄弟几个，有无父母、妻室，以此来"围黏子"（即吸引游人围观）。给人卜算家有兄弟几人时，算一个准一个，使人惊异不止，信以为神。其实全是骗人的把戏，今略举几例如下：

"使双簧" 相面算卦先生常雇人作为同伙即"贴靴的"挤在人群中装作看热闹的。算卦先生当着观众的面，叫人背着他把其家兄弟几位或有无妻室写在纸条或石板上，"贴靴的"看在眼里，然后打暗号告诉算卦先生。例如卢学忠的"贴靴的"用转动眼珠打暗号，规定是左一，右二，三不动，四上，五下，行话叫"使双簧"。

"小退皮" 相面人手拿一打小纸条，冲一个围观者说："你弟兄几人，我算出来了。"说着就往纸条上写（写时不让人看见）。写完便问："你弟兄几人呀？"那人说："三人。"他就说："相对了一位，我写的正是弟兄三人。"可是并不让人看纸条。接着又相第二人，还是先写后问，直到相了六七个人以后，才把纸条拿给众人看，果然个个都相对了。其秘密就在于第一张纸条上什么也没有写，第二张纸条上写的是第一个人的，第三张上写的是第二人的，依此类推，末了偷偷在第一张纸条上写上最后一个人的。与这种把戏相似的还有"大退皮""翻天印"等。

"五音碑" 相面人在左袖筒里藏有一支特制毛笔。他向围观的某人说："那位先生弟兄几位我相出来了，我把结果画在大拇指肚上，哥几个，我就画几道。"问完了亮出拇指，上面画的墨道果然正对。原来他在问之前假装往拇指上画，其实并没有画上，而是人家说的时候在袖筒里偷偷画上的。宋觉禅就用这种骗术相面。

▷ 路旁的算命先生

　　请"敲托的" "敲托的"也叫"贴靴的"。这里只举一个例子：一天，杨铁嘴刚摆好卦摊，就有一披麻带孝的年轻妇女踉跄而来，一行鼻涕一行泪地说："先生的卦真灵啊！昨天说孩子的爸要死，今儿个真死了！我这孤儿寡母可怎么办？您再给指指方向吧！"说完就跪下磕头。周围的人一看，惊叹不已，说："这位算卦先生真是活神仙！"争先前来抽签算卦。每天算卦的人都要排队。杨铁嘴的卦是不是真灵呢，天桥当地人都清楚，那披麻带孝的妇女是杨铁嘴的儿媳妇。这种骗术也叫"催响儿"。

《算卦相面的骗术》

❖ 杨纤如：开设公寓迎客户

提起30年代北平的公寓，当时我印象里总有不下300来家，现在尚能想起的只剩二三十家了，加上查阅资料所得，也不过百把十家。为什么北平公寓如此之多？原来，北洋政府时期到北京候差事的，不是三天五天就可以候得到，候个三月五月算快的，候个一年两年也不为奇。这些人有同乡会馆可住就住会馆，无会馆可住的，只好找旅馆，可是即便最廉价的旅馆，长年住也住不起。于是有的商人，就开设公寓以迎合这些客户。假定说最低廉的旅馆日租五六角钱，那么公寓可以低到三四角，甚至一二角。况且，旅馆嘈杂，军警查得也比较严，你查过来他查过去，实在不堪其扰。至于公寓，虽也设有查店的"循环簿"[①]，不过是例行公事，军警们来了，只要公寓招待一通烟茶，并不仔细查看。特别是公寓大都设在内城背街小胡同里，避开了前门外热闹区，比较安静，所以很多人愿意住公寓，于是公寓便在北平兴起了。

北伐以后，北洋政府垮台，政治中心南移，不少失业者想在故都碰碰运气，也有那些小商人、走江湖的，还有那贪图生活费低廉的小寓公，来到北平居住，这是北平公寓兴起的又一原因。

但是促成北平公寓大发展的主要原因，则是北京的学生。北平（包括旧时北京）是有名的文化城，高等学校，公、私立近20所，除了清华大学、燕京大学以及北平大学农学院在郊区外，其余在城区的学校附近都有十个二十个公寓招徕学生。

---

① 循环簿记载住客情况，分甲乙两本，巡警每天拿一本回巡警阁查看，第二天送来这一本，换回另一本查看，故曰循环簿。

不错，各大学都有宿舍，但僧多粥少，宿舍都被捷足者"先登"了，新来的只好住公寓。也有那些爱好游乐的大学生，贪图方便，以公寓为栖身之所。还有少数大学生，如平民大学、郁文大学、华北大学以及国立北平大学艺术学院，因校舍狭小，校内没有宿舍，只在校外有几处小规模宿舍，这些学校的学生也只好住公寓。中学一般不住宿，但有一部分缴费到年头即可以拿文凭的中学，如西城二龙坑的弘达中学、太平桥附近的志成中学、端王府夹道附近的文治中学，它们的规模相当大，均可达千多学生，学生又来自外省县，必须住在公寓里。此外，北京大学嘉惠青年，任凭旁听，所以沙滩一带公寓特别多。每逢暑假，外地中学毕业生来平投考，也都麇集在各大学附近公寓里。至于职业革命家，为避免旅馆查店和便于迁徙转移，也是公寓的常客。

《公寓》

❖ 孙洵侯: 北平的车夫

我们爱北平拉车的。我们自然应该是爱他们要的钱少（比哪儿都少），走的道远，又跑得快了。人多么古怪，十年前坐车，并不见人埋怨车贵，可是现在拉车的瘦成猴儿了，穿的褴褛得不堪了，抢买卖竞争得可怜了，价钱便宜得你难受了，然而他要价要了（譬如说）一毛之后，你决不会说"不对，应该两毛，拉来"。

我去年刚到北平的车站，北平满忘掉了。雇好洋车，坐到以后，才掏出钱来算好要给，拉车的突然说："你收着吧。"我愕然以为敲竹杠。他接了钱又道谢，我才怨恨自己的心里是多么卑鄙。近来坐上洋车，老爱叫车慢跑，可是他们听了反跑得快。有次我又说："唅，叫你慢慢地走！""老先生你还嫌不快吗？都快过电车啦。"又有一次一个拉车的擦着满脸汗，掉过脸来："……小得很，小得很，才六十七，腿还是二十几的腿，火车头，跑得快。"

六十七，小得很，不是开你的心吗？不是，他的敬重而和悦的脸上说不是。

可是，他们也并不是不要多钱的。有天我从豫王府到王府井口，急忙得要在四分钟里赶。

"一毛洋。"后头紧跟的一个拉车说。

"两大枚。"我厌恶他的投机。

我向旁边坐着的一个说："口上，二十枚，快！""两毛钱儿。"他向我瞧了一眼，似理不理，仍唧着他的旱烟。那种辛辣与侮辱的滋味，只有听的自己明白。你有什么理由斥责他，警告他？要价是他的自由。况且他代他的同伴报复，他听见了我的"两大枚"。他不与同道争夺，而且爱护他。他不慑于绅士的举止服饰，而且悠然自得。好可敬爱的北平车夫！

《北平的车夫》

▷ 20世纪40年代，正阳门火车站广场上的人力车

第九辑

把玩养宠，消遣娱乐中
再现民国风貌

❖ 徐金生：养金鱼的学问

根据我家祖祖辈辈养金鱼的经验，金鱼质量的好坏，与鱼虫分不开。两年以上的大金鱼，宜喂仓虫子。仓虫子营养多，鱼吃了发育好。污水内长大的鱼虫，吃了污水里的微生物，体内含有各种营养成分。有些鱼得在绿水里养，这大概也是由于绿水内含有各种微量元素的缘故吧。绿水里养出来的金鱼，颜色纯正鲜艳。如用绿水养的虎头鱼、红帽子金鱼，红色、黄色的金鱼，放在清水里，能把清水映"黄"或"红"了。养大眼鱼、望天鱼比养别的鱼水要深点绿点。绿水里养的"朝天眼"，在成长初期的一年后，就会翻出水面找阳光，两年后长成大鱼，捞到清水里，如养得好，朝上翻得特别好。过去这种鱼，眼珠外有三个金圈，现在只有一个金圈了，可能与水质、技术有关。由于用水、换水、饲喂时间等都很严格，我的父辈们养的金鱼，一般都活十年以上，最好的能活二十年。

《饲养金鱼六十年》

❖ 成善卿：斗袖狗

老北京人所豢养的诸多爱犬之中，以打斗著称的所谓"斗狗"，听起来挺凶猛，实则其身躯长不盈尺，娇小玲珑，可以揣在袖口儿里或装在兜儿里，故又称"袖狗"。

这种小巧的短毛狗天性好斗，于是成为老北京人茶余饭后取乐的一种宠物。正因其小，故搏斗的场合每每在斗室中的小炕桌上。二狗相遇，先是龇牙咧嘴，继而狂吠，并频频摇动着虬挛起无数根毛的尾巴，彼此示威，大有欲将对方置于死地的气概。约摸三四分钟，必有一狗先行出击，另一狗立即回击，爪扑牙咬，滚成一团，不可开交。不到见血致残的地步，双方主人是绝不会宣布停战的。

昔日家庭斗狗之戏，参加者少则二三人，多则五六人；而所携之斗狗，少则一条，多则三条。一次搏斗即败下阵来的小狗儿，须调养旬日方能再度上阵；而首战告捷者，尚要与其他斗狗轮番较量，倘能蝉联冠军，其身价则不啻数百两白银矣。

早年，护国寺和白塔寺两大庙会皆有狗市，所售黄色、褐色、灰色斗狗，以小竹笼展示，每笼一只，以防咬斗。其售价高于聪明伶俐的哈巴狗，故销售对象只限于豪门贵族或富商大贾，斗狗之"贵气"，着实让平民可望而不可及矣！

《斗蟋蟀·斗鹌鹑·斗袖狗》

❖ **金受申：放纸鸢**

纸鸢的上市，至早要在阴历年底，这时正值三九，寒冷异常，谁也不肯冒冷玩纸鸢。在入春以后，大地更生，千尺长丝，引起各种物形的纸鸢：或背上风琴（亦名风筝，乃以竹做了，缚以丝弦，风吹发声，但普通北京人称纸鸢为风筝，实是错误的），发出一种清越的乐音，令人有出尘之想；或加上小锣小鼓，也借风力吹动风车，击动锣鼓，和以风琴，如瑶池雅乐，横过碧天一样；也有糊纸条数丈，由下端令其上行，名曰"送菜送饭"，摇曳长虹，比春野游丝又壮观多了；还有晚间放起纸鸢，由下端系起小红灯笼，点缀高空，比星光又妖媚多了……以上是纸鸢上的附件。

北京是建都所在，"玩"的人无不讲究，即纸鸢一项，已有许多花样。北京纸鸢，以形式分别种类，以尺码分别大小。大概分：

一、人形——就是所谓沙雁。有肥沙雁、瘦沙雁，这类纸鸢的形式是"上有头，中如椭圆形，下有尾"，凡和这形式相近的，都是由沙雁衍出的。例如：哪吒、钟馗、老虎、猫、蝴蝶，是正形的衍化；龙睛鱼、鲇鱼等，是变形的衍化。沙雁是纸鸢正宗，由三尺至丈四，大小不一。顶小的名"黑锅底"，用双股棉花线放，鸢渐大线渐粗，到丈二丈四，要用麻线圆绳，不然风力最大，不能受住。普通因肥沙雁易放，所以大型纸鸢都是肥沙雁，至于瘦沙雁过六尺的都很少。

▷ 路边待售的风筝

二、拍子形。拍子是无头无尾的一个方形，受风最大，能放沙雁的，未必能放拍子，就是这个意思。做拍子的多半做成"八卦形"或"单双喜字形"。以前有一位李三爷，一生讲究纸鸢，对于拍子很有心得，绝没有不平衡的毛病。

三、蜈蚣形。蜈蚣最难放，以许多小节联成一起，放时有一点外行，立刻就绊缠一起，不能分开，所以讲究的，要放蜈蚣，所怕放的，也是蜈蚣。

此外就是杂形的纸鸢。

谁都知道纸鸢提线是三根，上两根不平，或有一根长一些一根短一些，放起后便要打筋斗，甚至不能放起。两根提线的，多半是小孩放的猴儿八戒，用秫秸皮做成长方形，上安一头，便算成功，从来不受成人一盼。小孩放时，也不能放起太高，但一经细心人研究，也能直入高空，和沙雁争一日之短长的。在北新桥有一个姓常的，夏天卖"屎蜣螂车"，在日长人困时，一声："好肥骡子，好热车啊！"倒也添了不少闲中趣，所以人称他"屎蜣螂常"。他到冬末春初，便做猴儿八戒的小纸鸢来卖，因为研究的得法，能把三四个猴儿八戒连起来放入空中，每年在北新桥北摆摊，虽然规模不大，倒也很风光，于是人又称他"猴儿常"。

一根提线的纸鸢，以鹰为大宗，北京做纸鸢的，大半不能做鹰，因为鹰做得不好，便不能放起，虽然也有做鹰的，放时也常有头重脚轻之弊的。北新桥北籍笤胡同口外，有一个摆小摊卖花生的名"四龙"，每年做苍鹰纸鸢，在颜色方面，已较其他人所做好得多，至于放起的灵活，在北京可称第一。纸鸢专家李三爷称为"罕有杰作"，不是虚誉的。四龙所做的鹰，能利用放线和一根提线的关系，令鹰在空中打旋，远望如同真鹰一样，别家所做，是不能如此的。四龙真是聪明，又发明两个水桶形的纸鸢，放起来也很特别，把以前平面的纸鸢已然立体化了，虽然有人创造飞机形的纸鸢，但总也没看见有人放起过的。四龙做鹰和水桶，都有一定模型，长短大小，尺寸的配合，都有比例数的，一分一毫也不许错，所以才能放得如此灵活，岂是任意造一个形，便能放起来的？至于放煮饽饽，放屁股帘，就不能算纸鸢了。

关于风筝之糊制，除"猴儿常"外，尚有一姓常者，住于阜成门内观音庵，以糊沙雁、哪吒最佳。又有清真教人哈姓，在今之和平门外，至今尚世其业。孤血姻丈王振亭家，亦以善糊风筝著名，孤血刚出生时，振丈特为糊一弄玉吹箫的仕女风筝，其首剪自烟牌，彩衣则由绘画，仕女所跨之凤之首尾翅足皆于放前临时安插，乃特觅许多孔雀毛，粘于其上，每一放起，则翠星数点，金霭一盘。此风筝者，常放于今之和平门内（彼时只云化石桥）一大土山前。今三四十岁之人必多曾见之。又有高仙舫君，曩亦住于细瓦厂，自发明有"洋人打伞"一种，糊一碧眼卷发细腰束裙之西洋美女，手打小伞。此亦为散置者，临放时现攒之。而风筝之最巨者，其为杨文敬公（士骧）宅内之一百二十节大蜈蚣乎？此蜈蚣之头，乃为魁头式，色作灰紫，每节皆以洋布为之，而预以油蘸，故于春雨霏霏中亦能蠕动于天空。其圆径一尺，节距空当亦为一尺，于魁头上复缀以两大接口葫芦，每一放起，嗡嗡作响，俨若游龙戏珠。一日，在细瓦厂之土山上放飞，狂风大作，此蜈蚣闹线，在前掣线之三四人竟被悬起。后卒以刮于大树上线断向东南而逸，杳如黄鹤矣。

《老北京的生活》

❖ 王子威：路边的腥赌

旧北京东西长安街路旁树后、天安门左边树林里，以及筒子河转角处，这些比较僻静的地方，常常有人设赌。主要是以过往行人为对象的腥赌。设赌的人用速战速决的办法，有一个人就和一个人赌，有两个人就和两个人赌。摊场摆好之后，先让自己的同伙装着来赌，同伙总是赢钱，好让过路人看了以为有便宜可占，因此上了他们的圈套。过路人一时财迷心窍和他赌时，那就非输不可。他们骗了钱，马上收场另换地方去骗人。常有商店的小伙计，柜上派他出来办事，把办事的钱输掉而不敢回去，以至逃跑或寻死。干这号买卖的一般都是无业游民或地痞流氓。他们方法很多，一是摆赌的地方都选在既不是通衢大道，过往行人又不太少，警察又难得光顾的地方；第二是在赌局附近或稍远一些路口上，设人放哨，一有地方上的人来，马上传信收局，等他们过去了再摆上；第三是想法和地面上的人勾结。旧社会管地面的没有不吃私的。

马路上常见的赌博有以下几种：

摆棋势的　设赌的人在马路边摆好半局象棋，让人看了总有一边比较占优势，爱下棋的人不由自主想和他下下。这时他就提出条件：赌点什么？开始不多说，不是赌盒烟，就是别的什么，由小而大，引人上钩。他的同伙装做路人，故意敲边鼓，并自动做"中人"，双方同意后，把赌的钱都先交给"中人"，然后摆棋势的就让对方挑边。棋一下起来，只要对方不是行家，三绕两绕就会被弄迷糊了，结果准输。这种棋势都有一定步法，摆棋的人早记熟了，即使是象棋高手也不过和他和棋，他是绝对输不掉的。

六地儿　这种赌博是在一张纸上，划分六个格，每个格里画有和骰子上一样的"一""二""三""四""五""六"各种点。把纸贴在一只木头盘里。赌客将钱押在任何一格里。庄家将放有三颗骰子的铁盒摇几摇，再放下打开，只要有一颗骰子是赌客押的点，赌客就算赢了。如果有两颗（或三颗）骰子是赌客押的点，那么就是押一个赢两个（或三个）。实际上，庄家的三颗骰子都灌有水银（行话叫"带坠子的"），水银是活动的，庄家想让它出什么点，放时把骰子稍微向下一沉，那水银便跑到下面去了，就准能出什么点。还有一种是在盘子里画两个格，一个格里画着"一"和"六"两种点，另一格里画着"二""三""四""五"四个点。规定只要摇出格里的两个点，押者就算赢了。押的人当然是押"二三四五"那格子，因为四个总比两个赢的机会多。其实谁知道，那三颗骰子有两颗里面有活动磁铁，而且"一"和"六"上下都是空的，而盘子下面也装有磁铁，所以那两颗骰子不是出"一"就是出"六"，完全依照庄家的意思，谁能押得着呢？

幺二宝　办法是在盘里画两个格，一个格是"幺"，一个格是"二"。庄家拿两根棍，一根画着"幺"的红道，一根画着"二"的黑道。他把其中的一根收起来，把另外一根握在手里，让人猜，猜中即赢了。庄家往手里握棍时，故意让对方隐约看见一点，刺激对方照所看见的押。然而放开手一看，押的人是定错无疑。原来那棍是秫秸秆，一头是"幺"，一头是"二"，中间套有一层极薄的膜，可以上下活动，用手一捏就变了。所以押的人怎么也赢不了。

还有一种红黑撬（亦名棒子板），和幺二宝性质一样，只是把"幺""二"换成红黑两色。

押花人的　这种赌博最早流行于天津，以后北京也慢慢流行开了。庄家手里拿五张扑克牌，其中有一张牌是个"花人"（即J、Q、K），牌面向下，来回不停地扔，一边扔，一边还翻过来让大家看。言明如果押中"花人"，一块钱给三块钱。押者明明看着那张牌是"花人"，赶忙押上，翻过来一看肯定不是。原来庄家手里有鬼。他把五张牌摸得熟透了，那张"花人"看上去是在最下边，赶他往下扔时，人不知鬼不觉就把上面另一张扔了出去，那张"花人"仍留在他手里。干这种赌博的都是一伙人，如果和他争吵，他的同伙就会假装劝架，把对方哄走，把人弄得干生气没办法。

捻纸球的　在一只盘子里放上100个白纸捻成的纸球，庄家另拿一张画有记号的纸，揉成同样大小的纸球，在众目之下扔进盘里，然后把盘子晃几下，让赌客把最后扔进去的那个纸球拣出来。赌客花一毛钱买一个纸球，如果拣对了，可以得九元钱。可是无论看得如何准，打开时都是一张白纸。原来庄家往盘里扔的并不是那个带记号的纸球，而是另一个白纸球，那个带记号的小球还在他手里。假如不服气，要求他把所有纸球都打开来看的话，必须出十元钱，把100个纸球全买下。而就在赌客检查的当儿，他又会巧妙地把手里那个画了记号的纸球扔进盘中，赌客还是白输钱。

《赌博弊习》

❖　**刘衡玑：**斗蛐蛐

北京斗蛐蛐分上、中、下三等。下等是三五个小孩，各抱粗制瓦罐或搪瓷茶缸，手执猫狗胡须做的探子，蹲在大槐树底下斗，有的赌弹脑门儿，有的以玻璃球或香烟画片赌输赢。上场的蛐蛐不是缺须短尾，就是一条大夯的瘸将军，也有的是从养家里要来的"甬子"货，或是梆儿头、老米嘴，结果是皆大欢喜。中等的是书画文人，在知己的家里约定会战日期，有的以点心、水果或大洋一元为输赢。过去北新桥头条便有一户人家设过这样的斗局。参加的人也很多。画家陈启民每次必到，借以消闲取乐。上等的每年白露前后"开盆"。设局的人事先发出大红请帖。那时斗蛐蛐的局很多，只要养主家院落大，空房多，便可设局。我家住在新街口公用库八道湾时，便每年设局。主持斗局的有专门"吃"这一行的人，蛐蛐局由司秤、记账、监局三个人负责主持。局上除为前来参加者准备数张方桌供放蛐蛐罐外，另为司秤和记账的人准备两张方桌，司秤的桌上放着木制秤匣，秤匣立式方形，高宽各有一尺余，厚度约七八寸，内有一根象牙制的秤杆，上标准星，杆的头部有个小铜钩，尾部有个小铜秤砣。秤匣下部有个抽屉，抽屉里放着银皮或竹皮制的带盖和提线的六七个小圆筒，这是装蛐蛐过分量用的。记账人的桌上放着一张黄纸或大红纸，用以记载胜负钱数、斗家的代号（如天字、秋字、壮字、福字等等）和蛐蛐的重量。斗蛐蛐另有一张方桌，桌上铺着大红毡毯，中放斗盆一个，备有笔墨，监局人站在斗桌前，记录赌注及胜负情况。前来参加斗蛐蛐的人，有的提着提盒，有的提着小皮箱（形如医药箱），还有的以壮伕肩挑圆笼前来赴会。局有日、夜之分。日局一般在中午1点左右，夜局一般在晚8点左右。赴会人到达后，分别到司秤人处给蛐蛐过秤。司秤人秤好分量，大声报出：八厘、七厘八、九厘三、一分等等，记账人便写在裁好的纸条上，下边盖有记账人的图章。条子写好后交本人拿回，放在这个蛐蛐罐上或压在罐下。各家的蛐蛐全部称完以后，斗家相互观看分量，从中寻找与自己蛐蛐相同分量的蛐蛐。找好对象后，便一同打开罐盖相互比看蛐蛐的大小和形状；一经双方同意，便捧着各自的罐子到斗桌上去战斗（但也有极个别的人和对方比好后，偷换条子，以大顶小，企图投机取胜）。双方来到斗桌商妥赌注后，监局人便写在双方纸条上。北京的赌注最多不超过百元，一般几十元，少者五至十元。据说南方的赌注比北方要大得多，有赌上数百元、千元的。这时在一旁观阵的人，可以随彩（行话叫"跳井"），随彩人是看哪方蛐蛐好，或已知道某方蛐蛐曾经几次取胜而决定押在哪一方。如，在天字一方甲随彩二十元，必须有乙在另一方面随相同数字的赌注，或两三个人合在一起凑足与对方相同的赌注，以便输赢定局后下张，也有随彩者，不看蛐蛐而是看人，比如他和相斗的某一方交情很好，就在这方随多少赌注，用以表示交情。双方赌注相等后，各自小心翼翼地把蛐蛐放入斗盆，各自手持"探子"（这种"探子"非常讲究，有的以象牙做杆，有的以细竹作杆，探杆的下端有个小洞，洞内嵌着五六根老鼠胡须。另外还有装置探子的筒子。这种筒子有的是以硬木制作的，外边刻着各种花卉图案；也有的用香妃竹做的，上口镶嵌象牙，外面烤花），护住自己的蛐蛐。其他人围聚在桌旁，聚精会神地观阵。两虫相遇，双须搭在一起，便不可再用探子去拨动了。

▷ 蛐蛐罐

蛐蛐搏斗时，非常有趣。有的蛐蛐放下盆后，不容你用"探子"引导，便与对方交锋，一死相拼，这种蛐蛐叫"快口"。有的蛐蛐放进斗盆，伏在那里，甚至与对方相遇也不开口。这时两家要用探子的筒子轻轻地敲打盆腔（内行话叫"醒盆"），促虫起动。还有的蛐蛐放进斗盆，和对方一交牙便又分开，甚至躲得很远，静候时机，出其不意突然袭击，从静中取胜，这种蛐蛐叫"智咬口"。还有的以双须晃动对方目光，或用大腿踢踹对方，当对方抵挡时，它乘机向对方弱点进攻，咬对方身、腿、头、脖部，声东击西，这种叫"奇巧口"。也有的与对方相遇后，不开口相咬，静候对方先来袭击，趁机用慢进的方法狠咬对方一口，使对方不敢再犯，然后稳扎稳打，这叫"稳咬口"。还有发挥牙长的优势，专门咬对方两牙之间最娇嫩的肉（俗称"牙心"），使对方败北。更有一种蛐蛐，它和对方一交口，便用尽全力死死叼住，使对方六条腿无力屈伸地败下阵去，这种蛐蛐最厉害。总之，名虫相斗，不用多少回合便见胜负。两虫一搭牙，监局的便大声叫出"搭牙"，从此胜败两无反悔。这时全场鸦雀无声，连喘气的声音也听不见。假如一方蛐蛐占上风，它便振翅高鸣，好像是在叫阵；它的主人也喜形于色，精神抖擞，连忙使用"探子"引着自己的蛐蛐追击对方。那战败的蛐蛐，被追得围盆乱转，有时偶尔跑到胜者面前掉头就逃。当战败的蛐蛐在盆里逃窜时，其主人多用"探子"封住自己的蛐蛐，使它缓口气以便再战。这时两家最容易伤感情，常常为此发生口角。这时监局人必须主持公道，不偏不倚。胜败评定的方法是"一头两面"。"一头"是败者在斗盆里遇见胜者向左贴着盆腔，掉头而走。这时监局人便高报："掉头"。"两面"是败者在"一头"以后两次遇见胜者掉头走去，这时监局人高报："提"，这就是通知双方已经定局，要马上把蛐蛐提出，结束战斗。如果败者见胜者不向左，而向右方转走，这叫做"外转"；也有时两虫相遇，败者面对胜者猛地冲了过去，这叫做"冲"，监局人都及时唱出。"外转"或"冲"都不算输。如果败虫越盆逃窜叫做"惊盆"，败者一方便要自己将蛐蛐捉回，再放进盆里，这时胜者一方便用手捂住斗盆，等候败者再来交战。结束一场战斗后，监局人便在胜者一方的条子上写个"上"字，在败者一方的条子上写个"下"字，交给记账人下账。最后结局时，胜者十元只得九元，输者输十元，随彩的赌注也如此计算，胜者少得的一成钱，为主持斗局的三人所得。

《蛐蛐趣谈》

❖ 金受申：盆景

土植盆景在北京家庭中，差不多都是用来点缀枯寂的冬季。有钱富户冬季所种的佛手、香橼、天竹以及普通盆梅、蜡梅……只能算为花盆，不能认为是"盆景"。盆景要用人工修饰出一种景致来，令人引起一种特殊的美感，这才算是真正的盆景。北京盆景以土植为主，如鱼子蓝、万年青、水仙等，记不胜记，现在举述几种，以应节令。

梅花妆　"梅花妆"三字，是北京花匠一个专有的名词，它与"曲枝梅花""舒枝梅花"都不相同。梅花以"老干新枝"为最美观，梅花妆便是因此原则造成。做法是在一个瓦质的花盆中先种好一棵梅花老本，越粗大越好，但不可太高，须似老树折去上盘的样子。老本上长出一两枝疏疏落落的梅花来。盆中土上任其自然生长小草，如"掐不断草""铁线草""铺地草"等，草中散放不规则角度的石块，便是很好的一盆梅花妆。盆土千万不可光洁无草，尤不宜以刀暄土。梅花妆如能是六安绿萼白梅，更为雅洁。但北方梅花多以盆种，不易有老本，花匠多以杏木代替，另在老本根下种一两枝梅花，如能配合的好，也是很有风韵的。

培植盆景必须用瓦质的盆盎，上面有夏雨激溅上的浮土，不可拭去，尤不可糊以色纸，否则必俗不可耐。用澄浆泥细盆也可，但必须要高桩牡丹筒，或方形、六角形、八角形，上刻汉瓦或名人字迹。白石盆也可。惟用石盆，须长方矮盆才好。至于细瓷盆，红绿釉瓦盆，是绝不能用的。

翠柏　松柏都是千百年生的乔木，种在盆中只能看个几年，便须移植地上，只有翠柏是盆中种植的玩物。名为柏，实际叶子却像松针，培植得法便能碧绿多姿，成为冬季最自然佳妙的盆景。翠柏根长，适宜用筒子盆，在夏天剪下小枝，插入土中便能生根，不过修饰成好看的姿势却不容易。据说种小枝时，最好取横枝平插土中，生长时令其前后左右平均发展，一层一层盘旋着往上长，切忌用铁丝牵引，只有截去冗枝冗叶一法。翠柏姿势很多，大致分为"平长""直长""见干""不见干"几种。总之，翠柏幼小时，直长见干好看一点，长大时，平长不见干好看一些。

松竹梅 松竹梅的盆景是大型盆景之一。适宜用白石盆，盆中先埋一尺高的山石一两块，旁植梅花妆、罗汉松、毛竹；隙土或种麦冬，或种小草，以不留空土为佳。这种盆景难的是必须选用毛竹，方不致长得高大。罗汉松也不易生长，所以近年有用翠柏的。

独本迎春 迎春是垂枝丛生的植物，不过每年剪枝不令过长罢了。盆景的迎春却要养成独本，由插枝生根起即勤加芟治，上盖或修成圆形，或修成层层相遮的形式，都无不可，日久老本愈粗大，便成极美观极别致的盆景了。

绣球花 洋绣球，插枝便活，冬天花苞盛开做成盆景更为方便。第一须施肥。洋绣球的肥料不比寻常，经笔者多年经验（即花匠亦不知），以生鸡蛋打匀拌入沙土中，过五六日发酵后，洒于花根四周，随即浇水，长叶生花，必极茂盛，但须于中秋前后施行。第二须剪枝。做盆景绣球不能高大，方能避免脱叶光杆之病，所以要在晚秋花将入屋之前，剪去长枝，只留三寸许短枝，着花方能蓬勃繁多。第三须养草。绣球因肥料关系，盆里容易自然生长"掐不断草"。这种草春夏开小黄花，入秋结实，如螺旋形极小仙人指样子，经冬不落，极为新奇，切不可剪去。

文竹 文竹本是浙江产的"云片草"，细叶令人清神。如在书斋以文竹作冬日盆景，最好将盆放在临窗，令枝顺窗生长。用细线系于窗上，窗外日光照映，便如九夏清阴了。文竹也有特殊肥料，能令枝长叶绿，便是榨拧冬日大白菜帮为汁，加水浇灌，必有意想不到的葱茏。

天门冬 天门冬根能入药，其冬夏长绿，纷披垂曳，结实作豆，入冬朱红，作为冬日盆景十分相宜。培植最好用古旧筒子盆，切忌结架。

石菖蒲　古画上的文人书斋，案头必有一盆石菖蒲或麦门冬。石菖蒲细叶如草，冗而不软，放在案头，时有药香，如能用树根形盆来种，更觉古色古香，如在画中。培植方法很简单，只是需要天天用清水冲洗一过而已。

《老北京的生活》

▷ 盆景

❖ 马珍：象棋高手傻贝子

北京人下象棋，在明清时代就很盛行，及至清末，民间各种棋赛也日益繁多。当时北京象棋名将常用禧，棋艺高超，杀遍京城各路棋手，称霸棋坛约20年之久。而后海淀又出了个连四辈，他是清廷宗室子弟，靠吃皇家俸禄，嗜棋成癖，故又有傻贝子之称。当时拈花寺有两个棋艺功底不凡的和尚，名叫了然和超尘，他们十几年来战败不少京城高手。傻贝子得知欣然前往挑战，以连胜两局战胜了了然和尚，从此名声大振。嗣后傻贝子到崇文门外金山居棋社和北京名棋手叶仪、耿四打了一场"遭遇战"，叶仪、耿四被杀得落花流水，各负三局，对傻贝子俯首称臣。其精湛棋艺，观者无不折服，可惜当时没作对局记录，精彩杀着未能传世，实北京棋坛一大憾事。

《北京棋坛风云录》

▷　下象棋

❖　马珍：象棋攻擂赛

那健庭1931年在天桥南端水榭亭棋茶社挂出"北国棋王那健庭手谈候教"的海报后，前往打擂者甚众，那收入颇丰。谁料来了个彭述圣。彭艺高胆大，一战成功，顿时那的锐气和威风一扫而光，这就是山外有山……

同年，侯玉山在那健庭的支持下，搞了一次象棋攻擂赛，地点在万明路延记大玻璃茶馆，比赛办法采用两局制，凡能取得一胜一和者即为攻擂成功，可获得刻有"将"字的金戒指一枚，时间定为十天。消息传出后，九城轰动，许多名手也前来攻擂，侯玉山稳坐中军帐，岿然不动。时至第九天，眼看大功告成，来了个名不见经传的王毅亭前来攻擂。结果第一盘侯玉山输了，第二盘又和了，侯玉山无奈，将金戒指交给了王毅亭。原来王毅亭是个有心人，他在八天攻擂战中每场必到，观察侯的棋路，研究侯的布局，并有名棋手为其指导，这样才取得了成功。侯玉山受挫后，更加勤学苦练，并求教于彭述圣、那健庭。功夫不负有心人，侯终于在1936年以4比2的战绩挫败北京棋坛霸主张德魁，使北京棋坛成为鼎足而三（张德魁、那健庭、侯玉山）的形势，当时平津报纸对此都作了较详细的报道。

《北京棋坛风云录》

❖ 陈迹：打灯虎

北京的谜语活动，在清末并没有成型组织，到了民初，民众方面比较活动频繁了，于是季节的猜谜活动开始出现。

所谓季节的活动，即是在长夏至秋凉这一段暑季里，居京的知识分子，在每日或定期日的傍晚上灯时候，选择附近街巷适宜地点，悬挂"壁灯"。壁灯一般用半透明纸糊于横式长方形木框表面，中燃蜡烛（后有用小煤油灯者），事先预备的谜条，贴其上，附近及过往喜好的人，围观而猜，借以忘暑。夜深即散，叫做"打灯虎"。如遇有对心思的壁灯，往往不惜远道群约而往，射中谜条既多，窘迫悬者穷于应付，以资笑乐。因此有了"打虎队"之称。大概"灯虎"和"打虎队"两者都是取材于《史记》李广在北平射虎的故事罢。前人有咏这一活动情况的竹枝词，颇为逼真，附记于此，以供参考。词云："处处商灯万象开，谈龙射虎亦奇才。斯文扇荡无停歇，岁月须愁风雨来。"

《谜坛》

❖ 张次溪：皮影戏

表演皮影戏的人，俗称"耍人儿的"，在帐幕后弄皮影。通常一人即可胜任，若人多了，不但不能分劳，而且产生种种妨碍。若同时表演两个以上的皮影，"耍人儿的"则用两手各持一影，做出各样动作，并模仿二者对话。若由两人来做，必定参差不齐，反失精彩。皮影戏里人的表情变化，全在"耍人儿的"把影人的头部和身躯俯仰屈伸，两手上下挪移；有

▷ 皮影戏艺人

时候也将皮影稍稍离开帐幕，使呈模糊不清的状态。这样的动作，疾徐高低，全在"耍人儿的"技巧运用。平时即需要研究拿影的手法，到了拿影的时候再把自己的感情融汇进去操纵皮影。剧中人哭，"耍人儿的"亦必须悲伤哀婉；剧中人笑，"耍人儿的"也必须有喜形于色的心情。若遇交战的局面，"耍人儿的"心情也必须极其紧张。在影戏上，二人交战，外行看来似只略微示意，而且皮影中枪刀不过一片薄皮，谈不到重量。但是名家拿影并移动皮影时，枪刀一举、一端、一刺、一缩所费的臂力，和真人弄枪、弄刀所费的力气相差无几。两个皮影于帐幕上表演一次交战后，"耍人儿的"汗透重衣，不如此不能博得观众之赞叹。

在皮影戏中表演《西游记》最为独特。京戏中表演孙悟空翻筋斗是难事，在皮影戏中则用力小，而易见巧。拿影人手弄签子，一摇动皮影就可翻一筋斗，再摇再翻。如孙悟空一个筋斗十万八千里，在京戏中无法表演。皮影戏中"耍人儿的"手举皮影一挥，使皮影离开帐幕，则孙悟空即无影无踪，表现极为容易。又如孙悟空能"七十二变"，在皮影戏上亦容易办到。孙悟空摇身一变时，"耍人儿的"一手持原来之孙悟空皮影，一手持欲变之另一模型，及时将依附于帐幕上的孙悟空皮影随手晃动取去，同时将所持另一模型依附于帐幕上，则观众乃显然认为是孙悟空所变之人或物了，比戏剧舞台上灵活得多。有人说，皮影本为一种死体，口不能张，眼不能堕泪，而全仗"耍人儿的"运动技巧，使皮影人显出种种表情来，使观众为之感动。

《北京影戏》

❖ **石继昌：** 猜谜语

清末民初，北京的谜戏分上、中、下三等：上等的谜戏，设在王公府邸，屋宇深邃，陈设华美，主人深居简出，不屑涉足于闹市，亲戚往来，也都是世家大族，他们张灯挂谜，以遣长夜，《红楼梦》里的贾府就有这样的场面。下等的谜戏，设在街头，白纸扎灯，上挂谜语，附近的劳动人民，紧张了一天，晚饭后街头小聚，猜谜为戏，邻里之间，笑语喧哗，是一种惬意的享受，至于谜语的工拙与否，反而无关紧要了。西安市场欣蚨来茶馆的"莺嘤谜社"，是属于中等的谜戏。

当时北京类似西安市场"莺嘤谜社"的所在，有三处。其他两处是朝阳门外葡萄园三友谜社和地安门义溜胡同通河轩茶馆。

欣蚨来茶馆莺嘤谜社，每逢星期日，从中午12时开始，至下午五六时，为谜社活动时间。谜社的性质是以文会友，所以茶馆门外贴有"求教"或"笔谈"字样，以广招徕。因为在白天，用不着张灯挂谜，而是用挂壁的方式。所谓挂壁，就是把谜语写在白纸条上，嵌于"灯虎壁子"之内，挂在墙壁，高度约和成人的视线相当。"灯虎壁子"的形制，有如字画册页而稍狭，上下是木夹板，所不同于字画册页的是，"灯虎壁子"打开后，上下两端用纸粘成兜状，以便嵌入谜语纸条。翁偶虹先生精于此道，是当年莺嘤谜社的健将。他珍藏一枚"灯虎壁子"，封面夹板上刻有"二形一体，四支八头，四八一八，飞泉仰流。录鲍照井字谜。少衡作于涤性山房。"下镌"庼词"小印。雕刻精工，古意盎然，在今天已是不可多睹的文物了。

《西安市场述略》

❖ 石继昌：猜谜分南北

当时北京的谜语，根据谜面形式的不同，分为南派和北派。南派谜面的字数不限，从一个字到数十字不等，其制谜以"拢意"为主；北派谜面的字数，规定为七个字，不许增减，其制谜以"扣字"为主。所谓南派、北派，不是指成员的籍贯而言。

承翁偶虹先生以南、北两派谜例数则见示。录在这里，并略加诠释，以飨读者。

南派谜例一：

而一转移间便能活筋畅脉 打一字 血

此谜的谜面是中医古籍中的一句话。"而"字上面的一横移到下边，便成了"血"字。血之用，活筋畅脉。此谜的制作，极见巧思。

南派谜例二：

道是绯衣仙种，却是绿毛么凤。忆起渡河时，两字须当记省。摸弄，摸弄，添个佳儿供奉。打《西厢记》曲词 呆打孩

此谜的谜面是《如梦令》词一阕，很为别致。此谜用典较多，索解为难。"绯衣仙种"指的是"杏"花；"绿毛么凤"是鸟名，常倒挂，此句突出一个"倒"字；"杏"倒过来即为"呆"字。"忆起渡河时，两字须当记省"，按《左传》有"丁亥渡河"之句，"两字须当记省"的两字，即指"丁亥"两字。"摸弄"用"手"，"佳儿"为"子"。合"丁""亥""手""子"四字错综成文，就是"打孩"二字，于是谜底"呆打孩"就形成了。此谜用了许多典故，迂回费解，猜谜人如不博览典籍，是不克胜任的。

北派谜例一：

离宫日对黄云漫 打《西厢记》曲词 别地女不女男不男大白昼把僧门胡掩

此谜的谜面七个字，是北派谜语的固定格式。此谜用"扣字"法，"离"扣"别地"，"宫"扣"女不女男不男"，"日"扣"大白昼"，"对黄"扣"把僧门"，"云漫"扣"胡掩"。这是北派扣字谜比较复杂的一例。

北派谜例二：

托着羊肉喂靛额 打《聊斋志异》目一 叶生

此谜谜面七个字，属于通俗质朴一类，且可考知北京市肆风俗。按数十年前北京羊肉铺卖肉，均以荷叶托之，故"托着羊肉"扣"叶"字；"靛颏"为鸟名，饲以生肉，故"喂靛颏"扣"生"字，合之则为"叶生"。

总之，谜语不论南派北派，大抵艰深难解的居多。阳春白雪，曲高和寡，西安市场谜社自30年代即已一蹶不振，是完全可以理解的。

《西安市场述略》

❖ 杭思源：赛马

我简略说一下我断断续续参加赛马活动十五六年中至今难忘的两件事。一次是我14岁时去参加赛马活动，带去了50元钱，只两场就输得只剩下5元钱了。第三、四、五场，我只看不买。正当第六场遛马时，我突然发现一匹枣红马，只见它昂首、挺胸，尾巴有力地来回摆动，那副跃跃欲试的神态，引起了我极大的注意。好！就是它。可是这匹名叫"胜利"的马却多场没跑过好成绩，我不由地又犹豫起来。"它这回是3号马。"我想着"看有多少人买它。"我赶紧跑到售票口附近去观察。的确没多少人买3号马。我下了决心，豁出去了，输掉5元没得怨，步行几十里回家吧！赢了嘛，那就是我判断无误。我把拿着5元钱的手伸进售票口："您给5元独赢！"手还未撤回，停止售票的铃声响了。等我走到看台时，马已起跑。我紧紧攥着马票，身在看台却不敢看马跑。只听见别人说："多亏我未买3号马，您看这稀松劲儿。"我不能不看了。一看，吓！倒数第三！就在这当儿，它奋力几步竟超过前边两匹马。我真急了！我顾不得体面了！"3号马加油呀！"我大叫了起来。3号马也未负我所望，又超过了两匹马，直冲终点。我激动得好像害了一场大病，瘫了下来。只听耳边人声嘈杂"冷门！没有座票的冷门！"大家嚷嚷着。我激动得泫然泪下，坐在看台上竟起不来了。几分钟后，我慢慢走下看台，找个蔽阴处休息了一会儿。10分钟后，我拿到了285元。由于从一开始就养成了获胜不再赌的习惯，我拿上钱放在衣袋中，头也不回地踅出了大门。

另外一次，是在大红门赛马场，带去的钱，输得只剩1元了，而场上业已赛完8场。按人之常情，我别无选择，只能用1元作为回家车费。可是，我横了心，毫不迟疑地买了一张摇彩票。号码是2266。我这时身上一文不名，觉得摇彩票不过是碰大运，决无希望。但，既买了就等着结果吧！我也无心看第九场赛马了，心中忐忑不安。虽早秋天长，但也时届4时多了。那时，我家在交道口迤北居住，距大红门赛马场少说也得六七十里，步行回家，也要半夜才能到家。我真不敢想下去了。我找个地方坐下来，静候"绝无希望的希望"。第九场赛下来，跟着就是摇彩。扩音器中不断地报告着中奖号码和奖次。忽然扩音器传来了我自己也不相信的声音"2266"，接着又传出了"二等奖"。是我听错了？还是真的？我全身震了一下。呀！糟了！彩票放到哪里去了呢？遍寻无着，急得大汗淋漓。哦！在这里，原来在墨镜盒里。我用手紧紧地攥着，生怕被别人抢走似的。我迫不及待地走向摇彩处，黑板上已揭示出来了，"2266、2奖、获奖数额1440元。"我长叹了一口气，毕竟我年纪大些了，也沉得住气了。我装成漫不经意地走到领奖处。"给！2266号，二等奖。"我若无其事地说，并将彩票递给了工作人员。

"恭喜您，二爷！您发财了！请您稍等一下。"那人边说边将彩票交给了他身后边的人员去办手续。几分钟后，办公桌后边的人交给那工作人员一叠钞票。他利落地点了一下说："您看！这是1440元。"他手中拿着钱在我面前晃动，可就是不交给我，只说："二爷！您发财了！"这时，我才明白过来，何必让人家把话说穿。自己应该"外场"点嘛。我立即说："大家同喜！那40元零头就送给各位喝喜酒吧。""谢二爷！"几个工作人员几乎同时喊了起来，同时1400元送到我的手中。当时，黄金每市两（16两为一斤的小两）约200元左右，无怪他们同声道谢了呀！

《老北京的赛马会》

▷　早期的赛马

▷　1919 年老北京玩鹰的男子

❖ 王世襄：打鹰

打鹰难，难在必须手捷眼快，心手相应。鹰来时，快如电，疾如风，真是"飞将军自天而降"。手稍一慢，油子就可能被鹰抄走或攥死。人怕眼睛跟不上，早就想出了好办法，利用鸟来替人站岗放哨，搜索长空。被利用的鸟即所谓的"看雀"。又是一只胡伯喇，一只不缝眼皮的胡伯喇。

赵四又开讲了。他说："打鹰必须分辨风向。鹰和鱼抢上水一样，总是顶着风走。今天早晨刮北风，鹰擦着阴坡向西飞，所以网安在北铺。现在眼看风要转变方向，说不定我们得往南铺搬呢。"他叫我注意山上的草，果然连动也不动。可是再看山头上受得着南风的，都已向北偃倒了。他用手远远一指，远，远极了，差不多在东头望儿山上面，有鹰飞过。他一望而知地说，"是鹞子，它一定向南飞，擦着阳坡走。没有北风，这里休想过鹰。别在这里白耗着，我们起网吧。"

赵四跑下坡解开网竿的绳，把网在竹竿上绕成一个球。弹绳盘好了，油子也拿了。我替他举着看雀，背着兜子，不慌不忙地往南坡行来。路上我发现他兜子里的干馍已经吃完，水壶里有半下子水，据说是刚打的。我渴急了，呷了一口，差点没呛死，真难喝，不禁想起飘着羊粪蛋的山沟积水，再渴我也不喝了。

南铺安好了网，赵四说："这块鹰铺有来历，隐老头传给他父亲，父亲传给他，别人是不得占用的。因为山头有块大石头向东南方突出个包，尖头尖脑，人称'黄鼠狼'，是西山六七块南铺中最好的一块。秋天很少刮南风，但只要刮，这里打鹰就有几分把握。"我听他如此一说，又把渴和饿给忘了。

南风越刮越大，赵四也越来越高兴。他说："现在差不多4点钟，正是好时候。鹰来时，说话不要紧，可千万身体别动，更不得和鹰对眼神。注意看雀，它会告诉你什么时候鹰来了。"

我全神注视着看雀，真太有意思了，人想出来的办法太妙了，不愧是万物之灵。但随又想到正因为是万物之灵，也能成为万恶之首。人常常利用动物来陷害动物，油子、看雀都是明显的例子。

看雀胡伯喇拴在一根长长的枣树枝上，赵四将它扦在离人不远而视野广阔的地方。胡伯喇脖下拴着线，线下端有个铜圈套在枝子上，它可自由地顺着枣枝上来下去跑。枝底有个凹坑是它的防空洞。当天宇澄清，平静无事，它神色自若，气度安详，理理毛，拉拉膀，伸伸脖子，颠颠尾巴，好不自在。忽然眼神一愣，毛儿一紧，说明发生了情况，远处有鹰出现。它一边密切瞭望，一边一段一段地往枝下出溜，蓦地掉进了凹坑。这时鹰已来到了当头。赵四在胡伯喇开始紧张时已经接到了警报，一手将弹绳握紧，一手把油子提拉得乱飞。果然把饥鹰从远方引诱到山前。我也看明白了，原来是一只花狸豹（比大鹰小，鹰中最不中用的一种，不堪驯养），在离网五六丈的空中"定油"（两翅紧扇，定在空中不动为"定油"）。忽然它识破了巧机关，飕地两翅一斜，往南掠空而去。胡伯喇顿时解除了警报，从坑中跃上枣枝，越爬越高，直到顶端，又自由自在，神气起来了。

我不由得责怪自己，花狸豹八成是被我给看跑了，连忙向赵四表示歉意。他却故意安慰我道："不一定，有时没有对眼神它也跑。再说就是看跑了又算老几，花狸豹卖给檀标本的只给两毛钱。"

正说着，忽然看雀扑地一声掉进了凹坑。抬头看，只觉得眼前一黑，仿佛一块砖头从半空扔了下来。赵四站起来喊："好大个的儿鹰子（当年的雏鹰叫'儿鹰子'）！"定睛再看，大鹰已扣在网窝子里，唧溜唧溜地乱叫。我愣住了，竟没有看见从哪一个方向飞来的。

赵四跑下坡，从网里把鹰掏出来，用绳儿"紧上"（一种暂时性的缚束法，翅、爪都贴身捆好，使鹰不能动弹而又不会伤害它，便于携带）。淡豆黄，窝雏眼，大黑趾爪，慢桃尖尾，足有32两。虽长得不甚出色，却也挑不出大毛病，只颜色淡了些。赵四笑着对我说："鹰是从西北方向上来的，我早就看见了，只是没有对你说。"我心里明白，准是怕我再给看跑了，所以不言语。

赵四高兴，我更高兴，为买鹰而看见打鹰，看打鹰而居然看见打大鹰，真是做梦也没有想到。赵四钉了半个多月网，小鹰打了不少，大鹰这还是头一个。

《大鹰篇》

❖ 王世襄：熬鹰

熬鹰也叫"上宿"，因不仅白日，整夜都不让睡觉。要防止它对着人的一只眼睁开，而背着人的一只眼闭上，偷偷地休息。至少需要三个人，实行车轮战，一人管前半夜，一个管后半夜，一人管白天，被称为"前夜"、"后夜"和"支白"。如只有两个人，那就很辛苦了，弄不好人没有熬倒鹰，鹰却把人熬倒了。

熬鹰总是到最热闹的地方去，来往车水马龙，灯火照耀，人声喧闹，深山老岳来的鹰哪里见过，眼睛真有点不够使用的了。

想当年我熬鹰喜欢值夜班。农历九月，天气已凉。吃过晚饭，穿上广铜扣子大襟青短棉袄，腰里系根骆驼毛绳，头顶毡帽盔儿，脚蹬实纳帮洒鞋，接过鹰来，遛遛达达，从朝阳门走向前门。五牌楼是九城熬鹰的聚处，贴着鲜果摊、糖葫芦挑子一站，看吧，东西南北都有鹰到来。养鹰的彼此都认识，见面哪能不高兴！请安、寒暄之后，彼此端详端详臂上的鹰，问问分量，评评毛色长相，往往扯到某一位、某一年养的某一架鹰上去。一下子到了五六位，穿着打扮都差不多，个个儿挺着胸脯，摇头晃脑顺着大街往南走。警察老爷对我们侧目而视，行人免不了瞪我们一眼，心里说："这一群不是土匪也是混混儿！"到了天桥，打了一个转儿又往回走，来到大栅栏、鲜鱼口站住了脚，一直等到中和、华乐散戏，眼看着包月车、马车、汽车像潮水似的往外涌。渐渐夜静人稀，灯也暗了，我们才分手。

《大鹰篇》

❖ 王孟扬：摔跤

前面说过，旧日跤场严格禁止女人参观，禁止坐观比赛和禁止喝彩叫好，这是跤场三大忌。至于用体力竞赛来求钱，更是不可想象的事。有之，自杨双恩的武术卖艺场开始。

杨双恩是北京南城牛街地区的武术专家，他家道殷实，世代习武。杨双恩身材威猛，虎头燕额，50岁后蓄有及腹的银须，飘洒胸前。他不但十八般兵器、长拳短打样样精通，而且擅长摔跤。他有两个儿子，长子诨名小杨子，次子诨名杨麻子，全身武艺。他在青壮年时期，即在自己家中设立跤场，约请同道，作经常性的练武。杨双恩慷慨好交，武术界的朋友遍及京门。因他不事生产，晚年变卖田产，生活逐渐贫困。杨双恩只有携带二子在北京天桥市场卖艺为生。他把家传的十八般兵器分别摆到场子两旁，非常壮观。每天由他们父子三人分别表演拳脚或兵器，然后由观众向场里丢钱（当时用铜钱），维持生活。杨双恩原不是江湖卖艺者，不善说词。观众给钱，是同情他年老落魄，有意资助。杨双恩卖艺以来，逐渐有他的老友或学徒前去帮场，偶尔也穿上跤衣，在场内摔上几跤。他们发现摔跤吸引的观众远比表演武术时多得多。就这样，北京——也可以说全国，摔跤卖艺场和职业摔跤者在天桥首次形成。

《清末民初摔跤运动轶闻》

▷　民国京城摔跤名家宝善林（宝三，左）和孙殿启（奔头，右）在表演摔跤

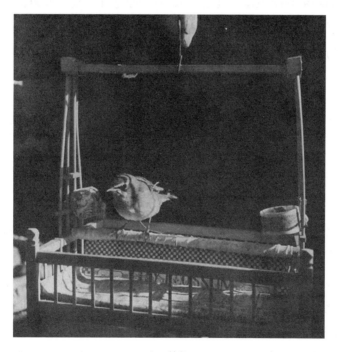

▷　养鸟

❖ 金受申：养鸟儿

鸟叫就是鸟鸣，也就是俗说的"鸟哨"。北京有句讥人长篇阔论说话的歇后语，谓之："进口百灵——哨上啦！"就是形容似鸟能哨之意。大抵北鸟以能叫为主，南鸟以观赏为主。谈鸟叫，应先知道鸟的来源及分别。鸟的来源产地姑且不谈，应知有新孵出之幼鸟及已长成之成鸟之别。新孵出的幼鸟，行话谓为"窝雏儿"，北京讥人幼稚，即以"窝雏儿"名之。已长成的成鸟，行话谓之"原毛儿"，唯红子称"过枝儿"。养鸟有的必须养窝雏儿，有的必须养原毛儿（过枝儿），有的原毛儿、窝雏儿兼养，势必分别来谈，方能知其能压言语之故（鸟上言语谓之"压"，即"押"字，唯红子称上言语为"排"，是红子与众不同之处），兹一一述之。

红子 玩红子分窝雏儿、过枝儿两种。红子窝雏即本地掏来刚孵出不久黄牙口未褪之幼鸟，以肉喂其长成，至能上言语时，以南路红子排，即成南路红子音，以东路红子排，即成东路红子音。过枝儿红子已能叫言语，唯须另排。红子过枝儿分春天捕来者为"春苍儿"，夏天捕来者为"热红儿"，秋天捕来者为"齐毛儿"，冬天因捕来的不易活，且不能排好言语，所以人多不捕冬天的红子。以上所指皆为一茬毛（即脱过一次毛，亦即一年之鸟）之红子，一茬毛以上为"老拍子"，人对于老拍子，须审查其言语是否错乱方肯购买。谈红子应附谈黑子，红子即"自自红"，黑子即"自自黑"，皆灰地黑章，外行极易错认，唯内行只养红子，没人养黑子，黑子根本不算正鸟。北京俗语形容人淘气称："猴儿山羊学生""猴儿山羊自自黑儿"，也半指红子而言。黑子只能叫"滋滋汪汪儿"单音，所以没人养过枝儿黑子。窝雏儿黑子，可以用红子排，称"红黑子""黑子红"，也有人养着玩，但很少有人为它费力的。

百灵　普通皆养由张家口来之窝雏儿，所以称进口百灵。原毛儿百灵皆秋后来，因其不能上言语，所以没人养。

柞子　只养原毛儿，不养窝雏儿，所以掏苇柞子也只掏原毛儿，所得窝雏只供幼童玩而已。另有一种似柞子而特别小之鸟，名为"苇尖儿"，也能学各种鸟叫，并且尚较柞子稍佳，但不为真正养鸟家所养。

画眉　兼养原毛儿、窝雏两种。

黄鸟　只养原毛儿。

以上是为鸟能上言语，而选择其鸟的雏长之分。

《老北京的生活》

❖ **岳超：**耍狗熊

狗熊程子善于饲养动物，能使猛兽变成家畜，能使狗熊懂得人语，正因为他有此本领，所以才能在"天桥市场"以耍狗熊为业。他的第一个绝招是能叫狗熊很驯良地与小孩子摔跤。据说先把熊牙去掉，把熊爪剪秃，把熊饿怕了，然后和小孩在一起玩，小孩就喂它，习惯了，所以他们很亲热。第二个叫狗熊卖膏药。狗熊端起放着膏药的盘子，走到观众面前，程子拿棍一打它，它哎哟一声，程子说"它卖膏药"，什么声音？狗熊叫"浙江"——"贴疮"。第三个叫狗熊耍叉。狗熊接叉在手，向上掷两丈多高，用脚接住，在脚上乱转一气，再向上一掷，用脚接住，反复多次，才算完事。第四是狗熊要钱，每耍完一段，狗熊即端小笸箩向观众要钱一次，给钱多，狗熊向他叫两声，表示谢意，给钱少，狗熊向他叫一声，表示不够，请他再添。狗熊程子还有两项绝技，一项是前脑壳、后脑勺各带厚纸碗一个，以木球向空中掷上两三丈高，先以前额厚纸碗接住，再向上掷去，再以后脑勺厚纸碗接住。狗熊程子还能用两只手耍三把极锋利的尖刀子，先飞掷尖刀两把，后飞尖刀一把，空中常飞悬尖刀一把。程子眼疾手快，万无一失，尖刀飞空，沙沙作响，煞是危险，煞是美观，真是绝技，真是怪诞。狗熊程子住在鼓楼东大街北锣鼓巷。

《旧北京"天桥八怪"》

▷ 耍狗熊

❖ 尚鸿："耍货"

明、清两代，北京人把玩具称作"耍货"。从玩具的类别上讲，有泥塑、面塑玩具，有用木头雕刻研削的玩具，有用竹、草编织的玩具等等。木娃娃，明显带有西方玩具的特点，无论是身体比例的关系，还是四肢关节的榫铆结构，都与传统的"耍货"有所区别。至于木马，更具有西洋玩具的特点了。它们都是1902年由北京的一家玩具厂生产的，这种玩具在当时来说，也算是比较"新潮"的了。

木飞机，它既是玩具，也算得上是个模型。中国引进的第一架飞机是在宣统小皇帝即位的那一年（1909）。那年，法国人瓦龙（Vallon）驾机来到中国，还做了航空飞行表演。清政府觉得这个玩意挺好，就向法国买了一架双翼飞机。中国人看着新鲜，形象地称它为"空中书架"。其实自鸦片战争以后，已经有些中国人开始接受西洋事物了。至于那个"老佛爷"，自打八国联军攻占北京，迫她西逃以后，也明白要想维护自己的统治，非得学习洋人的东西不可了。因此，20世纪初期，官方民间接受西方事物也蔚然成风。

《玩具》

❖ 金受申：溜冰

北京过去的溜冰，可以分为宫中的溜，平民的溜；又可以分为个人的溜，众人的溜。在清代盛时，每到冬天，在北海观军队在冰上竞技，看其排列行进，步伐精神。有时太后率宫人乘坐冰床，冰床形似方床，下床足安两铁条，用人拉行，跑到极快时，拉的可以坐在床上。不过宫中冰床，较外边的稍大，上支黄幄，可以避风，帝后可以乘坐。有时在冰上施放烟火，禁苑森严，灿烂辉煌，实是大观啊！据《金鳌退食笔记》说："禁中人于冰上作掷球之戏，每队数十人，各有统领，分伍而立，以皮作球，掷于空中，俟其将堕，群起而争之，以得者为胜。或此队之人将得，则彼队之人蹴之令远，喧笑驰逐，以便捷勇敢为能。所着之履，皆有铁齿，行冰上不滑也。清高宗有御制冰嬉赋。"这百十余字，可以看出以往冰球的方法和冰球的形质，以及曾经皇帝看过，都明白的写出。至于民间的溜冰，也没有冰鞋，更没有冰场，只在鞋上绑一木板，板上安两根大铁条，平民的

老北京 _ **325**

冰鞋，便已完成，甚至穿着老头乐的毛窝，也可以冰上一逞雄姿的。以往的溜冰，不注意短跑和表演技术，虽然有时来个"苏秦背剑""金鸡独立""凤凰单展翅"的花招，但没人看得重，也没有化装表演。所最擅长的，便是长跑，有时28英里竞赛，顷刻便来得来回的。有些人要表演他的长跑，便脚上绑上木板，由朝阳门起码，顺着通惠河，立刻溜到通州，买上几个糖火烧，来上一罐酱豆腐，马上回京。前几年东直门外角楼一带护城河上，常有穿着新式冰鞋溜客，便是某校的平民溜冰。至于冰床，更有趣味，冬天的护城河、什刹海，岸旁常放着许多冰床招揽乘客，在新年正月，坐着冰床，驰骋冰上，虽不用足溜，也很有意思。前几年，我每到正二月，常在一溜胡同广庆轩听杨云清说《水浒》，傍晚散书，由银锭桥到德胜门，坐一个来回冰床，然后在地安桥喝上二两白干，也是闲适有趣的。

《京华岁时纪胜》

❖ 杨启明等：集邮

北京是个文化古城，人文荟萃，随着集邮活动的开展，也出现了一些享有盛名的集邮界人士。

原燕京大学代校长、著名的教育学家、心理学家、诗人陆志韦，就喜欢集邮。杨永福父子、沙伯泉都曾送邮票到他家去，并亲眼见过他的邮册。陆志韦喜欢搜集清朝大龙票，尤其是变体票。人们传说他曾花巨额钱钞买到一大整张一分帆船无齿孔的邮票，这是从白纸坊邮票印刷厂内部外流出去的，一时传为美谈。北京解放以后，陆志韦在社会科学院心理研究所工作。有一次沙伯泉在东安市场遇见陆志韦时，陆告诉沙，他已经不集邮了。

袁世凯的二儿子袁克文（寒云）是著名票友，善唱昆曲、京剧，也喜欢集邮。他委托上海的邮票商陈复祥、朱世杰等人为他搜罗邮票。挥金如土的程度是令人吃惊的。如他用300大洋买一枚罕见的邮票，4000大洋买一本邮册。这些价钱在当时可以买到不少房地产，但他却用来购买邮票。因为他有富厚的家底，他就可以买到一些极珍贵的邮票。如他在上海曾买到红印花加盖邮票小字当一元旧票一枚，全世界现存红印花小字当一元邮票三十几枚，旧票仅此一枚。袁寒云后来潦倒时将此珍品卖给外商，以后又辗转卖给了郭植芳，郭又卖给了现任中华全国集邮联合会副会长的上海著名邮票界人士马任全。1955年马任全将这枚珍贵邮票捐献给了中华人民共和国邮电部。

京剧史专家许姬传先生的堂兄许伯明是位著名的集邮界人士。他早年留学日本，辛亥革命时期曾任上海都督府军械局局长。民国以后到保定任中国银行行长，成为北京地区早期的集邮爱好者，他主要搜集世界各国航空邮票，收有一枚哥伦比亚航空票，已成为世界珍贵航空邮票之一。许姬传先生和姜治方先生都亲眼见过他的集邮册。

《北京的集邮活动》

❖ **石继昌：** 杂耍

从前北京市民的耳目之娱，大抵不外京戏和杂耍两项。京戏的规模大，演出地点称为戏园，今名剧院或剧场，占地必须宽敞，故多在通衢。"杂耍"顾名思义，有百戏杂陈之意，盖集曲艺、杂技为一体，规模较京戏要小得多，其演出地点称杂耍园子，后改游艺社，今名曲艺厅，类似大型的茶馆，设备简单，不一定在通衢要路。

"杂耍"一名由来已久，清人杨掌生（懋建）在《梦华琐簿》中记载，北京"内城无戏园，但设茶社，名目杂耍，以唱清音小曲，打八角鼓、什不闲，以为笑乐"。按杨书成于道光二十二年（1842），距今已近百五十年，足证其时杂耍已广泛流行于北京民间，但地点则在北京的内城。其后，外城的戏园日益增多，原有的徽班已不敷分配，乃以杂耍补充之，于是外城也逐渐添设了杂耍园子。

杂耍的种类繁多，包括各种大鼓、单弦、联珠快书、牌子戏、时调小曲、琴书、坠子、相声、双簧、口技、戏法、杂技、空竹、键子、巧变丝弦、五音联弹诸项，内容既多，轮番演之不易生厌。更以戏法、杂技、双簧、相声等节目，滑稽幽默，火炽热闹，易为妇孺所接受；兼之杂耍的票价大大低于京戏，香茗一碗，消磨半天，既能聆曲，又可息足，杂耍园之广受市民欢迎，良有以也。

《杂耍园与坤书馆》

❖ 张恨水：养菊花

北平有一群人，专门养菊花，像集邮票似的，有国际性，除了国内南北养菊花互通声气而外，还可以和日本养菊家互掉种子，以菊花照片作样品函商。我虽未达这一境界，已相去不远，所以我在北平，也不难得些名种。所以每到菊花季，我一定把书房几间屋子，高低上下，用各种盆子，陈列百十盆上品。有的一朵，有的两朵，至多是三朵，我必须调整得它可以"上画"。在菊花旁边，我用其他的秋花，小金鱼缸，南瓜、石头、蒲草、水果盘、假古董（我玩不起真的），甚至一个大芜菁，去作陪衬，随了它的姿态和颜色，使它形式调和。到了晚上，亮着足光电灯，把那花影照在壁上，我可以得着许多幅好画。屋外走廊下，那不用提，至少有两座菊花台（北平寒冷，菊花盛开时，院子里已不能摆了）。

我常常招待朋友，在菊花丛中，喝一壶清茶谈天。有时，也来二两白干，闹个菊花锅子，这吃的花瓣，就是我自己培养的。若逢到下过一场浓霜，隔着玻璃窗，看那院子里满地铺了槐叶，太阳将枯树影子，映在窗纱上，心中干净而轻松，一杯在手，群芳四绕，这情调是太好了。你别以为我奢侈，一笔所耗于菊者，不超过二百元也。写到这里，望着山窗下水盂里一朵断茎"杨妃带醉"，我有点黯然。

（原载 1945 年 11 月 28 日重庆《新民报》

第十辑

皇城根下，
说不完的一年四季景儿

❖ 周作人：北京的春天太慌张

话休烦絮。到底北京的春天怎么样了呢，老实说，我住在北京和北平已将20年，不可谓不久矣，对于春游却无什么经验。妙峰山虽热闹，尚无暇瞻仰，清明郊游只有野哭可听耳。北平缺少水气，使春光减了成色，而气候变化稍剧，春天似不曾独立存在，如不算它是夏的头，亦不妨称为冬的尾，总之风和日暖让我们着了单袷可以随意徜徉的时候是极少，刚觉得不冷就要热了起来了。不过这春的季候自然还是有的。第一，冬之后明明是春，且不说节气上的立春也已过了。第二，生物的发生当然是春的证据，牛山和尚诗云，春叫猫儿猫叫春，是也。人在春天却只是懒散，雅人称曰春困，这似乎是别一种表示。所以北平到底还是有它的春天，不过太慌张一点了，又欠腴润一点，叫人有时来不及尝它的味儿，有时尝了觉得稍枯燥了，虽然名字还叫作春天，但是实在就把它当作冬的尾，要不然便是夏的头，反正这两者在表面上虽差得远，实际上对于不大承认它是春天原是一样的。

我倒还是爱北平的冬天。春天总是故乡的有意思，虽然这是三四十年前的事，现在怎么样我不知道。至于冬天，就是三四十年前的故乡的冬天我也不喜欢：那些手脚生冻疮，半夜里醒过来像是悬空挂着似的上下四旁都是冷气的感觉，很不好受，在北平的纸糊过的屋子里就不会有的。在屋里不苦寒，冬天便有一种好处，可以让人家做事：手不僵冻，不必炙砚呵笔，于我们写文章的人大有利益。北平虽几乎没有春天，我并无什么不满意，盖吾以冬读代春游之乐久矣。

《北京的春天》

❖ 张恨水：一望而知的春天

照着中国人的习惯，把阴历正二三月当了春天。可是在北平不是这样说，应当是三四五月是春天了。惊蛰春分的气节，陆续地过去了，院子里的槐树，还是杈丫杈丫的，不带一点绿芽。初到北方的人，总觉得有点不耐。但是你不必忙，那时，天气一天比一天暖和了。你若住在东城，你可以到隆福寺去蹓跶一趟。你在西城，可以由西牌楼，一直蹓到护国寺去。你这些地方口口边有花厂子，把"带坨"的大树，（用蒲包包根曰带坨）整棵的放在墙阴下，树干上带了生气，那是一望而知的。上面贴了红纸条儿，标着字，如樱桃、西府海棠、蜜桃、玉梨之类。这就告诉你，春天来了。花厂的玻璃窗子里，堆山似的陈列着盆梅、迎春，还有千头莲，都非常之繁盛，你看到，不相信这是北方了。

再过去这么两天，也许会刮大风，但那也为时不久，立刻晴了。城外护城河的杨柳，首先安排下了缘口，乡下人将棉袄收了包袱，穿了单衣，在大日头下，骑了小毛驴进城来，成阵的骆驼，已开始脱毛。它们不背着装煤的口袋了，空着两个背峰，在红墙的柳荫下走过。北平这地方，人情风俗，总是两极端的。摩登男女，卸去了肩上挂的溜冰鞋，女的穿了露臂的单旗袍，男的换了薄呢西服，开始去蹓公园。可爱的御河沿，在伟大的宫殿建筑旁边，排成两里长的柳林，欢迎游客。

《北平的春天》，原载 1946 年 3 月 9 日重庆《新民报晚刊》

❖ 张恨水：五月的北平是碧槐的城市

洋槐传到北平，似乎不出50年。所以这类树，树木虽也有高到五六丈的，都是树干还不十分粗。刺槐却是北平的土产，树兜可以合抱，而树身高到十丈的，那也很是平常。洋槐是树叶子一绿就开花，正在五月，花是成球的开着，串子不长，远望有些像南方的白绣球。刺槐是七月开花，都是一串串有刺，像藤萝（南方叫紫藤）。不过是白色的而已。洋槐香浓，刺槐不大香，所以五月里草绿油油的季节，洋槐开花，最是凑趣。

在一个中等人家，正院子里可能就有一两株槐树，或者是一两株枣树。尤其是城北，枣树逐家都有，这是"早子"的谐音，取一个吉利。在五月里，下过一回雨。槐叶已在院子里着上一片绿荫。白色的洋槐花在绿枝上堆着雪球，太阳照着，非常的好看。枣子花是看不见的，淡绿色，和小叶的颜色同样，而且它又极小，只比芝麻大些，所以随便看不见。可是它那种兰蕙之香，在风停日午的时候，在月明如昼的时候，把满院子都浸润在幽静淡雅的境界。假使这人家有些盆景（必然有），石榴花开着火星样的红点，夹竹桃开着粉红的桃花瓣，在上下皆绿的环境中，这几点红色，娇艳绝伦。北平人又爱随地种草本的花籽，这时大小花秧全都在院子里拔地而出，一寸到几寸长的不等，全表示了欣欣向荣的样子。北平的屋子，对院子的一方，照例下层是土墙，高二三尺，中层是大玻璃窗，玻璃大得像百货店的货窗相等，上层才是花格活窗。桌子靠墙，总是在大玻璃窗下。主人翁若是读书伏案写字，一望玻璃窗外的绿色，映人眉宇，那实在是含有诗情画意的。而且这样的点缀，并不花费主人什么钱的。

北平这个地方，实在适宜于绿树的点缀，而绿树能亭亭如盖的，又莫过于槐树。在东西长安街，故宫的黄瓦红墙，配上那一碧千株的槐林，简直就是一幅彩画。在古老的胡同里，四五株高槐，映带着平正的土路，低矮的粉墙。行人很少，在白天就觉得其意幽深，更无论月下了。在宽平的马路上，如南、北池子，如南、北长街，两边槐树整齐划一，连续不断，有三四里之长，远远望去，简直是一条绿街。在古庙门口，红色的墙，半圆的门，几株大槐树在庙外拥立，把低矮的庙整个罩在绿荫下，那情调是肃穆典雅的。在伟大的公署门口，槐树分立在广场两边，好像排列着伟大的仪仗，又加重了几分雄壮之气。太多了，我不能把它一一介绍出来，有人说五月的北平是碧槐的城市，那却是一点没有夸张。

《五月的北平》

❖ 郁达夫：北平的夏天比南方的夏天来得凉爽

从地势纬度上讲来，北方的夏天，当然要比南方的夏天来得凉爽。在北平城里过夏，实在是并没有上北戴河或西山去避暑的必要。一天到晚，最热的时候，只有中午到午后三四点钟的几个钟头，晚上太阳一下山，总没有一处不是凉阴阴要穿单衫才能过去的；半夜以后，更是非盖薄棉被不可了。而北平的天然冰的便宜耐久，又是夏天住过北平的人所忘不了的一件恩惠。

我在北平，曾经过三个夏天；像什刹海、菱角沟、二闸等暑天游耍的地方，当然是都到过的；但是在三伏的当中，不问是白天或是晚上，你只教有一张藤榻，搬到院子里的葡萄架下或藤花阴处去躺着，吃吃冰茶雪藕，听听盲人的鼓词与树上的蝉鸣，也可以一点儿感不到炎热与熏蒸。而夏天最热的时候，在北平顶多总不过九十四五度，这一种大热的天气，全夏顶多顶多又不过十日的样子。

《北平的四季》

❖ 老舍：北平的夏天是很可爱的

在太平年月，北平的夏天是很可爱的。从十三陵的樱桃下市到枣子稍微挂了红色，这是一段果子的历史——看吧，青杏子连核儿还没长硬，便用拳头大的小蒲篓儿装起，和"糖稀"一同卖给小姐与儿童们。慢慢地，杏子的核儿已变硬，而皮还是绿的，小贩们又接二连三地喊："一大碟，好大的杏儿喽！"这个呼声，每每教小儿女们口中馋出酸水，而老人们只好摸一摸已经活动了的牙齿，惨笑一下。不久，挂着红色的半青半红的"土"杏儿下了市。而吆喝的声音开始音乐化，好像果皮的红美给了小贩们以灵感似的。而后，各种的杏子都到市上来竞赛：有的大而深黄，有的小而红艳，有的皮儿粗而味厚。有的核子小而爽口——连核仁也是甜的。最后，那驰名的"白杏"用绵纸遮护着下了市，好像大器晚成似的结束了杏的季节。当杏子还没断绝，小桃子已经歪着红嘴想取而代之。杏子已不见了，各样的桃子，圆的、扁的、血红的、全绿的、浅绿而带一条红脊椎的、硬的、软的、大而多水的和小而脆的，都来到北平给人们的眼、鼻、口以享受。

红李、玉李、花红的虎拉车，相继而来。人们可以在一个担子上看到青的红的，带霜的发光的，好几种果品，而小贩得以充分地施展他的喉音。一口气吆喝出一大串儿来——"买李子耶，冰糖味儿的水果来耶；喝了水儿的，大蜜桃呀耶；脆又甜的大沙果子来耶……"

每一种果子到了熟透的时候，才有由山上下来的乡下人，背着长筐，把果子遮护得很严密，用拙笨的，简单的呼声，隔半天才喊一声：大苹果，或大蜜桃。他们卖的是真正的"自家园"的山货。他们人的样子与货品的地道，都使北平人想象到西边与北边的青山上的果园，而感到一点诗意。

《四世同堂》

❖ 张恨水：和重庆比，北京简直没有夏天

到了阳历七月，在重庆真有流火之感。现在虽已踏进了八月，秋老虎虎视眈眈，说话就来，真有点谈热色变，咱们一回想到了北平，那就觉得当年久住在那儿，是人在福中不知福。不用说逛三海上公园，那里简直没有夏天。就说你在府上吧，大四合院里，槐树碧油油的，在屋顶上撑着一把大凉伞儿，那就够清凉。不必高攀，就凭咱们拿笔杆儿的朋友，院子里也少不了石榴盆景金鱼缸。这日子石榴结着酒杯那么大，盆里荷叶伸出来两三尺高，撑着盆大的绿叶儿，四围配上大小七八盆草木花儿，什么颜色都有，统共不会要你花上两元钱，院子里白粉墙下，就很有个意思。你若是摆得久了，卖花儿的，逐日会到胡同里来吆唤，换上一批就得啦。小书房门口，垂上一幅竹帘儿，窗户上糊着五六枚一尺的冷布，既透风，屋子里可飞不进来一只苍蝇。花上这么两毛钱，买上两三把玉簪花红白晚香玉，向书桌上花瓶子一插，足香个两三天。屋夹角里，放上一只绿漆的洋铁冰箱，连红漆木架在内，只花两三元钱。每月再花一元五角钱，每日有送天然冰的，搬着四五斤重一块的大冰块，带了北冰洋的寒气，送进这冰箱。若是爱吃水果的朋友，花一二毛钱，把虎拉车（苹果之一种，小的）、大花红、脆甜瓜之类，放在冰箱里镇一镇，什么时候吃什么时候拿出来，又凉又脆又甜。再不然，买几大枚酸梅，五分钱白糖，煮上一大壶酸梅汤，向冰箱里一镇，到了2点钟，槐树上知了儿叫处正酣，不用午睡啦，取出汤来，一个人一碗，全家喝他一个"透心儿凉"。

北平这儿，一夏也不过有七八天热上华氏九十度。其余的日子，屋子里平均总是华氏八十来度，早晚不用说，只有华氏七十来度。碰巧下上一阵黄昏雨，晚半晌睡觉，就非盖被不成。所以耍笔杆儿的朋友，在绿阴阴的纱窗下，鼻子里嗅着瓶花香，除了正午，大可穿件小汗衫儿，从容工作。若是喜欢夜生活的朋友，更好，电灯下，晚香玉更香。写得倦了，恰好胡同深处唱曲儿的，奏着胡琴弦子鼓板，悠悠而去。掀帘出望，残月疏星，风露满天，你还会缺少"烟士披里纯"[①]吗？

《燕居夏亦佳》，原载 1944 年 8 月 1 日重庆《新民报》

❖ 废名：北平的雨

就我说，我是长江边生长大的，因此我爱北方，因此我爱江南。北平之于北方，大约如美人之有眸子，没有它，我们大家都召集不过来了。我们在北平总看不见湿意的云，"且为朝云暮为行雨"，此地人读之恐无动于衷，高唐一赋是白赋的了。此刻暮春已过初夏来了，这里还是刮冬天的风。我从前住在北平西郊的时候，有时要进城，本地人总是很关心地向我说："今天不去，明天怕刮风。"我听了犹如不听，若东风吹马耳，到了第二天真个地每每就刮起风来了，于是我进城的兴会扫尽了，我才受了"今天不去，明天怕刮风"这句话的打击，想到南边出门怕下雨。现在我倒觉得出门不怕下雨，而且有点喜欢，行云行雨大有行其所无事之意，这正是在这里终年不见湿云之故。夏天北平的大雨对于我也没有过坏的记忆，雨中郊外走路真个别有风味，一下就下得那么大，城里马路岸上倒成了"河"，雨过天晴小孩们都在那里"淌河"，也有虾蟆来叫一声两声了——这样的偶叫几声，论情理应该使路旁我们江南之子起点寂寞，事实上却不然，不但虾

---

① 英语inspiration这音译，意为"灵感"。

▷ 颐和园玉带桥

蟆我们觉得它实在是喜欢，小孩们实在是喜欢，我也实在是喜欢了。记得小时我在家里每每喜欢偷偷地把和尚或道士法坛上的锣或鼓轻轻地敲打一下，声音一发作，我自己不亦乐乎又偷偷地跑了，和尚或道士，他们正在休息，似乎也乐得这个淘气的空气，并不以为怎么"犯法"。这个淘气的空气很有点像我在北平看小孩们淌河，听蛙鼓一声两声。我想这未必关于个人的性情，倒很可以表现北平的空气。

《北平通信》

❖ 郁达夫：北平的秋才是真正的秋

　　秋高气爽，风日晴和的早晨，你且骑着一匹驴子，上西山八大处或玉泉山碧云寺去走走看；山上的红柿，远处的烟树人家，郊野里的芦苇黍稷，以及在驴背上驮着生果进城来卖的农户佃家，包管你看一个月也不会看厌。春秋两季，本来是到处都好的，但是北方的秋空，看起来似乎更高一点，北方的空气，吸起来似乎更干燥健全一点。而那一种草木摇落，金风肃杀之感，在北方似乎也更觉得要严肃、凄凉、沉静得多。你若不信，你且去西山脚下，农民的家里或古寺的殿前，自阴历八月至十月下旬，去住它三个月看看。古人的"悲哉秋之为气"以及"胡笳互动，牧马悲鸣"的那一种哀感，在南方是不大感觉得到的，但在北平，尤其是在郊外，你真会得感至极而涕零，思千里兮命驾。所以我说，北平的秋，才是真正的秋；南方的秋天，不过是英国话里所说的 Indian Summer 或叫作小春天气而已。

《北平的四季》

❖ 郁达夫：北平冬天的神秘

我曾于这一种大雪时晴的傍晚，和几位朋友，跨上跛驴，出西直门上骆驼庄去过一夜。北平郊外的一片大雪地，无数枯树林，以及西山隐隐现现的不少白峰头，和时时吹来的几阵雪样的西北风，所给予人的印象，实在是深刻、伟大、神秘到了不可以言语来形容。直到了十余年后的现在，我一想起当时的情景，还会得打一个寒颤而吐一口清气，如同在钓鱼台溪旁立着的一瞬间一样。

北平的冬宵，更是一个特别适合于看书，写信，追思过去，与作闲谈说废话的绝妙时间。记得当时我们兄弟三人，都住在北京，每到了冬天的晚上，总不远千里地走拢来聚在一道，会谈少年时候在故乡所遇所见的事事物物。小孩们上床去了，佣人们也都去睡觉了，我们弟兄三个，还会得再加一次煤再加一次煤地长谈下去。有几宵因为屋外面风紧天寒之故，到了后半夜的一二点钟的时候，便不约而同地会说出索性坐坐到天亮的话来。像这一种可宝贵的记忆，像这一种最深沉的情调，本来也就是一生中不能够多享受几次的昙花佳境，可是若不是在北平的冬天的夜里，那趣味也一定不会得像如此的悠长。

《北平的四季》

图书在版编目（CIP）数据

老北京 / 韩淑芳主编. — 北京：中国文史出版社，
2017.9

ISBN 978-7-5034-9427-7

Ⅰ.①老…　Ⅱ.①韩…　Ⅲ.①文化史—北京　Ⅳ.
①K281

中国版本图书馆CIP数据核字（2017）第178407号

责任编辑：张春霞　牛梦岳

出版发行：**中国文史出版社**

社　　址：北京市海淀区西八里庄路69号院　邮编：100142

电　　话：010-81136606　81136602　81136603（发行部）

传　　真：010-81136655

印　　装：北京新华印刷有限公司

经　　销：全国新华书店

开　　本：710mm×1010mm　1/16

印　　张：22.25　字数：311千字

版　　次：2018年1月北京第1版

印　　次：2020年9月第2次印刷

定　　价：49.80元